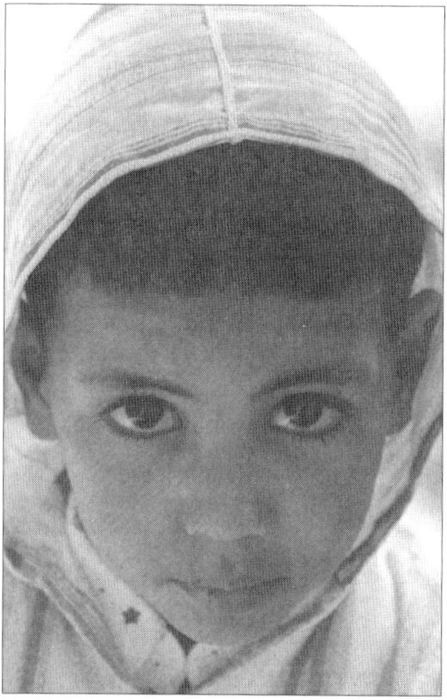

073km Foto: mb

Reise Know-How im Internet

Aktuelle Reisetipps und Neuigkeiten
Ergänzungen nach Redaktionsschluss
Büchershop und Sonderangebote
Weiterführende Links zu über 100 Ländern

http://www.reise-know-how.de/

Der
Reise Know-How Verlag
Peter Rump GmbH
ist Mitglied der Verlagsgruppe
Reise Know-How

Muriel Brunswig
KulturSchock Marokko

In Marokko darfst du dich über nichts wundern.
Wenn du einem fliegenden Esel begegnest,
sage nur: „Allah vermag alles zu tun."

(marokkanisches Sprichwort)

075km Foto: mb

Impressum

Muriel Brunswig
KulturSchock Marokko

erschienen im
Reise Know-How Verlag Peter Rump GmbH
Osnabrücker Str. 79
33649 Bielefeld

Gestaltung
Umschlag: M. Schömann, P. Rump (Layout);
Günter Pawlak (Realisierung)
Inhalt: Günter Pawlak (Layout und Realisierung)
Fotos: die Autorin (mb), Karin Janzen (kj), Erika Därr (ed),
S. Sarnow (ss)
Titelfoto: Wardia Nkhatar

Bildbearbeitung: Becker Reprotechnik, Bielefeld

Lektorat: Liane Werner

Druck und Bindung
Fuldaer Verlagsagentur

ISBN 3-89416-455-7
Printed in Germany

Dieses Buch ist erhältlich in jeder Buchhandlung der BRD, Österreichs, der Niederlande und der Schweiz. Bitte informieren Sie Ihren Buchhändler über folgende Bezugsadressen:

BRD
Prolit GmbH, Postfach 9, 35461 Fernwald (Annerod)
sowie alle Barsortimente

Schweiz
AVA-buch 2000
Postfach, CH-8910 Affoltern

Österreich
Mohr Morawa Buchvertrieb GmbH
Sulzengasse 2, A-1230 Wien

Niederlande
Nilsson & Lamm BV,
Postbus 195, NL-1380 AD Weesp

Wer im Buchhandel trotzdem kein Glück hat, bekommt unsere Bücher auch direkt bei:
Rump Direktversand
Heidekampstraße 18, 49809 Lingen (Ems) oder über unseren **Büchershop im Internet:**
www.reise-know-how.de

Wir freuen uns über Kritik, Kommentare und Verbesserungsvorschläge.

Alle Informationen in diesem Buch sind von der Autorin mit größter Sorgfalt gesammelt und vom Lektorat des Verlages gewissenhaft bearbeitet und überprüft worden.

Da inhaltliche und sachliche Fehler nicht ausgeschlossen werden können, erklärt der Verlag, dass alle Angaben im Sinne der Produkthaftung ohne Garantie erfolgen und dass Verlag wie Autorin keinerlei Verantwortung und Haftung für inhaltliche und sachliche Fehler übernehmen.

In dieser Reihe sind weitere Bände erschienen, siehe Anhang Seite 224.

Der Verlag sucht darüber hinaus Autoren für weitere KulturSchock-Bände.

Muriel Brunswig

KulturSchock Marokko

Für Hasan und Husain

Der Fremde in Marokko

Anhang

Vorwort

„Hier ist es, das Paradies, in dem ich einst lebte: Meer und Gebirge. Davon bleibt etwas ein ganzes Leben, noch vor der Wissenschaft, der Zivilisation und dem Bewusstsein. Und vielleicht werde ich dorthin zurückkehren, um in Frieden zu sterben." *Driss Chraibi,* einer der bekanntesten nordafrikanischen Schriftsteller, schrieb diesen Satz über seine Heimat: Marokko.

Wer nach Marokko kommt, hat Bilder im Kopf, nicht jeder dabei unbedingt „paradiesische". Zauber, Mystik, Schätze ... all das sind Assoziationen, die sich mit Marokko verbinden – aber auch Urlaub, Sonne, Meer. Das Land ist so vielfältig, dass es schwerfällt, sich ihm auf nur einer Ebene nähern zu wollen. So viele Gegensätze prallen aufeinander, Gegensätze, die das Leben in Marokko bestimmen: Das moderne Casablanca lächelt milde über das „rückständige" Marrakesch, die saftigen Wiesen des Nordens spotten der Wasserarmut im Süden. Orthodoxer Islam vermischt sich mit Heiligenglauben, islamische Baukunst mit Berberburgen.

Marokko besticht durch seine Gegensätze, im Positiven wie im Negativen. Der Reisende kann in den Genuss der großartigen Gastfreundschaft kommen oder aber, entnervt von „penetranten" Bazarhändlern und falschen Stadtführern, den Urlaub frühzeitig abbrechen. Mit all diesen Gegensätzen wird man konfrontiert, und es ist oft gar nicht so einfach, richtig damit umzugehen.

Marokko ist ein Touristenland – ohne Zweifel. Und obwohl die Anzahl der Reisenden in den letzten Jahren gesunken ist, bleibt es doch niemandem verborgen: Wo immer man ist, man findet Touristen oder Spuren derselben. Das Reisen wird durch diese Tatsache allerdings nicht leichter. Natürlich gibt es in Marokko – allem voran natürlich Agadir – eine touristische Infrastruktur, so dass man sich bisweilen an den Stränden der Costa Brava wähnt. Und dennoch: Das alltägliche Leben der Marokkaner ist wenig berührt von dieser Welt. Und setzt man einen Fuß außerhalb der Touristenmeile, muss man sich mit der marokkanischen Realität vertraut machen. Dazu gehört nicht zuletzt die Einsicht, dass Marokko, trotz aller zur Schau gestellten Moderne, ein Entwicklungsland ist: Rund ein Drittel der Bevölkerung lebt unterhalb der Armutsgrenze. Diese Armut prägt das Leben. Der Konkurrenzkampf ist hart, gerade im Tourismusgeschäft.

Wer sich in ein fernes Land begibt, hat sich meist ein wenig in die (Reise-) Literatur des Landes eingelesen und/oder sich von Freunden und Bekannten Erlebtes erzählen lassen. Und dann kommt man an: Erste Eindrücke legen sich auf vorhandene Bilder, oft ganz anders als erwartet. Wer aus der klimatisierten, geregelten Atmosphäre des Flughafens, der Reisebusse oder der Autofähren ins quirlige Marokko stößt, fühlt sich schnell gestresst: von der Hitze, dem Staub, den vielen Schleppern, den Geräuschen und Gerüchen.

Und schon ist man mitten im Kulturschock: Das, was auf einen einströmt, stellt alles bisher Geglaubte in Frage. Vieles, was einem lieb und vertraut ist, scheint nicht mehr zu gelten. Erlernte und anerzogene Umgangsformen werden mit einem Handstreich weggefegt. Selbst Reisende, die schon häufiger in Marokko waren oder sich zuvor intensiv mit Marokko beschäftigt haben, die offen und ohne Angst dem Fremden entgegengehen, haben bisweilen das Gefühl, in einen (Horror-) Film geraten zu sein, fern jeder (europäischen) Realität: Kinderhorden, die einem brüllend und Steine werfend hinterherrennen, Taxifahrer, die einen bei Ankunft an einem Busbahnhof bestürmen, falsche Fremdenführer, die ahnungslose Touristen in Teppichläden zerren, Haschischhändler, die allzu offensiv ihren Stoff verkaufen wollen ...

Woher kommt es, dass man sich - selbst nach längerem Aufenthalt - immer wieder mal überfordert und so vollkommen fremd fühlt? Zum einen liegt es natürlich daran, dass man sich nie vollständig von bestimmten Ideen, Vorstellungen und Gefühlen lösen kann. Zum anderen ist Marokko in seiner ganzen Vielfältigkeit eine wahre Attacke auf europäische Ideale und Vorstellungen. Und, Marokko ist kein einfaches Reiseland. Marokko - das bedeutet Stress, man braucht starke Nerven und jede Menge Geduld.

Natürlich kann man es vermeiden, dem Land zu begegnen: Es ist ganz leicht, in Marokko zu reisen, ohne dabei in Marokko zu sein. Manch ein Reiseveranstalter weiß den Kontakt des Urlaubers mit dem „wirklichen" Land zu verhindern: Viele Gruppen, die von Sehenswürdigkeit zu Sehenswürdigkeit hetzen, können nur erahnen, was sich wirklich in Marokko verbirgt. Man schaut zu statt mitzuerleben. Am bildhaftesten zeigt sich dieses Phänomen am „Platz der Geköpften", dem Platz der Gaukler und Quacksalber, dem Platz der Schlangenbeschwörer und Wahrsager, dem Djema'a el-Fna in Marrakesch. Den Platz säumen Dachterrassen voll Reisegruppen, ausgerüstet mit Videokameras, weit weg vom Geschehen. Marokko also als Kulisse, als Theater.

Marokko aber ist mehr, viel, viel mehr als diese Kulisse. Der wirkliche Reichtum Marokkos sind seine Menschen, und wer bereit ist, diese kennenzulernen, wird reich beschenkt werden. Damit man in der Lage ist, sich wirklich auf die Menschen einzulassen, braucht man Wissen über ihre Lebensweise, über die geschichtlichen, ethnischen, religiösen und kulturellen Hintergründe für ihre Denk- und Verhaltensweisen. Dieses Wissen, das notwendig ist, um den Kulturschock abzumildern, soll im vorliegenden Buch vermittelt werden. Mit diesem Wissen ist Verständnis, Offenheit für das Andersartige und somit leichteres Reisen möglich. „KulturSchock Marokko" ist gedacht für Menschen, die das finden wollen, was Marokko ist: ein Land voller Zauber und Mystik, voller Gegensätze und Schönheiten.

Vor allem aber ist Marokko ein Land, das trotz aller Strapazen denjenigen mit seiner Pracht belohnt, der bereit ist, diese zu suchen. Denn: „... ich würde sagen, dass Marokko einer Zimmerflucht gleicht, deren Türen sich öffnen, wenn man hindurchgeht. Man kommt nur weiter, wenn man das Land immer wieder besucht, sich immer aufs neue wundert und die Neugier bewahrt, es zu verstehen und sich ihm zu nähern. Jede Tür eröffnet einen anderen Ausblick: auf einen Raum, ein Gesicht, eine Stimme, ein Geheimnis ...". So jedenfalls sieht es *Tahar ben Jel-loun,* der wohl bekannteste marokkanische Schriftsteller.

Wer sich also mit mir auf die Reise machen möchte, der öffne Augen und Ohren, befreie sich von Klischees und Vorurteilen und versuche, mit Wissen und Verständnis dem „seltsamen" Marokko zu begegnen.

Muriel Brunswig

Hinweise zur Benutzung

Die meisten Reisenden werden in der Regel mit Männern zu tun haben, weswegen in diesem Buch - außer natürlich in den Kapiteln, in denen es hauptsächlich um Frauen geht - auf die maskuline Form „der Marokkaner" zurückgegriffen wird. In jedem Satz von „der/die Marokkaner/in" zu sprechen, würde den Lesefluss arg stören. Ist im Folgenden also von „dem Marokkaner" die Rede, ist es, wenn aus dem Kontext nicht klar wird, dass es sich tatsächlich nur um einen Mann handeln kann, kollektiv für Frauen und Männer gemeint.

Zur **Transkription:** Bei der Übertragung der arabischen und berberischen Namen wurde eine in Deutschland allgemein übliche, wenn auch nicht wissenschaftliche Umschrift benutzt. Warum nicht die wissenschaftliche? Sie enthält jede Menge Sonderzeichen, die der Lesbarkeit des Textes nicht unbedingt zuträglich sind. Es sind nun, gerade bei Orts- oder Eigennamen, in Marokko unterschiedliche Schreibweisen üblich. In diesem Buch werden die Orts- und Eigennamen in der Form übernommen, die in Marokko am weitesten verbreitet ist. Bei noch lebenden Personen wird die von ihnen gewählte Schreibweise ihres Namens verwendet. Ansonsten gilt die in Deutschland allgemein übliche Transkription.

003km Foto: mb

Es ist illusorisch, die Schleier
der marokkanischen Geschichte
von Beginn an lüften zu wollen,
es ist illusorisch zu glauben,
man könne sich an
den Punkt zurückbegeben,
wo die Marokkaner geboren wurden,
wo das Land zu entstehen begann,
seine Menschen, seine Gesellschaft (...),
denn all das ist,
wenn man es realistisch betrachtet,
hypothetisch (...).

(Abdallah Laroui in
„L'histoire du Maghreb:
Un essai de synthèse")

001km Foto: mb

GESCHICHTLICHE UND ETHNISCHE HINTERGRÜNDE

Der Versuch, eine jahrtausendealte Geschichte in wenigen Kapiteln zusammenzufassen

Die Geschichte Marokkos war von Anfang an durch die Lage am Mittelmeer und die damit verbundenen Beziehungen gekennzeichnet. Und doch blieb die Lebensweise der hier ansässigen Menschen lange Zeit relativ unberührt von den fremden Mächten. Erst mit der Islamisierung und der damit einhergehenden Arabisierung fand zum ersten Mal eine Einflußnahme von außen statt, die das Leben in Marokko bis heute prägt.

Von der Frühgeschichte bis zu den Byzantinern

Die ersten Skelette, die ein Zeugnis menschlichen Lebens in der Region des heutigen Marokko darstellen, wurden in der Nähe von Casablanca gefunden. Man schätzt ihr Alter auf 300.000 Jahre. Weitere Funde von etwa 100.000 und 50.000 Jahre alten Schädeln in der Nähe des heutigen Rabat lassen Rückschlüsse auf eine kontinuierliche **Besiedlung** zu.

Als die ersten Seefahrer ab 3500 v.u.Z. an die Mittelmeerküste des Maghreb (arab. *Maghrib,* der „Westen") kamen, fanden sie die Region menschenleer. Die wenigen Bewohner des Landes lebten wahrscheinlich als Nomaden oder Halbnomaden im Landesinneren. Wenn es zu dieser frühen Zeit überhaupt schon dauerhafte Siedlungen gegeben hat, dann nur im Drâa- und Ziztal, wo die ökologischen Bedingungen dafür gegeben waren.

Es gibt keinerlei Funde aus vorphönizischer Zeit (ab 1100 v.u.Z.), die auf frühe Formen von Keramik- oder Metallverarbeitung hinweisen. Die ersten Zeugnisse menschlicher Kultur in Marokko sind Felszeichnungen aus dem 4. Jahrtausend v.u.Z., die man im Süden gefunden hat und die vor allem Tier- und Menschenmotive zum Inhalt haben, sowie Überreste der **Megalith-Kultur** (ab 3500 v.u.Z.) im Norden des Landes. Benannt wird diese Kultur nach ihren Steinmonumenten: Menhire (aufrecht stehende Steine), Dolmen (Grabkammern), Tumuli (Grabhügel) und Cromlechs (Steinkreise). Aber auch wenn die Megalith-Kultur zu den bedeutendsten Kulturen Europas und des Mittelmeerraumes gehört, ist über die Erbauer der Steinmonumente, ihre Herkunft und Geschichte nicht mehr bekannt, als dass sie gute Seefahrer waren. Sie errichteten riesige Steinbauwerke mit Hilfe von Astrollen und bearbeiteten sie mit Steinwerkzeugen. Unbekannt ist die Bedeutung dieser Steinmonumente. Die Grabkammern weisen auf eine große religiöse Bedeutung des Todes hin, weitere Hinweise fehlen. Dass die Megalith-Kultur irgendeinen Einfluss auf die Bewohner Marokkos gehabt haben könnte, ist unwahrscheinlich.

Mit dem Auftauchen der **Phönizier,** einem Seefahrervolk, das sich wie kein zweites auf den Mittelmeerhandel verstand, erhält man zum ersten Mal nähere Informationen. Die Seefahrer, die ursprünglich aus der Region des heutigen Libanon stammten, durchfuhren etwa gegen 1100 v.u.Z. die Straße von Gibraltar und gründeten in der Folgezeit einige Handelsstützpunkte entlang der Küsten. Auf marokkanischem Boden waren das Russadir (heute Melilla) und Lixus (heute Larache). Später entstanden unter der Herrschaft von **Karthago,** einer Kolonie, die sich von den Phöniziern unabhängig gemacht hatte, dann Tingis (heute Tanger), Rusibis (heute al-Jadida), Mogador (heute Essaouira) und Chellah (heute bei Rabat). Man geht davon aus, dass die Phönizier in regem Handel mit Berbern standen, obwohl es keinerlei Zeugnisse dafür gibt. Haupthandelsgut war ab dem 6. Jahrhundert v.u.Z. die Purpurschnecke, aus deren Sekret man den wertvollen roten Farbstoff herstellte.

Mit den punischen Kriegen wurden die meisten Siedlungen wieder aufgegeben, der karthagische Einfluss an den Küstenregionen schwand, Karthago wurde 146 v.u.Z. zerstört. Einzelne Berberstämme (wahrscheinlich Masmuda) übernahmen die Rolle der einstigen Kolonisten und übten bescheidenen Einfluss auf die Region aus, ohne dabei überregional organisiert gewesen zu sein.

Zu dieser Zeit begann **Rom,** sich näher für diese Gegend zu interessieren. Karthago hatte zwar durch die Zerstörung seine Bedeutung als Großreich verloren, stellte aber immer noch eine regionale Macht dar. Aus Angst, die Karthager könnten wieder stärker werden und Rom erneut bedrohen, begannen die Römer, sich in Nordafrika Bündnispartner zu suchen, mit deren Hilfe sie die Macht der Karthager einzudämmen hofften. Sie nannten das Land „Land der Dunklen", Mauretanien.

Dieses **Mauretanien** umfasste das nördliche Marokko vom Atlantik bis ins heutige Algerien hinein und wurde 25 v.u.Z. zu einem römischen Kaiserreich, das von *Yuba II.* regiert wurde. *Yuba* war als Kind von Mauretanien nach Rom gebracht und dort zum Kaiser ausgebildet worden. Volubilis und Cherchell (in Algerien) wurden die Kaiserresidenzen, das Reich blühte auf und erlebte einen nie gesehenen wirtschaftlichen Aufschwung. Die wichtigsten Handelsgüter waren neben Getreide, Oliven und Pökelfleisch weiterhin die Purpurschnecke und Wildtiere, die man bei den Gladiatorenspielen in Rom brauchte.

Nach der von Rom veranlassten Ermordung von *Ptolemeus II.,* Sohn und Nachfolger *Yubas II.,* im Jahre 40 u.Z brachen in Nordafrika **Berberaufstände** los. In den 65 Jahren der Fremdherrschaft hatten viele von ihnen ihre nomadische Lebensweise aufgeben und sich den neuen Herren unterwerfen müssen. Nun fürchteten sie um ihren Unterhalt. Doch die Aufstände wurden niedergeschlagen, und zwei Jahre danach entstanden die **römischen Provinzen Mauretania Caesariensis und Mauretania Tingitana,** beide auf dem Gebiet des ehemaligen Kaiserreiches. Tanger wurde Hauptstadt der westlichen Provinz. Und wieder gab es eine Blütezeit, die sich jedoch auf die römischen Küstenstädte beschränkte; Einfluss auf das Landesinnere und somit auf seine Bewohner, konnte die römische Herrschaft nicht nehmen. Lediglich Zulieferer und Arbeiter standen in losem Kontakt mit den Besatzern, was aber nichts an ihrer Lebensweise änderte.

Um die Berberfürsten ruhig zu halten, sandte ihnen Rom hohe Zuwendungen. Als diese aber durch die Schwächung des römischen Reiches geringer ausfielen, kam es zu häufigen **Überfallen der Berber** auf römische Siedlungen. Außerdem übten germanische Stämme, die ab dem 4. und 5. Jahrhundert immer wieder in Nordafrika einfielen, zunehmenden Druck auf die Römer aus. Beides zusammen führte dazu, dass die römische Herrschaft in Marokko Anfang des 5. Jahrhunderts zu Ende ging.

Den Römern folgten die **Vandalen** (lebten in Vandalusien, heute Andalusien), und damit hielt der christliche Glauben in Nordafrika Einzug.

429 überquerte der Vandale *Geiserich* die Straße von Gibraltar und eroberte mit berberischer Hilfe Tanger. Von hier aus zog er ostwärts. Nach seinem Tod zerfiel das kurzlebige Vandalenreich in Nordafrika, das die **Byzantiner** zu übernehmen versuchten. Doch sie blieben, zumindest auf dem Gebiet des heutigen Marokko, erfolglos. Die Berber hatten wieder die Herrschaft, ohne Reich und überregionale Ordnung, erlangt und hofften, dass dies nun immer so bleiben würde. Aber dann kamen die Araber und mit ihnen der Islam!

Die Invasion aus dem Osten: die frühe Arabisierung und die ersten Versuche einer Islamisierung (682-1061)

Während Byzanz versuchte, sich an der Küste Nordafrikas zu etablieren, entstand auf der arabischen Halbinsel wohl die nachhaltigste Bewegung, die je mit Nordafrika in Berührung kam: die islamische. Noch zu Lebzeiten des Propheten breitete sich der neue Glaube auf der gesamten Arabischen Halbinsel aus und erreichte 635 Damaskus, welches 661 zur Hauptstadt des **ersten weltlichen islamischen Reiches** gekürt wurde. Von hier aus breitete sich der Islam gen Westen aus.

Die frühen islamischen Machthaber hatten von Anfang an heftig gegen die Herrschaft der Byzantiner zu kämpfen, die denselben Raum für sich beanspruchten wie die *umma,* die islamische Gemeinschaft. Byzanz hatte sich gerade in Nordafrika etabliert, weswegen man diesen Landstrich zur Schwächung des Konkurrenzreiches erobern wollte!

Ägypten war das erste Land, das unter das „Banner des Propheten" kam. Der **islamische Eroberungszug** ging von hier aus stets weiter gen Westen und erreichte 663 das heutige Tunesien, wo man mit dem Bau der heiligen Stadt Kairuan begann. Diese sollte, fern von Mekka und Medina, zu einem westlichen islamischen Zentrum werden. Der Plan ging auf, und Kairuan wurde der Ausgangspunkt für die Eroberung der weiter westlich gelegenen Gebiete. *Uqba ibn Nafi,* der Gründer der heiligen Stadt und erste große Feldherr in Nordafrika, wagte von hier die frühesten Vorstöße bis an den Atlantik. Er wurde 683 von Berbern getötet, die sich gegen diese neuen Angriffe fremder Armeen wandten. In den arabischen Annalen wird *Uqba ibn Nafi* deswegen als Märtyrer verehrt, ein Mann, der für die Verbreitung des heiligen Glaubens starb.

Nach dem Tod *Uqba ibn Nafis* kehrte für kurze Zeit Ruhe ein, die Macht in den bis dahin eroberten Gebieten wurde gefestigt, Byzanz vertrieben, das unter den Byzantinern wiederaufgebaute Karthago zum zweiten Mal zerstört. Das Gebiet jedoch, was heute Marokko darstellt, war quasi „araberfrei". Der **Widerstand der Berber,** auf den die ersten arabischen Vortruppen gestoßen waren, blieb auch während des zweiten arabischen Vorstoßes bestehen: 698 machte sich *Musa ibn Nusair,* der Neffe des legendären *Uqba* daran, den „äußersten Westen", den *Maghrib al-aqsa,* wie Marokko auch heute noch in der Landessprache heißt, zu erobern. Er hatte weit mehr noch als sein Onkel mit dem Widerstand der Bevölkerung zu kämpfen: Unter der Führung von *Kahina,* einer Seherin, schafften die Berber es, die Araber bis Tripolis zurückzudrängen.

Um **Kahina** winden sich Legenden. Diese erzählen von der Königin eines verwüsteten Landes, der Herrscherin über dreißigtausend Soldaten, die aus den Bergen zu ihr kamen, um mit ihr gemeinsam gegen die fremden Reiterhorden zu kämpfen. Sie soll eine Nachfahrin der libyschen Amazonen sein, eine ungewollte Tochter, die nur aus Liebe zu ihrem Vater das Bogenschießen erlernte ... *Kahina* war aller Wahrscheinlichkeit nach Jüdin. Ihre Ahnen hatten den jüdischen Glauben angenommen, den sie nun gegen die Eroberer verteidigte. Diese fürchteten schon bald die Klugheit und Kraft dieser Person. „Wer", ließen sie fragen, „wer ist dieser Prinz, der mächtigste und gefürchtetste unter den Berbern?" Als sie hörten, es sei eine Frau, glaubten sie an Dämonen.

Kahinas Kriegstaktik war einfach: Sie führte ihre Soldaten in die Berge und ließ die Ebenen abbrennen, damit die feindlichen Pferde und Reiter keine Nahrung fanden. Ihre Rechnung ging zumindest anfangs auf, denn die Araber zogen sich zurück. Dann aber wurde die Seherin, die Königin der Berber, getötet – ein Anschlag aus den eigenen Reihen. Die Geschichtsbücher sprechen von der Angst ihrer Mörder, sie könne alles Land zerstören; die Legenden sprechen von einem jungen Mann, der erst *Kahinas* Gefangener und später dann ihr Geliebter war. Es war der Neffe von *Yazid, Kahinas* ärgstem Feind. Er selbst soll die Königin getötet haben, um seinen Onkel zu rächen. Gleich, welche Deutung stimmt: Nach dem Tod *Kahinas* nahm die arabische Invasion Marokkos ihren schicksalsträchtigen Lauf.

Die autochthone (alteingesessene) Bevölkerung Nordafrikas, gemeinhin als Berber bekannt, war nie eine einheitliche Ethnie, die in einer überregionalen Stammeskonföderation oder in Städten lebte. Jede Form der Organisation, die über die Dorfebene hinausging, war ihr fremd. In der Fachliteratur findet sich aus diesem Grund auch nicht selten der Begriff der „geordneten Anarchie". Die **eindringenden Araber** hatten es deshalb recht leicht, die Bewohner der Region zu unterwerfen, denn ein einheitliches Heer, das sich ihnen entgegenstellten konnte, gab es nicht. Mit dem Tod der *Kahina,* bis heute bei den Berbern eine hochverehrte

Frau, war der einzige wirklich organisierte Widerstand gebrochen, was nicht heißt, dass damit alle Widerstandsnester ausgehoben waren. In Guerilla-Taktik ging der Kampf weiter.

Dieser Kampf konnte indessen die **Ausbreitung des Islams unter den Berbern** nicht stoppen. Die Ursache dafür lag in der Lehre an sich: Der Islam verspricht allen Anhängern die völlige Gleichheit, unabhängig von Rasse, Geschlecht und sozialem Stand. Bald schon wurden Berber in die muslimischen Heere aufgenommen und mit hohen Aufgaben betraut, welch kluger Schachzug! So war es auch ein Berber, *Tariq ibn Ziyad,* der zusammen mit einem Heer von 7000 Soldaten im Jahre 711 bei Gibraltar (arab. *Djabal at-Tariq,* „Berg des Tariq" genannt) übersetzte und mit der Eroberung Spaniens begann. Das Westgotenreich, Anfang des 8. Jahrhunderts aufgrund interner Machtkämpfe geschwächt, konnte dem muslimischen Heer keinen Widerstand entgegensetzen, der Islam überrollte die Iberische Halbinsel geradezu und erreichte im Jahr 734 das Rhonetal!

Mit der durch den Islam versprochenen Gleichheit nahmen es die Araber nicht lange genau: Sie, als „reine" Muslime, sahen sich den „Afrikanern" gegenüber als überlegen an, weswegen sich die ersten Berber 740 zum Widerstand gegen diese Arroganz rüsteten. Sie übernahmen die Ideen der **Kharidjiya,** einer Glaubenslehre, die besagte, dass nur der beste Muslim zum Kalifen geeignet wäre, nicht aber der adeligste. Die Bevölkerung nahm diesen neuen Gedanken mit Freuden auf, entsprach er doch so ganz und gar ihrem eigenen religiösen Verständnis. Es kam in der Folgezeit immer wieder zu blutigen Auseinandersetzungen zwischen den umayyadentreuen Arabern (d.h. den Arabern, die die Herrschaft der umayyadischen Dynastie in Damaskus, die eine Politik der „Araberverherrlichung" betrieb, befürworteten) und den Anhängern der Kharidjiya, die zum größten Teil berberischer Herkunft waren. Auch einige Araber hatten sich der neuen Lehre angeschlossen, da sie die erbliche Monarchie der Umayyaden und deren Ideale ablehnten. Nordafrika, die bis dahin arabische Provinz Ifriqiya, zerfiel daraufhin in viele Einzelreiche, kleine **Berberreiche,** die wieder in ihrer „geordneten" (wenn auch diesmal islamischen) Anarchie lebten. In Marokko bildeten sich drei Reiche: das Reich der Barghawata, das Reich Sidjilmasa und das Idrisidenreich.

Das Reich der **Barghawata** entstand 741 entlang der Atlantikküste zwischen Sale und Safi. Seine Bewohner lebten nicht nur autonom in dieser Region, sie entwickelten auch eine eigene Religion, von der man heute nur noch weiß, dass sie islamischen Ursprungs war und sowohl kharidjitisches als auch sunnitisches Gedankengut enthielt. Sie schufen sogar einen Koran mit 80 Suren (der „originale" Koran hat 114 Suren), der, wenn auch mit arabischen Buchstaben, so doch in einer Berbersprache verfasst war. Leider ist heute kein einziges Exemplar mehr erhalten. Das Reich indessen konnte sich bis Mitte des 11. Jahrhunderts behaupten.

Ebenso lange gab es **Sidjilmasa,** das Berberreich im Tafilalt, der Region des heutigen Rissani und Merzouga. Seit 757 hatten hier am nördlichsten Punkt der wichtigen Karawanenstrecke die Miknasa-Berber alle Fäden des Sahara-Handels in der Hand. Das Reich wuchs schnell und erreichte eine immens große wirtschaftliche Bedeutung. Etwa Anfang des 10. Jh. schloss man sich mit den Fatimiden zusammen, die von nun an einen Siegeszug gen Osten antraten (s.u.).

Das größte der drei im 8. Jahrhundert auf marokkanischem Boden entstandenen Reiche war das **Idrisidenreich.** *Idris,* ein Scherif, d.h. ein Nachkomme des Propheten, hatte seit 799 eine bescheidene Anhängerschaft unter der marokkanischen Bevölkerung um sich sammeln können und schuf mit ihrer Hilfe einen kleinen Staat. Sein Sohn, *Idris II.,* baute die Macht seines Vater schnell aus und gründete die Stadt Fes. Diese wurde ein Zentrum muslimischer Gelehrter. Vor allem arabische Händler siedelten sich hier mehr und mehr an, und die Stadt gewann an Bedeutung. Von hier ging die Arabisierung des Landes aus, die Stadt wurde in den folgenden Jahren zu einem wichtigen Gelehrtenzentrum der Araber.

Straßenszene in Fes

004km Foto: mb

002km Foto: mb

Idris II. hatte die besten Voraussetzungen für ein stabiles Reich geschaffen, aber wie so häufig waren es Erbfolgestreitigkeiten, die das Großreich nach seinem Tod in viele Teilreiche zerfallen ließen. Im Ergebnis dessen herrschten die Idrisiden dann nur noch über Fes und Umgebung Noch heute gilt *Mulay Idris (Idris II.)* als Staatsgründer Marokkos, und die Stadt namens Mulay Idris, in der er begraben liegt, wird als „heilige" Stadt verehrt.

985 starb der letzte regierende Idriside, und das Idrisidenreich wurde ab Anfang des 10. Jahrhunderts Opfer der konkurrierenden „Großmächte", die es umgaben. Diese Großmächte waren Araber in Cordoba, die dort ein eigenständiges **umayyadisches Kalifat** weiterführten (die Umayyaden in Damaskus hatten bereits 750 ihre Macht an die Abbasiden abgeben müssen), und die **Fatimiden,** eine schiitische Bewegung, die den politischen Umsturz der herrschenden (sunnitischen) Abbasiden in Bagdad anstrebte. Von Sidjilmasa ausgehend, wendeten sich die Fatimiden schnell nach Osten. 909 konnten sie den Rustamidenstaat in Algerien und den Aghlabidenstaat in Tunesien zerstören, die Idrisiden unterwarfen sich ihnen 989, der Rest Marokkos nie. Ihr Zentrum blieb weiter östlich. Sowohl die Umayyaden als auch die Fatimiden versuchten, Marokko als Pufferzone gegen den jeweilig anderen Staat zu nutzen. Leidtragende waren die Berber, denn sowohl Umayyaden als auch Fatimiden führten sogenannte Stellvertreterkriege, d.h. Umayyaden ließen die berberischen Zenata für sich kämpfen, während sich die Fatimiden der Schlagkraft ihrer ziridischen Vasallen, eines Stammes der Sanhadja-Berber, bedienten.

985 gaben die Fatimiden, die ihren Blick auf Syrien und Ägypten gerichtet hatten, den Plan, Marokko zu erobern, auf. Sie hinterließen dort jedoch ihre Vasallen, die **Ziriden,** die - zumindest nominell unter Oberherrschaft der Fatimiden - regierten. In der Realität aber war von dieser Oberherrschaft in Marokko nicht viel zu spüren. Es herrschte das totale Chaos, das heißt, das Land war in viele Kleinreiche ohne eine einheitliche Verwaltung zerfallen. Der Zustand dauerte nicht lange an; bald schon wünschten sich die Ziriden eine unabhängige Regierung und sagten sich 1052 von den Fatimiden los.

Diese beantworteten den Ungehorsam mit einer für den ganzen Maghreb folgenschweren Entscheidung: der **Entsendung der Araberstämme Banu Sulaiman und Banu Hillal** nach Westen. Diese beiden Nomadenstämme aus dem Hidjaz (dem heutigen Saudi-Arabien) sollten das Land zurückerobern und arabisieren. Sie rückten auf der Suche nach Weideland mit ihren Familien an und ließen sich, wo auch immer sie Platz fanden, nieder. Älteren Quellen zufolge hinterließen sie bei diesem Eroberungszug eine Spur der Verwüstung. Diese Tatsache ist bis heute jedoch nicht ausreichend geklärt. Sicher ist, dass sie sich schnell den Gegebenheiten anpassten und sich mit der Bevölkerung vermischten oder aber diese verdrängten. Viele Berber wichen in die Berge aus oder wanderten gar in die Sahara und wurden zu Nomaden. Eine Zerstörung? Sicherlich, wenn auch nicht gewiss ist, in welchem Ausmaß. Eine Arabisierung? Ganz und gar! Nicht nur, dass die beiden Stämme schlicht und einfach sehr zahlreich waren und allein deshalb viel zur Arabisierung beitrugen. Nein, sie drängten auch die Berber in Randregionen ab, indem sie sich in den großen und fruchtbaren Ebenen ausbreiteten.

Die Banu Sulaiman wendeten sich von Kairuan aus südwärts und begannen mit der Arabisierung der Sahara und des Sahels in dieser Region. Ein reger Handel wurde aufgebaut, und bis heute stammen die Sahara-Araber von diesen Nomaden ab. Die Banu Hillal hingegen zog es westwärts bis nach Mauretanien. Sie schafften ohne Absicht etwas, was vor ihnen noch nie jemand zustande gebracht hatte: Einen organisierten Berberwiderstand, eine politische Bewegung, überregional organisiert, aus der das erste große Berberreich der Almoraviden entstand.

Zwei große und zwei kleine Berberreiche: die Konsolidierung des Islams (1061-1554)

Sanhadja-Berber hatten Mitte des 10. Jahrhunderts die Oberherrschaft über den Südwesten des Landes, heute in Mauretanien gelegen, errungen. Ihr Anführer *Yahya ibn Ibrahim* brachte nun von einer Pilgerfahrt einen Gelehrten mit, einen Gazula-Berber aus dem Sus, der die religiöse Praxis der Stämme verbessern sollte. Dieser Gelehrte, **Abdallah ibn Yasin,** war voller Charisma und Machtinstinkt. Schnell hatte er erkannt, dass sich hier ein großes Potential an Kämpfern versammelt hatte, mit deren Hilfe er ein großes Reich gründen könnte. Auch wenn man nachträglich versucht hat, *Ibn Yasin* als Theologen darzustellen, der den zügellosen Wüstenbewohnern Religion und Moral beibrachte, so spricht aus seinen Taten mehr politisches Kalkül und Machtambitionen.

Er wurde der geistige Führer und eigentliche Gründer der **Almoraviden.** Diese Bezeichnung (arab. *al-Murabitun* für Kriegermönche) verbreitete sich von nun ab im Reich für die neuen Machthaber.

Ibn Yasin ernannte als militärischen Führer *Abu Bakr ibn Umar,* mit dessen Hilfe der Norden erobert werden sollte. *Ibn Yasins* hatte seine **Kriegstaktik geschickt in ein religiöses Gewand gepackt:** Er reiste seinem Feldherrn voraus und missionierte einen neuen Glaubensansatz. Seiner Meinung nach war der Islam im Verlauf der letzten Jahrhunderte verkommen, und es musste eine Rückbesinnung auf den Urislam, das heißt, den eigentlichen Glauben, stattfinden (diesen Gedanken haben Ende des 19. Jahrhunderts die Vordenker der Fundamentalisten wieder aufgenommen und neu interpretiert). *Ibn Yasin* predigte mit Eifer. Er warf den Idrisiden die schamlose Ausnutzung ihrer Macht vor und machte sie für das Chaos, das im Land herrschte, verantwortlich. Seiner Ideologie nach war der Grund für diesen Missstand das Abweichen der Machthaber vom eigentlichen Glauben. Denn dieser, so sah es *Ibn Yasin,* würde die Muslime einigen und nicht in tausend kleine Staaten trennen.

Da er der Wirkung seiner Worte allein nicht vertrauen konnte, folgten ihm *Ibn Umar* und seine Armeen, um den neuen Gedanken zu „festigen". 1059 wagte sich *Ibn Yasin* zu den Barghawata an der Atlantikküste; lange hatte er diese Reise hinausgezögert – zu Recht, denn er wurde dort ermordet. Von nun an verlor die nach außen gezeigte geistige Komponente der almoravidischen Mission mehr und mehr an Bedeutung. *Ibn Umar* konnte weite Teile Marokkos unter sich bringen und schlug 1061 den letzten Ziriden-Emir. Neun Jahre nach diesem Erfolg ließ er als Beweis seiner Macht eine neue Hauptstadt errichten, die erste berberische Hauptstadt überhaupt: **Marrakesch.** Er veranlasste den Bau der ersten Freitagsmoschee (Vorgängerin der heutigen Kutubiya-Moschee), denn diese garantierte der Stadt ihren unabhängigen Status.

Aber Unruhen in der Sahara veranlassten *Ibn Umar,* sich dorthin auf den Weg zu machen. Er übergab seinem Cousin **Yusuf ibn Tashfin** die Kontrolle über Marrakesch. Dieser weitete seine Macht schnell aus, er fand Gefallen an seiner neuen Position und auch an der Gattin seines Cousins. Von beidem wollte *Yusuf* nicht mehr lassen, als *Ibn Umar* 1072 nach Marrakesch zurückkehrte. Statt um seine Frau und seine Macht in Marrakesch zu kämpfen, verlor *Ibn Umar* den Mut, überließ *Yusuf* die Herrschaft und zog sich in die Sahara zurück, um dort einen eigenen kleinen Staat zu bilden. Das almoravidische Reich hatte so zwar die Sahara verloren, der Norden aber ergab sich quasi widerstandslos. 1092 hatte *Ibn Tashfin* alle Kleinkönigreiche (außer Valencia in Spanien) erobert und ließ sich 1098 als Kalif ausrufen.

Der **Staat Marokko** (von Marrakesch, arab. *Marrukusch,* woraus portugiesisch *Marocos* und deutsch *Marokko* wurde) war gegründet. Der neue Staat bestand aus einer Reihe von Provinzen, die eine stark autonome Regierung hatten. *Ibn Tashfin,* nun auch Herrscher über al-Andalus, wie die spanische Provinz hieß, stellte sich als außerordentlich geschickter und kluger Herrscher heraus. Er holte in der Folgezeit mehr und mehr Gelehrte nach Marokko. Die neue Hauptstadt Marrakesch erlebte eine Blüte arabisch-andalusischer Kultur. Architektur und Kunsthandwerk entwickelten sich völlig neu, Dichter und Künstler fanden hier ihr Paradies.

Doch das Glück währte nicht lange. Nach dem Tod des Eroberers übernahm sein streng gläubiger Sohn **Ali ibn Yusuf** die Nachfolge, und die schönen Künste wurden arg beschnitten. *Ali* fehlte es an Charisma und Herrschaftsfähigkeit. So hatte er schon bald an allen Fronten zu kämpfen. Die Christen in Spanien wollten ihr Land nicht so einfach aufgeben, und auch die Sahara machte wieder auf sich aufmerksam. Siege und Niederlagen wechselten sich ab. Die größte Gefahr aber war im Land selbst zu spüren: Eine neue Bewegung, die der Almohaden, machte sich daran, die Macht der Almoraviden in Frage zu stellen. 1143 starb *Ali ibn Yusuf,* und nur vier Jahre später schafften die Almohaden, die seit den 20er Jahren aktiv am Sturz der Almoraviden arbeiteten, den Sturm auf Marrakesch.

Die Herrschaft der **Almohaden** begann. Doch wie kam es zu diesem raschen Anwachsen ihrer Macht? Die Unterwerfung Marokkos durch die nomadischen Sanhadja musste auf Seiten der sesshaften Berber, namentlich der Zenata und den Masmuda, zu Gegenreaktionen führen. Mit dem Tode *Ibn Yasins* war der religiöse Anspruch der Almoraviden verschwunden, die Almohaden konnten mit einer religiösen Erneuerungsbewegung dagegenhalten. „Diejenigen, die sich zur göttlichen Einheit bekennen" (*al-Muwahidun*) nannten sie sich, und *Muhammad ibn Abdallah ibn Tumart* (gest. 1130) wurde ihr geistiger Führer. Dieser hatte auf dem Rückweg einer Pilgerreise *Abd al-Mu'min,* einen Berber Nordwest-Algeriens, kennengelernt, dessen politisches und militärisches Geschick die Almohaden zu einer schlagkräftigen Bewegung machte. *Ibn Tumart* wollte den „reinen Islam" in Marokko verkünden, *Abd al-Mu'min* vom Berberstamm Masmuda wurde sein militärischer Begleiter (der aufmerksame Leser erkennt die Parallele zu den Almoraviden!).

0005km Foto: mb

Die Lehre des ersten Almohaden war recht einfach: strengstes Einhalten der religiösen Gesetze, Ablehnung jeder Entfremdung, Puritanismus und – der heilige Kampf *(djihad)*. Der Djihad war Pflicht, und zwar besonders gegen die Almoraviden. Dieser galt sogar als noch verdienstvoller als der Kampf gegen Ungläubige. *Ibn Tumart* selbst ließ sich als *Mahdi*, d.h. als Erlöser der Menschheit, ausrufen. Währenddessen konnte *Abd al-Mu'min* seine Macht ausweiten und 1147 mit der Einnahme Marrakeschs die Almoraviden stürzen. Von hier aus weitete sich die Macht des Masmudas immer weiter gen Norden (Spanien), Osten (Algerien und Tunesien) und Süden (Sahara) aus.

Die weltliche Herrschaft hatte zu diesem Zeitpunkt längst die geistige abgelöst, und zweifelsohne lässt sich die Folgezeit als mu'minidische Ära bezeichnen. Nach dem Tode *Abd al-Mu'mins* übernahm sein Sohn *Abu Yaqub Yusuf* das wohl bestorganisierte Heer, das der islamische Westen je hervorgebracht hatte. Das nützte ihm allerdings nicht allzuviel, denn im Osten begann die Macht bereits zu bröckeln. Doch das hielt den neuen Herrscher und auch seinen Nachfolger, *Abu Yusuf al-Mansu*r (regierte 1184-1199), nicht davon ab, sein Reich mit einer neuen **kulturellen Blüte** zu beglücken. Er schwor dem einstigen almohadischen Puritanismus ab, holte Künstler und Dichter ins Land und ließ die besten Baumeister herbeischaffen, damit sie die schönsten Minarette erbauen ließen. Die drei verwandten Minarette in Rabat (Hassan-Turm), Giralda in Sevilla und die Kutubiya in Marrakesch entstanden in dieser Zeit.

Rabat wurde die neue Hauptstadt des Reiches. Doch die Bedrohung blieb: Spanien und der Osten wurden zusehends instabil, 1165 nahmen die Portugiesen Evora ein, 1172 ging Tripolis verloren. Zwar konnten in den kommenden Jahren noch einige Siege verzeichnet werden (so 1195 bei Alarcos), der **Niedergang** aber war vorprogrammiert. Auch *Muhammad an-Nasr* (regierte 1199-1213) konnte diesen nicht mehr aufhalten, denn unter seiner Herrschaft ging der Osten verloren. Die Schlacht von Las Navas, in der *Alfons III.* gewann, gab den Almohaden den Todesstoß.

Der Zerfall des Reiches ging unter den Nachfolgern *an-Nasr's* rapide voran. Das Land, obschon noch nominell von den Almohaden beherrscht, versank in Anarchie. Da tauchten die ersten Vorboten einer neuen berberischen Dynastie auf: die **Meriniden.** Von Norden kommend, nahmen sie erst Meknes (1245), dann Fes (1248) und 1269 Marrakesch ein und beendeten so die zweite berberische Dynastie.

Mit dem Ende der almohadischen Herrschaft war auf lange Sicht auch das **Ende eines berberischen Großmaghrebs** (zusammen mit Algerien und Tunesien) besiegelt. Wieder teilte sich das Land in viele Kleinstaaten, einen vereinigten Maghreb sollte es erst wieder im 16. Jahrhundert geben. Aber auch wenn die einzigen großen Berberreiche der marokkanischen Geschichte gescheitert waren, so war es beiden Reichen doch gelungen, die im Staatsgebiet verbreiteten Häresien (abweichenden religiösen Lehren) endgültig zu vertreiben. Eine einheitliche Religion hatte sich endgültig in Marokko festgesetzt: die der malikitischen sunnitischen Rechtsschule.

Die **Herrschaft der Meriniden** beschränkte sich stets auf einen kleinen Raum, ihnen gelang nie ein ähnlicher Eroberungserfolg wie den ersten beiden Dynastien. Mit ihrem Stammesoberhaupt *Abu Yusuf Yaqub* (regierte 1258-1286) konnten sich die Banu Marin zwar in der zweiten Hälfte des 13. Jahrhunderts in Marokko etablieren, ein recht großes Territorium ihr eigen nennen und auch in Spanien militärische Erfolge verzeichnen; dennoch ging mit dem Tod *Abu Yusufs* auch die eigentliche Macht der Meriniden verloren.

Die alte Stadtmauer von Rabat

006km Foto: mb

Abu Yusuf war ein großer Bauherr und hinterließ bei seinem Tode eine neue Verwaltungsstadt, Fes al-djadid, das „neue Fes". Aber auch das half nichts. Das Land war offensichtlich noch nicht bereit, sich zu vereinigen. Das Fehlen eines historischen Zusammengehörigkeitsgefühls machte sich auch unter den Meriniden bemerkbar, und Marokko wurde mehr und mehr geschwächt: Das Reich begann, ohne dass es je richtig vereint gewesen wäre, an allen Enden zu bröckeln. Die merinidischen Herrscher waren mit Eifer darum bemüht, ihre Dynastie zu legitimieren und Prestige zu gewinnen. Durch ihren Kampf gegen die Christen hofften sie die nationale und innerislamische Anerkennung in Marokko zu erlangen. Die zivile und militärische Verwaltung wurde zentralisiert, man führte öffentliche religiöse Feiertage, wie den Geburtstag des Propheten, ein und errichtete einige Hochschulen. *Uthman II.* (regierte 1320-1331) sicherte sich die Unterstützung der Scherifen, der Nachkommen des Propheten, in Fes. Zusammen mit ihnen ließ er die Geschichte der Idrisiden umschreiben, *Idris II.* wurde zum Staatsgründer stilisiert, woraus sich der „Mulay-Idris-Kult" entwickeln sollte.

Den Nachfolgern *Uthmans II.* waren noch einmal kurze Erfolge gegönnt, der Zerfall der Macht der Meriniden war aber nicht mehr aufzuhalten. Mehr und mehr entschieden die Wesire und nahmen den Sultanen so die Macht, Rebellionen und Gegenrebellionen innerhalb des Herrscherhauses zerstörten alle Autorität, und wieder einmal setzte sich in Marokko die Anarchie durch. So war die Herrschaft der Banu Marin 1420 quasi am Ende. Die letzten Jahrzehnte hatten sie als Marionetten-Sultane geherrscht. Die eigentliche Macht gehörte den Wattasiden, einem den Meriniden über viele Jahre treu ergebenen Clan. Sie herrschten ab 1465 offiziell, doch auch ihre Macht blieb auf Fes und die Umgebung beschränkt.

Das portugiesische Fort in Essaouira

Die arabische Herrschaft: Saadier und Alawiden (1554-1911)

Das Hauptproblem der Wattasiden war neben der Zerrissenheit im eigenen Land die immer stärker werdende **Präsenz der Europäer** in Nordafrika. 1471 wurde Tanger von den Portugiesen erobert, und in den folgenden Jahren fiel eine Stadt nach der anderen entlang der Küste in portugiesische Hand, bis Agadir 1505 als letzte Küstenbastion erobert wurde. Das rief hier, wie auch sonst überall im Land, den Widerstand breiter Volksschichten gegen die christlichen Invasoren hervor. Und trotz der anfänglichen Sympathien, die die **Wattasiden** auf sich zogen, verloren sie bald jede Glaubwürdigkeit. Als *Muhammad ash-Shaikh* dann im Jahre 1471 einen Waffenstillstand mit Spanien schloss, war das für viele Marokkaner der Beweis, dass dieses Herrschergeschlecht mit den Europäern paktierte, statt gegen sie den Djihad, den Heiligen Krieg, zu führen. Das rief auch die Sufis (islamische Mystiker) und Marabuts auf den Plan, die weniger politisch als vielmehr religiös gegen die europäische Invasion predigten. Sie bereiteten den Boden für die Saadier, die sich durch ihren Kampf gegen die Portugiesen mehr und mehr in den Vordergrund schoben.

007km Foto: mb

008km Foto: mb

Die **Saadier,** Araber scherifischer Herkunft, hatten sich schon längere Zeit im Sus angesiedelt. Zwischen 1520 und 1540 hatten sie Taroudannt als ihren Handels- und Militärstützpunkt ausgebaut und die Stadt für kurze Zeit zur Hauptstadt ihres Reiches erklärt. Von hier aus wagten sie 1524 ihren ersten militärischen Vorstoß: die Eroberung Marrakeschs. Schon 1510 war es *Muhammad al-Qa'im,* einem Mitglied des Stammes der Banu Sa'ad, gelungen, die Fraktionen des mit ihm verbündeten Stammes der Maqa'il zu vereinigen. Den Auftrag dazu soll er, dem saadischen Gründungsmythos zufolge, von einem Heiligen erhalten haben. Zusammen mit diesem Stamm baute *al-Qa'im* eine zentrale Verwaltung auf und herrschte bereits über den Sus, als die Eroberung Marrakeschs erfolgte.

Das Ansehen der Saadier im Volk stieg noch mehr, als sie 1541 Agadir von den Portugiesen zurückeroberten, die daraufhin Safi und Azammur freiwillig räumten. 1549 nahm *Muhammad al-Mahdi* Fes ein und wehrte erfolgreich die Osmanen ab, die den Wattasiden zur Hilfe eilen wollten. Fünf Jahre später waren sie die neuen Herrscher des Maghreb. Als ihre Hauptstadt wählten sie Marrakesch, in das sie unter dem Jubel seiner Einwohner einzogen.

Doch die Saadier waren - ihrer vermeintlichen Abstammung zum Trotz, **„Emporkömmlinge“,** denen man mangelndes Wissen und „Tölpelhaftigkeit“ vorwarf. Dies geht aus zeitgenössischen Beschreibungen hervor. So sollen sie sich, bevor sie nach Marrakesch kamen, in Fes einer Frau und einem Mann anvertraut haben, die ihnen den neuen Lebensstil beibrachten. Der Mann, ein ehemaliger Wesir der Wattasiden, verlieh dem neuen Sultan Haltung, indem er ihn einkleidete, ihn über Manieren informierte und ihn pünktlich zum Essen erscheinen ließ. Er lehrte ihn, wie man Politik mit Stammesfürsten macht, Versammlungen leitet, jedem seinen angestammten Platz zuweist, die Steuern handhabt und die Soldaten bezahlt - kurz, alles, was Würde und Autorität ausmachte. Die Frau brachte ihm bei, welche Mahlzeiten man wann und wie einnimmt, welches Personal man in der Küche und im Esszimmer braucht, wie ein Palast einzurichten ist und welches Parfum man verwendet. Dieses Wissen sollte von nun an jedem neuen Sultan zukommen. Die „Lehrer“ hatten die Kontrolle darüber, dass die Regeln auch eingehalten wurden.

Die Saadiergräber in Marrakesch, erst 1917 wieder entdeckt

Dieses Manko wurde durch die anfänglichen Erfolge der Saadier etwas überdeckt, aber es blieb während der gesamten Zeit ihrer Herrschaft ein großes Problem, das ihnen viel von ihrem Ansehen unter den Stammesfürsten nahm. Das schwächte die Macht der Saadier.

Der größte Feind der Saadier blieb anfangs das **osmanische Reich,** das keinen starken Nachbarn neben sich dulden wollte. Der Machtbereich Istanbuls reichte bis Tlemcen (eine Stadt in Westalgerien), und somit war Marokko der direkte Nachbar der türkischen Herrscher. Einschüchterungsversuche fruchteten nicht, also kam es 1557 zu einem Mord: Osmanische Agenten töteten *Sultan Muhammad sh-Shaikh,* was zu großen Unruhen führte.

Zur etwa selben Zeit begannen auch die europäischen Mächte wieder mitzumischen. Sie sahen ihren Machtanspruch durch die Osmanen stark gefährdet, und so kam es auf marokkanischem Boden in der folgenden Zeit zu massiven Machtkämpfen zwischen Osmanen, Europäern und den saadischen Machthabern. 1574 hatten sich die Osmanen dann endlich per Vertrag mit dem marokkanischen Sultan geeinigt: In diesem Vertrag akzeptierten die Osmanen die Herrschaft der Saadier, da diese sich nominell unter die Oberherrschaft der Osmanen stellten, doch Istanbul war zu weit weg, als dass die Osmanen hier wirklich hätten herrschen können. So waren beide Seiten zufrieden und mehr oder minder unabhängig voneinander.

Unmöglich schien eine Einigung mit den Europäern zu sein, und so kam es im Jahre 1578 zu der bekannten **Dreikönigsschlacht,** bei der alle drei Herrscher starben. Als Gewinner gingen die Saadier hervor, die ihren Sultan aufgrund einer Krankheit, nicht aber durch eine Niederlage verloren hatten. Mit dieser Schlacht hatte man die Europäer erst einmal so weit aus Nordafrika vertrieben, dass von dieser Seite aus keine Gefahr mehr drohte.

Diese Tatsache stachelte den Ehrgeiz der Marokkaner an. Das Ziel des neuen Sultans *Ahmad al-Mansur* (regierte 1578-1603) war die Ebenbürtigkeit mit den Osmanen. *Ahmad al-Mansur* baute enge diplomatische Beziehungen zu England auf und erkämpfte sich eine **Vormachtstellung in Westafrika,** um den Fluss westafrikanischen Goldes nach Marokko zu lenken. Schon die ersten Saadiersultane hatten eine aktive Westafrika-Politik betrieben und den Karawanenhandel unter ihre Kontrolle gebracht. So waren sie, vom Sus ausgehend, in der Lage gewesen, teure Waffen zu kaufen, die ihnen die Eroberung der Hauptstadt sowie die Vertreibung der Portugiesen ermöglicht hatte. Einen ähnlichen Einfluss erhofften sie sich nun, knappe 40 Jahre später, durch neue Vorstöße in Richtung Süden.

Die kriegerischen Auseinandersetzungen mit *Askiya Dawud,* dem Herrscher von Songhay in Westafrika, hatten dazu geführt, dass man die **Abbausteuern der Salzminen** in Taghaza, auf dem halben Weg durch die Sahara, mitten auf der Handelskarawanenroute gelegen, teilte. Seit Jahrhunderten hatten sich maghrebinische Händler auf der Durchreise nach Westafrika mit diesem Salz versorgt, das sie dann weiter südlich gegen Gold eintauschten. Doch *Ahmad al-Mansur* wollte mehr, er verlangte von *Dawud* auch dessen Steueranteil an den Salzminen, und ein erbitterter Krieg begann. Mehrere marokkanische Vorstöße scheiterten, doch gelang es Sultan *Ahmad al-Mansur* schließlich, die Handelskarawanenwege zu kontrollieren und somit Steuern auf alle erhandelten Güter zu erheben.

Mit einem großen Expeditionskorps ließ *al-Mansur* neue Salzminen und die Waffensituation seiner afrikanischen Nachbarn erkunden. Mit diesen Kenntnissen wagte er 1588 den endgültigen **Vorstoß nach Süden.** Als Vorwand diente das Argument, dass die Salzminen unter der Oberhoheit des alleinigen Kalifen und Imams *al-Mansur* stünden und die daraus anfallenden Steuern nur zum Wohle der islamischen Gemeinschaft verwendet werden sollten. Sich zum Messias erklärend, marschierte er 1591 in Timbuktu ein, eroberte es dank der modernen Feuerwaffen und erbeutete enorme Reichtümer. Für eine dauerhafte Verwaltung jedoch und die totale Ausbeutung des Landes waren die Entfernungen zu groß. Der Sultan kehrte mit mehreren tausend Sklaven aus Westafrika zurück. Als er diese jedoch nicht, wie versprochen, zum Djihad, zum Glaubenskampf gegen die Spanier, führte, wie er in seiner Kriegspropaganda angekündigt hatte, begann sein Ansehen zu sinken.

Ahmad al-Mansur starb 1603 an der Pest, ohne seine Nachfolge geregelt zu haben. Der Kronprinz saß im Gefängnis, weil er in Vorbereitung seiner Nachfolge eigenmächtig Verhandlungen mit Spanien geführt hatte, während seine beiden Brüder als Gouverneure der wichtigsten Städte Marrakesch und Fes die tatsächliche Macht in den Händen hielten. Das **Reich zerfiel** in eine Nord- und eine Südhälfte. In verschiedenen Landesteilen herrschten die Saadier noch bis 1659, um dann der neuen Dynastie der Alawiden Platz zu machen, die bis heute, mit einem französischen Intermezzo zwischen 1912 und 1956, an der Macht sind.

Die **Alawiden** waren, so wie ihre Vorgänger, arabische Scherifen. Aber im Gegensatz zu den Saadiern, die von dem großen südmarokkanischen Araberstamm der Ma'qil getragen worden waren, besaßen die Alawiden keinen besonderen Stammesrückhalt. In ihren gemischten Heeren kam es immer wieder zu internen Stammesstreitigkeiten, so dass die ersten alawidischen Sultane *Mulay Rashid* (regierte 1666-1672) und *Mulay Is-*

ma'il (regierte 1672-1727) gezwungen waren, neue Truppen aufzustellen. Sie rekrutierten dabei Sklaven, die sie von ihren Besitzern abkauften, und bildeten sie vorzüglich aus. Mit diesem Heer gelang es dann *Mulay Isma'il,* die Spanier und Engländer, die sich in der Zwischenzeit Tanger angeeignet hatten, aus Marokko zu vertreiben.

Trotz dieses Erfolges gab es innerhalb Marokkos massiven **Widerstand gegen die neuen Herrscher** und ihr Heer. Stammesführer und Religionsgelehrte warfen dem Sultan vor, er habe Muslime versklavt und Sklaven im Heiligen Krieg eingesetzt. Dass *Isma'il* mit seinen Soldaten einen sehr viel erfolgreicheren Heiligen Krieg geführt hatte als dies mit Stammesfürsten, die vor allem auf ihre lokalen Vorteile bedacht waren, möglich gewesen wäre, wurde bewusst übersehen. Die Argumente der Gelehrten fanden Resonanz in der Bevölkerung, und so zerfiel das Land nach dem Tode *Mulay Isma'ils* wieder in das Regierungslager, *Makhzan,* und das „Land des Dissens", *Bilad as-Siba'.*

Die Herrschaft der Alawiden war folgendermaßen organisiert: Auf lokaler Ebene war der Sultan offiziell durch den **Qa'id** (zu deutsch „Führer") vertreten, der für die Sicherheit und die Ablieferung der Steuern verantwortlich war (siehe auch Kapitel: „Ksur und Kasbahs – Lebensformen im Süden"). Das verschaffte diesen Führern eine sehr unabhängige Position, die sie oft zugunsten ihrer Stämme auszunutzen wussten. Vor allem die Qa'ids im Süden des Landes, die entlang der Handelskarawanenstraßen, wie z.B. im Hohen Atlas, im Drâatal oder dem Tafilalt ihre Position innehatten, herrschten nach nur kurzer Zeit relativ unabhängig vom Sultan. Sich am Handel bereichernd, konnten viele der Qa'id-Klane, wie zum Beispiel der Klan der Glawis im Hohen Atlas, Waffen und Gebrauchsgüter der Europäer kaufen, was sie zu gefährlichen Konkurrenten des Sultans machte. Dieser konnte sich kaum dagegen wehren, denn die Zahl der sultanstreuen Qa'ids, die eine Kontrolle hätten ausüben können, war zu gering und die Armee nicht loyal genug.

Im Norden des Landes funktionierte das Qa'id-System überhaupt nicht. Hier herrschte mehr denn je die Anarchie. Es gab keine zentrale Instanz, an die man sich wenden konnte, wenn Unrecht geschehen war.

Das Tor zur Kasbah Tamnougalt,
dem ersten Qa'id-Herrschaftssitz Südmarokkos

010km Foto: mb

Aus diesem Grund galt wieder das Gewohnheitsrecht, und die Stammesältesten herrschten regional. Die einzige Verbindung untereinander war nicht die ferne Regierung des Sultans, sondern die Religion. „Heilige" wirkten als Stammesverbindung: in der Ethnologie bezeichnet man diese Heiligen als „Vermittler einer segmentierten Gesellschaft". Sie schufen ein Zusammengehörigkeitsgefühl über Stammesgrenzen hinweg. So entstanden mehr und mehr **Bruderschaften,** die einen Zusammenhalt der Bevölkerung jenseits von Stammeszugehörigkeit ermöglichten (Näheres siehe Kapitel: „Mystische Bruderschaften").

Trotz dieser Situation kam die wirkliche Gefahr nicht aus dem Inneren, sondern aus Europa. Denn dort hatte man im Rahmen der Industrialisierung neue Waffen mit immer größerem Zerstörungspotential entwickelt. Und so begann vor etwa 200 Jahren eine neue Ära der nordafrikanischen Geschichte. Der militärischen Eroberung folgte die durch die industrielle Revolution gestärkte wirtschaftliche Macht Europas, und so kam es im Unterschied zum 15. und 16. Jahrhundert zu einer wesentlich tiefgreifenderen, nämlich **wirtschaftlichen Kolonialisierung** des Maghreb. Hatten sich die Portugiesen und Spanier nur an den Küsten niedergelassen, erwarben jetzt europäische, vor allem französische Siedler große Ländereien im Landesinneren. Die Ausbreitung der Europäer im Land war nicht mehr aufzuhalten, auch wenn Marokko, im Unterschied zu seinen Nachbarländern, dem europäischen „Vormarsch" noch bis 1912 standhalten konnte.

Schon 1844 hatte die Regierungsarmee eine vernichtende Niederlage gegen die **Franzosen** erlitten, die mehr und mehr die Vorherrschaft über ganz Nordafrika anstrebten. Sie waren schon seit dem letzten Jahrhundert mehr oder minder **marktführend** in den Städten des Landes gewesen, da sich ein einheimischer Markt nie etablieren konnte. Die Menschen lebten von Eigenanbau und Tauschgeschäften und waren deshalb nie auf ein merkantilistisches System angewiesen gewesen. Das änderte sich mit dem Bedürfnis nach europäischen Waren, vor allem aber Waffen. Das marokkanische Handelsdefizit wurde von Jahr zu Jahr größer, eine eigene Marktwirtschaft regte dies jedoch nicht an. Das machten sich die Franzosen zunutze und wurden marktbeherrschend, vor allem im Woll- und Getreidehandel.

1850 hatten die Franzosen endlich den langen Widerstand der Algerier besiegt und das Land annektiert, Tunesien folgte 31 Jahre später. Noch war Marokko unabhängig, seine Politik wurde jedoch aufgrund der Marktsituation bereits in Europa gemacht. Es war klar, dass auch Marokko als letztes maghrebinisches Land **unter die französische Kontrolle** sollte. Die Frage war nur wann. In Europa hatten sich Frankreich und Spa-

011km Foto: mb

nien im Vertrag von Algeciras 1906 bei der „Aufteilung" Nord- und Westafrikas darauf verständigt, dass die Franzosen ein „Recht" auf Marokko erhielten (abgesehen von einigen wenigen Provinzen im Norden, die Spanien zugedacht waren). Da bekamen die Franzosen von unerwarteter Seite Unterstützung: von den Glawis. Dieser berberische Klan hatte es schon im 19. Jahrhundert geschafft, sich durch skrupellose Bereicherung als größter Großgrundbesitzer des Südens zu etablieren. Seine Herrschaft war gefürchtet, seine Brutalität bekannt. Während die anderen Berber erbittert gegen die französische Vorherrschaft kämpften, nutzte der berüchtigte *Tami ibn Muhammad* die Gunst der Stunde und schloss sich den Franzosen an. Spätestens damit begann sein Verrat. Seite an Seite mit den Franzosen erkämpfte sich der „Sultan des Südens", wie er zu dieser Zeit genannt wurde, die Vorherrschaft im Süden des Landes. Er ließ zahlreiche Kasbahs bauen, eine schöner als die andere, manche als Herrschaftssitze und manche zur Demonstration seiner Macht. Mit Unterstützung der Glawis-Truppen setzten sich die Franzosen 1912 militärisch durch und erkärten Marokko offiziell zum **Protektorat.** Allein die Bewohner des Drâatals kämpften bis in die 40er Jahre erbittert gegen die europäischen Okkupanten. Dann wurde auch ihr Widerstand gebrochen.

Blick auf eine Kasbah

Die Invasion aus dem Norden: Marokko unter französischem Protektorat (1912-1956)

Die Franzosen hatten weniger die Beherrschung des Landes im Sinn als vielmehr den **Ausbau der Infrastruktur** nach marktwirtschaftlichen Aspekten und die Forcierung einer auf den Export angelegten Landwirtschaft, von der sie profitieren sollten, nicht die Marokkaner. Mit diesem Ausbau wuchsen auch schnell die Städte, die nun auch für die einheimische Bevölkerung Arbeitsplätze boten. **Arbeitskräfte** wurden vor allem in Ölmühlen, Schreinereien, Fassbindereien, Sattlereien oder Schmieden benötigt. Mit den ersten Manufakturen erhöhte sich dann auch die Anzahl an Fabrikarbeitern (vor allem in der Lebensmittelbranche und der Tabakindustrie), die in der Mehrzahl von Marokkanern gestellt wurden. Seltener schafften Einheimische den Sprung ins Kleinbürgertum, beispielsweise als Staatsangestellte, Bau- oder Transportunternehmer. In der Hierarchie ganz unten standen die Zuwanderer vom Land.

Mit der Verstädterung entwickelte sich ein Straßen- und Bahnliniensystem, das einen schnelleren Transport für die angebauten und gehandelten Waren gewährleisten sollte. Ländereien wurden enteignet, Landwirte zu Arbeitern degradiert, Steuern auf landwirtschaftliche Produkte erhoben. Ein monetäres System wurde eingeführt, was nun auch die bisher wenig von Europa beeinflusste Bevölkerung zum Umdenken zwang. Das war der Beginn des seit der Islamisierung wohl heftigsten **sozialen Wandels.** Und es war der Beginn eines modernen marktwirtschaftlichen, eines an Europa orientierten Marokkos.

Eines der großen Ziele Frankreichs war die Befriedung des Landes. Ein Stamm bzw. eine Region galt dann als befriedet, wenn seine Mitglieder bzw. ihre Bewohner mit dem Bus zum Markt fuhren und zum Steuerzahlen in der Schlange standen. In Marokko dauerte das bis 1934 (böse Zungen behaupten, dieser Zustand wäre bis heute nicht erreicht ...). Den erbittertsten **Widerstand** leisteten die Berber des Südens (bis in die 40er Jahre) sowie ein Stamm im Rifgebirge. Während für die Unterwerfung des Südens der Glawi (s.o.) zuständig war, tobte im Rifgebirge ein heftiger Krieg: *Abdel Krim (Abd al-Karim),* der Sohn eines Rechtsgelehrten, lehnte die laut Vertrag von Algeciras 1906 erfolgte Annexion des Rifgebirges durch Spanien ab. Schnell verschaffte er sich Gehör unter den unzufriedenen Berbern seiner Heimat und setzte sich an deren Spitze, um die Invasoren zu vertreiben. Zwischen 1922 und 1926 schaffte er es, als scherifischer Emir die „Rifrepublik" zu regieren, dann wurde er von einem vereinigten französisch-spanischen Heer geschlagen. *Abdel Krim* überlebte und wurde auf die Insel Réunion verbannt.

Mit diesem Sieg stand den Franzosen und Spaniern nun nichts mehr im Wee. Doch dann begingen sie den für sie wohl schwerwiegendsten Fehler: Sie wollten ihre Position in Marokko weiter stärken, in dem sie die Berber auf ihre Seite zu bringen versuchten. Ziel war, **die Berber gegen die Araber auszuspielen.** „Divide et impera" nannte sich dieses Spiel, das die Europäer kläglich verloren. Ohne große Vorkenntnisse der eigentlichen Situation erließen die europäischen Machthaber in Marokko im Jahre 1930 ein Dekret, das den Berbern eine eigene Rechtsprechung zugestand, nämlich die ihres Gewohnheitsrechts (arab. *urf*). Die Araber des Landes sollten weiterhin nach der islamischen Rechtsprechung, der Scharia, gerichtet werden. Dieses Dekret (arab. *Dahir*) gründete auf der Annahme, dass berberisches Gewohnheitsrecht und Scharia im Gegensatz zueinander stünden. Nach marokkanischer Auffassung jedoch ergänzten sich die beiden, so dass das Dekret den Schluss zuließ, die Franzosen sähen die Berber als Halbmuslime bzw. als nicht vollständige Muslime. Dies war Anlass genug zu revoltieren. Araber und Berber kämpften plötzlich an gleicher Front gegen die Okkupanten. Es entwickelte sich ein **Nationalismus,** der nicht mehr zwischen Arabern und Berbern oder zwischen einzelnen Stämmen, sondern allein zwischen Marokkanern und Nicht-Marokkanern bzw. zwischen Muslimen und Nicht-Muslimen unterschied.

Es bildete sich die erste nationale Partei, die PNRR, die Nationale Partei zur Realisierung der Reformen. Dies war noch keine breite Volkspartei, aber ihre Führer waren mutige Männer, die weder Konfrontation noch Gefängnis scheuten, um ihre Ziele zu verwirklichen. Natürlich wurde diese erste Partei verboten und ihre Gründer wurden ins Exil verbannt. Und natürlich ließen sich deswegen die Nationalisten nicht davon abbringen, eine zweite Partei zu gründen, wenn auch erst einige Jahre später, denn der Zweite Weltkrieg hatte die nationalistischen Aktionen erst einmal unterbrochen. Diese Pause brachte den Nationalisten dennoch eine wichtige Erfahrung: Die Unterbrechung der Lieferungen von aus Europa importierten Textilien und anderen Alltagsgegenständen kurbelte die eigene Wirtschaft, die eigene Produktion, an.

1943, also noch zwei Jahre vor Kriegsende, gründete sich dann unter *Allal al-Fassi* und *Ahmad Belafray,* zwei ehemaligen Aktivisten der PNRR, die aus dem Exil zurückgekehrt waren, die **Unabhängigkeitspartei,** die Hizb al-Istiqlal. Fest davon ausgehend, dass Frankreich Marokko nach dem Krieg die Unabhängigkeit zurückgeben würde, bereiteten sie sich auf den großen Tag vor. Doch nach Kriegsende dachte Frankreich gar nicht daran, Nordafrika aufzugeben. Das rief den Sultan *Muhammad V.* auf den Plan. 1927 noch als vermeintlicher Marionettensultan der Franzosen eingesetzt, nahm er in der Zwischenzeit freundschaftliche Beziehungen mit *al-Fassi* und *Belafray* auf. *Muhammad V.* wurde mehr und mehr zu einem Bekämpfer des Protektorats, was dazu führte, dass er 1951 mit Hilfe des Glawis ins Exil verbannt wurde. Die Istiqlal-Partei hatte nun endlich einen Märtyrer, die Nationalisten gingen in den Untergrund und bildeten 1955 eine **Nationale Befreiungsarmee.** Durch Demonstrationen, Volksaufstände und bewaffnete Aktionen wurden die Franzosen in der folgenden Zeit so unter Druck gesetzt, dass sie am 2. März 1956 Marokkos **Unabhängigkeit** anerkannten. Kurz davor war Muhammad V. aus dem Exil zurückgekehrt.

Die politische Entwicklung seit der Unabhängigkeit (ab 1956)

Muhammad V. kehrte aus dem Exil als der von allen Parteien, politischen Gruppierungen und Bevölkerungsteilen erwünschte religiöse und weltliche Führer zurück. Er war während seines Exils zu einem nationalistischen Symbol des antikolonialen Kampfes und Widerstands geworden. Da er nicht nur als weltlicher Herrscher, sondern auch als *Amir al-Mu'minin,* als Befehlshaber aller Muslime, zurückgekehrt war, haftete ihm der Nimbus eines Märtyrers an, dem man nahezu mystische Verehrung entgegen brachte.

In seiner ersten Thronrede kündigte er eine **konstitutionelle Monarchie** an, in der jeder Marokkaner, unabhängig von seiner Religion, alle Bürgerrechte in Anspruch nehmen durfte. *König Muhammad* sah sich selbst jedoch als oberster Herrscher des Volkes, der nur wenig Macht abgeben wollte. Er setzte eine Übergangsregierung ein, die sich um die Realisierung einer marokkanischen Nation kümmern sollte. Zugpferd dieser ersten Regierung war die Unabhängigkeitspartei, die Istiqlal. Der König formierte die Nationalversammlung, der er vorstand.

Doch zunächst galt es, die **Unabhängigkeit vollständig zu erringen,** denn obwohl Frankreich das Land offiziell aus seiner Herrschaft entlassen hatte, gab es weder eine Waffenruhe zwischen der marokkanischen Befreiungsarmee und der französischen Armee, noch waren die spanisch verwalteten Zonen und Tanger, das zur internationalen Zone erklärt worden war, frei. Die Verhandlungen mit Spanien ergaben ab dem 4. April 1956 eine formale Unabhängigkeit, das europäische Land jedoch behielt Ceuta und Mellila sowie die Enklave Ifni und die Region Tarfaya. Ebenso wie Frankreich wollte Spanien ein großes Truppenkontigent in Marokko hinterlassen. Während Frankreich vor allem wegen des in Algerien tobenden Befreiungskrieges seine Armee im Land haben wollte, erhoffte sich Spanien die Sicherung seiner Territorien, denn bereits im August 1957 begannen heftige Befreiungskriege um Spanisch-Sahara (die heutige West-Sahara)und die anderen von Spanien verwalteten Regionen. Zwischen 1958 und 1969 wurden Tarfaya, Ifni und Tanger an Marokko übergeben. Spanisch-Sahara, Ceuta und Mellila sollten spanisch bleiben. Ein Truppenabzug bis 1961, auch der amerikanischen Truppen, die auf Frankreichs Erlaubnis hin einige wenige Stützpunkte in Marokko errichtet hatten, wurde vereinbart und eingehalten.

Während die außenpolitischen Problem zu lösen waren, musste der König sich auch mit **Widerständen im Land** selbst auseinandersetzen, denn viele der Stadtguerilla-Gruppen und Aktivisten der marokkanischen Befreiungsarmee, die wesentlich zum Einlenken Frankreichs beigetragen hatten, weigerten sich nun, die Waffen abzugeben und/oder in die nationale Armee einzutreten. Grund für die Weigerung war der Anspruch einiger Armeeführer, so lange zu kämpfen, bis ganz Nordafrika unabhängig sei, das aber belastete das Verhältnis des Königs zu Frankreich.

Doch *Muhammad V.* hatte nicht nur mit den Armeen seines Landes zu kämpfen. Auch Rebellionen, vor allem von Berberseite, erschwerten die ersten Herrschaftsjahre des unabhängigen Staates. Die größte davon fand im Rifgebirge statt. Zwar war das Land nicht mehr, wie bisher, in *Makhzan* und *Bilad as-Siba'* aufgeteilt, also in Regierungsland und unregierbare Regionen; vielmehr war eine mehr oder minder einheitliche Nation unter einem einzigen Herrscher entstanden. Dennoch gab es immer wieder Unruhen, die sich allerdings nie gegen den König, sondern vielmehr gegen seine Regierungspartei, die Istiqlal, richteten. Die Rifrebellen forderten außerdem den sofortigen Abzug aller ausländischen Truppen, ein Volksparlament unter der Oberaufsicht des Königs, die Neuorganisation des Justizwesens, die Beteiligung der Rifberber an wichtigen politischen Entscheidungen, Steuervergünstigungen, Förderung des Erziehungswesen, vor allem im Rifgebirge, und Abschaffung der Arbeitslosigkeit. Vor allem aber forderten sie die Rückkehr *Abdel Krims,* ihres Helden aus der Kolonialzeit, der noch immer im Exil lebte.

Obwohl sich der Protest eindeutig nicht gegen den König richtete, sandte *Muhammad V.* eine gut ausgerüstete Armee ins Rif, um den Aufstand niederzuschlagen. Es ging ihm darum, ein Exempel zu statuieren, welches seinen Untertanen zeigen sollte, dass ein „Aufmucken" im Lande nicht geduldet würde. *Hassan II.,* der damalige Kronprinz, führte die Truppe als Kommandant an und errang im Januar 1959 endlich den Sieg. Dem König war durch diese Aktion klar geworden, dass das **politische System,** so wie es bestand, auf Dauer nicht funktionieren konnte. Als Konsequenz beschnitt er die Macht der Istiqlal und hob das an die Zeit der französischen Protektoratsherrschaft angelehnte Regierungsmodell auf. Den Paschas und Qa'ids wurde ihre Macht entzogen, ein Regierungssystem mit mehreren Kammern und Räten wurde eingesetzt.

Nach dem Tod *Muhammads V.* 1961 übernahm sein Sohn, **Hassan II.,** die Regierung. In seiner ersten Thronrede ließ er verlauten, dass er nicht beabsichtige, nur eine symbolische Funktion im monarchistischen System zu übernehmen. „Ein König darf alles, nur nicht abdanken", das war sein Leitspruch. Er bekannte sich damit eindeutig zur Konsolidierung der Monarchie, die sein Vater bereits eingeläutet hatte, indem er sich an die oberste Position der Regierung und des Parlamentes gesetzt hatte. Einen Demokratisierungsprozess hatte er vorerst nicht im Sinn. Dieser sollte, doch soweit konnte man damals noch nicht blicken, mit Beginn der 90er Jahre in Gang kommen.

Das Mausoleum von Muhammad V.

012km Foto: mb

Hassan II. schaffte es ebenso wie sein Vater, dass sein Volk ihm loyal gegenüberstand. Auch er nannte sich „Befehlshaber der Gläubigen" und sicherte sich so die religiöse Oberherrschaft über Marokko. Damit war seine Position mehr oder minder abgesichert. In der ersten marokkanischen Verfassung, die 1962 verabschiedet wurde, wurde ihm das Recht zur Gesetzgebung, zur Auflösung des Repräsentantenhauses, zur Ernennung der Richter, zur Erklärung von Krieg und Frieden, zur Begnadigung etc. eingeräumt. Damit war er autokratischer Herrscher Marokkos. Er selbst behauptete, diese Verfassung seinem Volk „geschenkt" zu haben, und sah sich von Beginn seiner Herrschaft an als Mittler zwischen Gott und den Menschen.

Nur wenige Jahre nach seinem Amtsantritt, kurz nachdem die zweite Verfassung verabschiedet worden war, die *Hassan* noch weitere Machtbefugnisse einräumte, kam es zu ersten **Attentaten auf den König,** denen er nur knapp entging. Das erste Attentat ereignete sich an seinem 41. Geburtstag (1970), als Militärkadetten auf die Gäste schossen. *Hassan* konnte sich zunächst verstecken, trat dann aber auf die jungen Attentäter zu, Koranverse rezitierend. Sie ließen die Waffen sinken. Zwei Jahre später kam der König mit seiner Boing 747 aus Frankreich zurück, als ihm zwei Flugzeuge seiner Luftwaffe entgegenkamen und ihn beschossen. Geistesgegenwärtig ließ *Hassan* den Angreifern über Funk verkünden, dass der Tyrann tot sei, woraufhin die Angreifer das Flugzeug landen ließen. Geschickt war er damit den Tötungsversuchen entgangen. Es sollten nicht die letzten bleiben.

Mit der Besetzung der Westsahara und dem Grünen Marsch (dazu siehe Kapitel: „Ein nationales Projekt: die Westsahara") konnte *Hassan II.* leicht von seinen **innenpolitischen Problemen** ablenken. Die Westsahara-Problematik rückte mehr und mehr in den Vordergrund seiner Politik, und das blieb auch in den kommenden Jahrzehnten so. Seine Politik war mehr nach außen gerichtet als nach innen. Die Macht schien ihm sicher. Er ließ Mitglieder der Opposition einsperren, die Pressefreiheit verbieten und gab sich selbst die Kontrolle über das Militär. So veraltet einerseits die Machtansprüche des Königs waren, so suchte er andererseits den Anschluss an das moderne Europa und schlug im Jahre 1985 sogar eine EU-Mitgliedschaft vor. Was er erreichte, war die Zusage zur Errichtung einer Freihandelszone mit Europa im Jahre 2007.

Überhaupt bewies der König ein unglaubliches Geschick in der Außenpolitik. *Hassan II.* wusste schon immer im Voraus zu planen, ohne dabei von seinen Verbündeten immer gleich verstanden zu werden. So überraschte und verärgerte er im August 1984 beispielsweise viele westliche Regierungen, als er in einem Abkommen mit Libyens Staatschef

Gaddafi beide Länder in einem Staatenbund vereinigte und dann dieses Abkommen durch einen Volksentscheid mit 99,97% ratifizieren ließ. Mit dieser Entscheidung erreichte Marokko, dass Libyen seine Unterstützung für die POLISARIO, die gegen die marokkanische Besetzung der Westsahara kämpfte, einstellte. Als die USA 1986 Libyen bombardierten, griff Marokko nicht ein, Libyen akzeptierte das. Als sich der König dann aber im selben Jahr mit *Shimon Peres* traf, brach *Gaddafi* die diplomatischen Beziehungen mit Marokko ab. Auch von anderer arabischer Seite erntete *Hassan* heftige Kritik, doch der König ließ sich dadurch nicht davon abhalten, weiterhin als Vermittler im Nahost-Konflikt aufzutreten. Die bis dahin meist geheim gehaltenen Kontakte wurden 1994 auf unterster diplomatischer Ebene formalisiert und laufen seitdem intensiver denn je.

Heftige Kritik im eigenen Volk brachte *Hassan* auch seine Haltung im Golfkrieg ein, als er 1200 Soldaten nach Saudi-Arabien schickte, das sich durch den Irak bedroht fühlte. Es kam in der Folgezeit zu nie dagewesenen Demonstrationen, doch auch das führte nicht zu wirklichen Einbußen in der Gunst seines Volkes.

Die Jahre vor seinem **Tod** sind geprägt durch das immer wieder verschobene Westsahara-Referendum sowie durch einen langsamen Demokratisierungsprozess, den er seit Beginn der 90er Jahre in bescheidenem Maße vorantrieb. *Hassan* starb im Juli 1999. Sein Sohn *Muhammad,* genannt nach dem großen Vater *Hassans,* übernahm die Nachfolge.

Marokko heute

Die Macht des Königs

Der König darf alles, nur nicht abdanken.
(*Hassan II.* in einer Ansprache)

Am 23. Juli 1999 stirbt *Hassan II.,* Marokko trauert. Trotz seiner 38-jährigen überaus harten Herrschaft wurde er **von seinem Volk geliebt.** 70% der Marokkaner kennen keinen anderen Herrscher als ihn, für sie verkörpert *König Hassan* Marokko, das Königtum an sich. Freunde erzählen mir, dass sie es nicht glauben können, es nicht wahrhaben wollen, dass ihr Vater, der Vater aller Marokkaner, gestorben ist. Vor ein paar Wochen waren sie noch nicht so voll des Lobes, da sprachen sie von Ausbeutung des Volkes, von Machtmissbrauch und Unterdrückung. Jetzt aber ist *Hassan II.* tot.

Freitag, der 23. 7. 1999, 13 Uhr: Aus allen Dörfern kommen sie zusammen, treffen sich auf den Dorf- und Stadtplätzen, sehen gemeinsam die Nachrichten, das Radio schallt mit Hilfe von Verstärkern über die Plätze. Der König ist im Krankenhaus. Es folgen Koransuren. Das Zeichen dafür, dass der Zustand des Königs wirklich ernst ist.

Freitag, 16 Uhr: Es ist offiziell: **Der König ist tot.** Spontan finden Kundgebungen statt, spätestens jetzt weiß es jeder. Alle kommen zusammen, um gemeinsam zu trauern, Flaggen werden gehisst, Bilder des Königs hoch gehalten, es wird kollektiv geweint, kollektiv getrauert.

Sonntag, 25. 7. 1999, 17 Uhr: Die Bestattungsfeier beginnt. Wer nicht zu den 2 Millionen Marokkanern gehört, die die Straßen des Leichenzuges in Rabat säumen, sitzt vor dem Fernseher, wo das Ereignis live übertragen wird. Telefonanrufe werden ignoriert, ausländische Gäste wartengelassen. Staatsoberhäupter aus allen Himmelsrichtungen sind erschienen: US-Präsident *Bill Clinton,* Bundespräsident *Johannes Rau,* der israelische Staatschef *Ehud Barak;* alle sind sie gekommen, um dem dienstältesten Regenten Afrikas, der in der westlichen Welt so sehr für seine Bemühungen im Nahostkonflikt, für die Modernisierung und Öffnung Marokkos gelobt wird, die letzte Ehre zu erweisen.

In den kommenden Tagen gibt es kein anderes Thema in der Bevölkerung. Vielen ist, als hätten sie ihren leiblichen Vater verloren, mehr noch, vor laufenden Kameras sagen Menschen aus, es wäre besser gewesen, Allah hätte sie statt seiner zu sich genommen. Und doch ist da eine Kleinigkeit, die auffällt: Wann immer eine Kamera auf die Trauernden schwenkt, verstärken sich die Weinkrämpfe; wenn die Menschen sich unbeobachtet fühlen, sind sie stumm oder fallen monoton in Sprechchöre ein. Zurück bleibt eine Leere.

Die Monarchie hat in Marokko eine lange Tradition. Die Vorfahren des jungen Königs hielten seit Mitte des 17. Jahrhunderts das Zepter in der Hand, die Familie beansprucht bis zum heutigen Tag nicht nur die politische, sondern auch die religiöse Macht für sich. Der Titel Amir al-Mu'minin, Herrscher der Gläubigen, weist auf die **Rolle der marokkanischen Könige im Land** hin. *Hassan II.* hat es einmal so ausgedrückt: „Der Islam verbietet es mir, eine konstitutionelle Monarchie einzurichten, in welcher der Souverän alle Macht delegiert und nur noch herrschen würde, statt zu regieren". Diese „islamische Pflicht", wie es der König nannte, ist ihm durch seine direkte Nachkommenschaft vom Propheten *Muhammad* „auferlegt", und das macht ihn quasi unantastbar, da man mit einem Angriff auf das Königshaus gleichzeitig die Nachkommenschaft des Propheten angreifen würde: eine Ketzerei, undenkbar für den Gläubigen. Die

Religion wird so politisiert, politisches Handeln in einen heilsgeschichtlichen Kontext gestellt. Als *Amir al-Mu'minin* (Behehlshaber der Muslime) gilt der König ebenso wie die frühislamischen Kalifen (denen dieser Titel ursprünglich zugedacht war) als Statthalter Gottes auf Erden, und so steht es auch in der Verfassung: Der König ist unantastbar und heilig (Artikel 23).

In 38 Jahren hat *Hassan II.* die Herrschaft seiner Familie und somit auch die seines Nachfolgers und ältesten Sohnes *Sidi Muhammad* ausbauen können. Er tat dies mit eiserner Hand, und obwohl sich in den letzten Jahren seiner Herrschaft eine Tendenz zur Liberalisierung abzeichnete, war der letzte König doch mehr oder minder ein **Alleinherrscher.** Er ernannte Regierungschefs und Richter (oder entließ sie), löste Parlamente auf und setzte Wahlen an. Demokratisierungsprozess hin oder her: Er war es, der die fünf wichtigsten Ressorts Inneres, Äußeres, Verteidigung, Justiz und Religionswesen mit seinen Leuten besetzte.

Der neue König Muhammad VI.

013km Foto: mb

Das Königshaus in Marokko hat seit der Unabhängigkeit viele Krisen überstanden. Mehrere Anschläge, wie z.B. von seiten seines Geheimdienstchefs *Oufkir,* ebenso wie gewalttätige Studentenunruhen gingen an *Hassan* spurlos vorbei. Von Anfang seiner Herrschaft an griff *Hassan* hart gegen aufständische Parteien wie die Berber des Rifgebirges (siehe Kapitel „Die polischen Entwicklungen seit der Unabhängigkeit bis heute") oder sozialistische Oppositionelle durch: Kritiker verschwanden in Gefängnissen, Gegner wurden kurzerhand zum Tode verurteilt. Kaltblütig und ungewöhnlich klug war seine Politik sowohl in der Westsahara als auch in Bezug auf andere arabische Staaten. Auch seine Politik gegenüber Europa wurde von allen Seiten hervorgehoben: „Ein Baum, der seine Wurzeln in Afrika hat und seine Äste nach Europa ausstreckt, das sei Marokko", sagte *Hassan II.* Die Politiker Europas sahen das ähnlich, lobten die europafreundliche Politik des nordafrikanischen Landes und nahmen Menschenrechtsverletzungen und Ausbeutung des Volkes hin. *Hassan* oder das Chaos, so wurde das Stillschweigen gegenüber der Westsahara-Politik Marokkos gerechtfertigt.

Doch nun ist alles anders, nun ist *Hassan II.* tot, und sein liberaler Sohn *Muhammad* hat das Erbe angetreten, zweifellos ein schweres Erbe.

Donnerstag, 2. 3. 2000, 12 Uhr: Wieder einmal treffen sich die Menschen auf dem Dorfplatz, diesmal jedoch nicht, um zu trauern. Nein, Sensationelles bahnt sich an: Der König wird heute das Dorf durchfahren. Das Volk jubelt. Die Menschen sind begierig, einmal den **neuen König** mit eigenen Augen sehen zu können.

Was halten die Menschen vom neuen König, und was ist von der Trauer um *Hassan II.* geblieben? „Sein Vater", so sagen sie, „war ein Despot, aber er war unser König. Und, man mag über ihn sagen, was man will: Er war es doch, der dem neuen König die Erziehung gegeben hat, die ihn zu dem machte, was er heute ist: ein König des Volkes, ein König der Armen." Die Menschen lieben ihren neuen König.

Mit *Muhammad VI.* soll die **Demokratie in Marokko Einzug halten.** Nicht nur die Menschen auf der Straße sehen das so, auch die (intellektuelle) Elite des Landes. *Fatima Mernissi,* eine bekannte Frauenrechtlerin und Professorin der Soziologie, fasst diese Hoffnung in wenigen Worten zusammen: „Wir spüren, dass wir für ihn nicht einfach nur Untertanen sind, die alles akzeptieren müssen, was von oben kommt, sondern dass wir als Bürger ernst genommen werden".

Nur acht Tage nach Antritt seines Erbes entließ *Muhammad VI.* unter dem Jubel der Angehörigen 8000 Häftlinge. Für weitere 36.000 Gefängnisinsassen verfügte er eine Strafminderung. Das ist der größte Gnadenerlass, der in Marokko je vollzogen wurde. Aber die Fahnen flattern noch mehr in Richtung Demokratie: Die 8000 Freigelassenen waren zum größten Teil politische Gefangene, die damals wegen ihres Kampfes für Demokratie eingesperrt worden waren. In seiner ersten Thronrede versprach *Muhammad VI.*, die von seinem Vater abgelehnte konstitutionelle Monarchie einzuführen und die politische Vielfalt und die Menschenrechte zu achten. Besuche in Armenvierteln oder Behindertenanstalten, Armenspeisungen im Ramadan, der Empfang von ehemaligen politischen Gefangenen in Audienzen und vor allem die Erlaubnis, dass ehemalige Oppositionelle in ihre Heimat Marokko zurückkehren dürfen, geben Anlass zu großer Hoffnung.

Anfangs allerdings war man skeptisch: War das nur ein besonders kluger Schachzug? Wollte *Muhammad* sich schnell bei seinem Volk und den europäischen Nachbarn, die die Entwicklungen in Marokko mit wachem Interesse verfolgen, beliebt machen? Doch 12 Monate nach seinem Regierungsantritt hat sich erwiesen, dass diesen ersten Taten weitere gefolgt sind: Es gibt nach offiziellen Angaben keine politischen Gefangenen mehr in Marokko. Mehr noch, *Dris Basri,* einst die rechte Hand *Hassans* und zuständiger Minister für „alles und überall", wurde entmachtet. Welch großer und folgenreicher Schritt! Wie kein anderer symbolisierte *Dris Basri* die Willkür des Staates unter *Hassan II.* Er war nicht nur für zahlreiche Menschenrechtsverletzungen im Land verantwortlich, er trieb auch die Westsaharapolitik voran und war für den Geheimdienst und das Innere zuständig.

Doch wie will *Muhammad VI.* das größte Problem im Land angehen, die Armut? Von Anfang seiner Regierungszeit an hat er der großen Armut den Kampf angekündigt. Er rief alle Marokkaner dazu auf, eine Strategie zu entwickeln, wie man das **Land aus seiner Unterentwicklung befreien** könnte. Das brachte ihm viele neue Anhänger, doch wie will er sein Ziel realisieren? Feudalstrukturen lassen sich nicht so schnell aufheben. Die Herrscherfamilie gilt als eine der reichsten Familien der Welt – nie veröffentlichte Schätzungen sprechen von 40 Milliarden Dollar Privatbesitz. Die Modernisierung Marokkos, die sich so wunderbar an der neuen Moschee in Casablanca demonstrieren lässt, vorangetrieben noch durch *Hassan II.*, geht auf Kosten des Volkes. Marokko ist an sich kein armes Land, es verfügt über Bodenschätze und Fischreichtum, und als Brückenkopf zwischen Europa und Afrika hat es strategisch eine wichtige Funktion. Und doch beherrschen Arbeitslosigkeit und Armut das Land. Regimekritiker, wie der marokkanische Publizist *Mu'min Diuri,* behaupten sogar, dass der König nicht nur Herrscher, sondern auch der größte Bauunternehmer, Bankier und Großgrundbesitzer Marokkos sei. In der Tat spricht einiges für diese Theorie, zumal er Besitzer der größten Holdingfirma Afrikas, der ONA (Omnium Nord Africa), ist, die nicht nur sämtliche Zeitungsverlage und Fernsehstationen Marokkos besitzt, sondern auch Hotelketten, Versicherungsunternehmen, Immobilien etc.

Das Volk spürt von diesem Reichtum nichts. Noch immer sind 52% der Bevölkerung Analphabeten, noch immer hat ein großer Teil der Bevölkerung keinen Zugriff auf fließendes Wasser oder die Gesundheitsdienste, noch immer wächst die Zahl der Arbeitslosen. Die Schere zwischen Arm und Reich ist in Marokko weit geöffnet. Grund dafür ist unter anderem die uneingeschränkte politische und ökonomische Macht des Königshauses und seiner Günstlinge. Daran hat auch *Muhammad* bisher wenig ändern können. Denn auch wenn er ein wirkliches Interesse an der Abschaffung dieser Strukturen hat, kann er nicht einfach diejenigen umgehen, die von der bisherigen Situation profitieren. Denn der Wille eines Königs ist nicht ausreichend, um einen wirklichen Demokratisierungsprozess in Gang zu setzen. Das wurde spätestens klar, als der neue König die Abschaffung des Paragraphen 53 verlangte, der dem Ehemann die Verfügungsgewalt über seine Frau garantiert. Im Parlament vorgetragen, wurde die Streichung dieser Passage abgelehnt. Und was lernen wir daraus?

Demokratie ist ein langer Prozess, der nicht allein von den Herrschenden abhängt. Solange einzelne mächtige Personen von undemokratischen Zuständen profitieren, ist der Kampf eines einzelnen ein Kampf gegen Windmühlen. Doch *Muhammad VI.* ist ein mächtiger Mann und er kämpft nicht allein. Die Demokraten Marokkos jedenfalls setzen auf den neuen Herrscher. Und das, so scheint es, zu Recht.

Die Westsahara

Liebes Volk, morgen wirst du die Grenze überschreiten und eine der ruhmreichsten Seiten unserer Geschichte schreiben ... Du weißt, liebes Volk, dass Wir, Dein König, mit Unserem ganzen Herzen bei Dir sind. Unser Zusammensein wird noch enger sein, wenn Du die geweihte Erde der Sahara betrittst.

(Ansprache *König Hassans II.* zum Grünen Marsch)

Die Westsahara ist bis heute ein **brandheißes Thema,** allerdings nur bei europäischen Menschenrechtsorganisationen und bei den Sahauris, den Bewohnern der Westsahara, selbst. In Marokko war man sich lange Zeit in diesem, wahrscheinlich dem einzigen Punkt überhaupt, einig: Die

Westsahara gehört zu Marokko. Es gibt einen historischen Bezug der Saharavölker zum Land, denn lange Zeit haben diese Marokko im Kriegsfall zu Hilfe gerufen. Daran darf und wird es nie einen Zweifel geben: nicht bei der Opposition, nicht bei der Regierung und nicht beim Volk. Heute werden noch immer täglich immense Summen in die Westsahara investiert, und somit trägt der Konflikt massiv zur Verarmung des restlichen Landes bei.

Das Gebiet, jahrelang uninteressant auf dem kolonialen Interessenmarkt, gewann mit der Entdeckung von **Phosphatvorkommen** Anfang der 70er Jahre plötzlich einen unschätzbaren Wert. Die Westsahara rückte von nun an in den Mittelpunkt der Westafrika-Politik vieler Länder. Bis heute ist dieser Bodenschatz Fluch und Segen zugleich: Die Westsahara könnte er zu einem unabhängigen Staat machen, Marokko macht er zu dem Land, dass, zusammen mit den eigenen Minen, zwei Drittel der Weltreserven besitzt und somit größter Phosphatexporteur ist.

Wie so viele Konflikte in Afrika, hat auch der **Westsahara-Konflikt** seine Wurzeln in der Kolonialzeit: Ende des 19. Jahrhunderts sicherte sich Spanien die Rechte an der Küste des Gebietes, damals Rio de Oro, „Goldfluss“ genannt, und Frankreich „bekam“ die restliche Sahara. 1958 wurde aus Rio de Oro die spanische Provinz Sahara. Marokko hatte schon vor seiner Unabhängigkeit Ansprüche auf diese Region erhoben, doch wurden diese bei den Unabhängigkeitsverhandlungen 1956 übergangen. 1961 wurde das Gebiet von den Vereinten Nationen als Land akzeptiert, das ein Recht auf Selbstbestimmung habe, 1965 wurde Spanien aufgefordert, die Westsahara zu verlassen. Doch nichts geschah. Dann fand man das Phosphat, und die Situation änderte sich: Jeder wollte profitieren, auch die Sahauris selbst, die nun vermehrt ihr Nomadenleben aufgaben, um in den Minen zu arbeiten.

1973 gründete sich die **POLISARIO** (Die Volksfront für die Befreiung von Sagiat al-Hamra und Rio de Oro), die, unterstützt von Libyen und Algerien, Vorstöße in die Westsahara unternahm, um die spanische Herrschaft zu beenden. Zwei Jahre später verkündete die UN-Vollversammlung, dass die Bevölkerung für Unabhängigkeit sei und hinter der POLISARIO stünde. Spanien lenkte ein und wollte den Bewohnern der Westsahara die Möglichkeit geben, in einem Referendum über ihre politische Zukunft selbst zu entscheiden. Das rief Marokko auf den Plan, das keinen sozialistischen Staat, unterstützt von Libyen und Algerien, südlich des Landes dulden wollte.

So kam es im Herbst 1975 zu dem berühmten **„Grünen Marsch“.** Die Situation war günstig für *Hassan II.* Der spanische Diktator *Franco* lag im Sterben und konnte so auf einen marokkanischen Einmarsch kaum reagieren. Der König mobilisierte 350.000 seiner Untertanen, vor allem aus den ärmsten Volksschichten, stattete sie mit etwas Brot und einigen Datteln aus und ließ sie an die Grenze zwischen Marokko und der Westsahara transportieren. Singend und zu Allah betend zogen Arbeitslose und Bettler, zu diesem Zweck amnestierte politische Häftlinge und Kleinkriminelle im sogenannten „Grünen Marsch" über die Grenze. Das spanische Heer wollte nicht auf die wehrlosen Eindringlinge schießen. Die Regierung in Madrid fürchtete eine Welle der Empörung in der Welt. *Hassan II.* wusste das nur zu gut zu nutzen.

Wenige Tage später kam es zu einem **Abkommen** zwischen Mauretanien, Marokko und Spanien, in dem die Westsahara zwischen den beiden ersteren aufgeteilt wurde und Spanien eine Beteiligung an den Minen erhielt. Die POLISARIO erklärte den Vertrag für ungültig, und ein **blutiger Krieg** begann, der erst 1991 durch einen Waffenstillstand beendet wurde.

1978 schlossen Mauretaniens neue Machthaber ein Waffenstillstandsabkommen mit der POLISARIO, was Marokko dazu veranlasste, auch die **südliche Westsahara zu besetzen,** den Teil, der bis zu diesem Zeitpunkt Mauretanien zugeteilt war. Mauretanien war damit „aus dem Rennen", und die gesamte Westsahara wurde nun von Marokko kontrolliert. Das wiederum blieb international nicht unbemerkt, und Stimmen wurden laut, die eine Volksbefragung in der Westsahara forderten.

Als dann die Organisation Afrikanischer Einheit (OAU) 1981 ein **Referendum** forderte, musste *Hassan II.* diesem Verlangen nachgeben. Das war 1981 - und bis heute hat die Befragung nicht stattgefunden. Was folgte, war ein schier endloses Ringen um die Wahlberechtigten. Zunächst musste geklärt werden, wer überhaupt wahlberechtigt ist. Wären es alle Marokkaner, wäre das Ergebnis im vorhinein bereits klar. Aber es sollten nur die Sahauris befragt werden. Doch wer war ein Sahauri? *Hassan II.* wusste geschickt, die Zeit für sich spielen zu lassen. Steuervergünstigungen, Zollfreiheit, Arbeitsplätze, moderne Städte, billiger Wohnraum, staatliche Subventionen auf Nahrungsmittel etc. dienten als Anreiz für Marokkaner, sich in dem besetzten Gebiet niederzulassen. Jeder dort registrierte Araber (!) sollte als stimmberechtigt gelten. Das musste den Widerstand der POLISARIO hervorrufen, die damit ihre Interessen in Gefahr sah und deshalb zum Wahlboykott aufrief.

Das erste Referendum war unter Aufsicht der UN, die eigens dafür eine Kommission gebildet hatte (MINURSO), für Januar 1987 angesetzt. Es scheiterte an nicht zu überwindenden Differenzen zwischen Marokko und der POLISARIO. Wieder war alles in der Schwebe, bis es 1989 zum ersten Mal zu Friedensverhandlungen, natürlich auf Druck der UN, kam.

Diese führten 1991 zu einem **Waffenstillstand** auf beiden Seiten. Seitdem wurde die Volksbefragung Jahr um Jahr verschoben, die marokkanische Regierung erhoffte sich dadurch weitere Vorteile. Doch weit gefehlt: Allmählich wurden auch in der Bevölkerung Stimmen laut, die gegen die Westsahara-Politik des Königs, besonders gegen die Vergünstigungen in der Westsahara, protestierten. Angesichts der großen Arbeitslosigkeit und Armut im Rest des Landes verlangten sie entweder ähnliche Investitionen im Norden oder aber einen Stopp für die Westsahara. In Anbetracht der Summe, die Marokko in die Westsahara bereits investiert hat (etwa 450 Mio. US$), ist das auch nicht weiter verwunderlich.

Die Regierung geriet ins Wanken. Querschläge aus den eigenen Reihen waren nicht ungefährlich. Man versuchte es mit Gefangennahme der offiziellen Sprecher. Ein Großteil der politischen Gefangenen unter *Hassan II.* waren Widerstandskämpfer gegen die Okkupation der Westsahara. Hunderte von Sahauris und Marokkanern „verschwanden" nach Angaben von Amnesty International (AI). Nur wenige tauchten nach 18 oder 19 Jahren wieder auf, entlassen aus geheimer Haft. Glücklicherweise sind diese Zeiten vorbei, doch auch sie gehören zum Westsahara-Konflikt.

Die Westsahara-Geschichte wurde in der Zwischenzeit ein wenig zum **Selbstläufer:** Bis heute ist es so, dass Marokko investiert und investiert und dass die POLISARIO auf mehr oder minder verlorenem Posten kämpft, vor allem seitdem die Unterstützung der ehemaligen sozialistischen „Brüder" ausbleibt. Außerdem wurde die POLISARIO in der Zwischenzeit von Sahauris des Kriegsverbrechens angeklagt, da sie „die in den Gefangenen- und Flüchtlingslagern eingesperrten Sahauris weiter leiden lässt, um die Verkaufserträge der internationalen Nahrungshilfe auf ihre Konten überweisen zu können".

Dagegen gelang es einer kleinen Gruppe von Marokkanern, sich den Konflikt direkt zunutze zu machen: Um das Referendum zu ihren Gunsten ausfallen zu lassen, beschloss die marokkanische Regierung, auch die Araber von M'hamid im südlichen Marokko, nahe der algerischen Grenze, als stimmberechtigt gelten zu lassen. Wohlgemerkt, nur die Araber von M'hamid. Diese wussten die Situation geschickt zu nutzen und verlangten Arbeitsplätze, ein Krankenhaus und eine Schule für ihr Dorf. Im Falle, dass sie dies nicht erhalten würden, würden sie für die sahaurische Seite stimmen. Und was tat Marokko? Stimmte den Forderungen der wenigen Menschen in M'hamid zu. Für eine Hand voll Stimmen war man bereit, diesen durchaus sinnvollen Forderungen nachzugeben. Unter diesen Gesichtspunkten wäre es vielleicht doch sinnvoll, alle Marokkaner wählen zu lassen, oder nicht?

Staatsfeiertage

Allahu, al-Watan wa-l-Malik. Gott, das Vaterland und der König

„Gott, das Vaterland und der König" - so steht es auf vielen Berghängen mit weißen Steinen geschrieben. So soll das Volk immer wieder an das Wesentliche erinnert werden, und das wird gefeiert, wenn man die Staatsfeiertage begeht. Und Marokko kann mit einer Menge Staatsfeiertage aufwarten!

Die **wichtigsten Staatsfeiertage** sind das Thronfest *(Aid al-Arash)* am 31. Juli, das Fest des Grünen Marsches *(Aid al-Masira al-Khudra)* am 6. November und das Unabhängigkeitsfest *(Aid al-Istiqlal)* am 18. November. Daneben feiert man am 1. Mai das Fest der Arbeit *(Aid ash-Shughl)* und am 21. August das Fest der Jugend, am Geburtstag des Königs.

Mit Ausnahme des Tags der Arbeit werden alle Feste in einer sich gleichenden Art gefeiert, wobei das größte und wichtigste Fest das **Thronfest** ist, das deswegen stellvertretend für alle anderen Feste hier beschrieben werden soll:

Schon Tage vor dem eigentlichen Fest beginnen innerhalb und außerhalb der Städte und Dörfer die Vorbereitungen. Festzelte werden aufgeschlagen, Straßenzüge gesperrt, Fahnen drapiert. Das Volk feiert schließlich seinen König!

Im Jahr 2000 nun feierte der neue König sein erstes Thronfest, etwas bescheidener, als dies sein Vater in den 38 Jahren seiner Herrschaft tat, aber dennoch nicht weniger beeindruckend! Es ist schließlich das Volk, das seinen König feiert, und *König Muhammad VI.* ist unglaublich beliebt. Aber es ist auch der Palast und mit ihm all sein Brimborium, das sich selbst zelebriert. Nirgends ist das so gut zu erkennen wie in Rabat. Hier potenziert sich, was den Dorfbewohnern, fern der Hauptstadt, in ihrem Dorf schon als Riesenspektakel erscheint. Und in der Tat: Es ist ein gigantischer Aufwand!

Überlebensgroß hängen Bilder des Königs an den Mauern. Sie schmücken hohe Stadthäuser, vor allem aber Schulen und Regierungsgebäude. Es gibt keine fünf Meter ohne das Symbol der Unabhängigkeit: der grüne Stern auf rotem Grund. Aus den Festzelten tönt Musik und ab und zu eine Lobrede auf den König und seine Familie. Im ganzen Land finden sich hohe Delegierte, die diese Aufgaben übernehmen, in Rabat ist es die Königsfamilie selbst, die im größten und prächtigsten Festzelt, aufgebaut mitten auf dem Boulevard Muhammad V., die Loyalität des Volkes zu ihrem König beschwört.

Der Tag oder besser die Tage um das Fest werden aber nicht nur zur Huldigung des Königs benutzt! Das Land feiert sich selbst, und wie könnte es das besser als durch Zurschaustellung seiner reichen Kultur?! Überall gibt es interessante und informative Ausstellungen, Folkloregruppen zeigen ihre Kunst, und in der Nähe der Dörfer und Städte finden Fantasias, traditionelle Reiterspiele, statt.

Schulen und Behörden haben in dieser Zeit geschlossen, schließlich sollen alle von dem reichen Kulturangebot profitieren können. Dementsprechend viele Menschen finden sich auf den Straßen ein. Staatsfeiertage sind in Marokko ein wenig wie Volksfeste. Wer sie miterleben möchte, sollte sich an der Farbenpracht, den Fressbuden und den Fantasias erfreuen und dabei über den stark nationalistischen Charakter etwas hinwegsehen. Marokko ist schließlich noch ein blutjunges Land, das auf diese Weise eine wenig seine Identität pflegt und sichert.

Ein Fest ganz anderer Art ist das **Fest der Arbeit.** Ähnlich wie bei uns finden an diesem Tag Demonstrationen gegen Arbeitslosigkeit, Korruption u.ä. statt. Diese Demonstrationen sind jedoch niemals wirklich kritisierend! Kritik am König ist tabu, und da seit 1998 nun auch die Sozialistische Partei unter *Yussufi* an der Macht ist, sind die Demonstrationen weniger geworden. Das hat vor allem den Grund, dass diese Partei, als sie noch in der Opposition war, immer zu den Demonstrationen aufgerufen hatte.

Es scheint aber auch weniger Anlass zu Protest zu geben: Der neue König gibt Grund zur Hoffnung, und selbst die Spruchbänder der Demonstranten zeigen *Muhammad VI.* als Wohltäter des Volkes! Es gibt eben nur königstreue Demonstranten. Steine wirft hier keiner.

Demonstration vor dem Parlament in Rabat

014km Foto: mb

Die heterogene Bevölkerung Marokkos

Marokko ist ein Vielvölkergemisch, das Jahrhunderte gebraucht hat, um zu einer Nation zu werden. Seit Beginn der Islamisierung haben Könige, Sultane und andere Herrscher versucht, die Bevölkerung der verschiedenen Regionen, die heute das Land Marokko darstellen, zu einen. Trotz dieses Bestrebens blieb bis in die 30er Jahre des 20. Jahrhunderts stets ein tiefer Graben zwischen Berbern und Arabern bestehen; zwischen Freien und Sklaven bestand er sogar bis in die 60er Jahre.

Erst der durch Okkupation und Unterdrückung hervorgerufene Hass bildete den entscheidenden einigenden Faktor. Den Franzosen gelang dann ungewollt, aus der heterogenen Bevölkerung eine Nation zu machen. Durch ihren Versuch, Marokko zu spalten, indem sie den Berbern eine andere Rechtsprechung zustanden als den Arabern (siehe Kapitel: „Marokko unter französischem Protektorat"), schufen sie zum ersten Mal ein Zusammengehörigkeitsgefühl, das die **Basis der heutigen Nation** ausmacht. Mit der endgültigen Abschaffung der Sklaverei begann dann auch die langsame Annäherung zwischen der schwarzen und weißen Bevölkerung im Land, zwischen ehemaligen Unfreien und Freien.

Bis heute sind nicht alle **Unterschiede** aufgehoben. Noch immer unterscheidet man zwischen den einzelnen Volksgruppen. Doch würde man die Menschen Marokkos befragen, ob sie sich mehr als Marokkaner oder mehr als Berber/Araber/Jude/Haratin fühlten: Die meisten wären stolz darauf, Marokkaner zu sein, ganz unabhängig von ihrer Herkunft!

Die Unbekannten: die Berber

Die Hautfarbe der Berber ist eine leichte Bräunung, wie bei Südeuropäern, das Haar ist vorwiegend braun, aber auch häufig blond und die Augen blau, das Gesicht offen und frei, intelligent, das Auge lebhaft ...
(*Th. Fischer:* „Mittelmeerbilder", Berlin 1908)

Niemand weiß, woher sie wirklich kommen. Es gibt so viele Theorien und so viele Überlegungen, aber keine ist gesichert, keine ist wirklich schlüssig. Die Berber selbst bezeichnen sich als *Amazirin,* als „freie Menschen", aber auch das gibt keine Auskunft über ihre **Herkunft,** sondern grenzt sie sozial nur von den Sklaven ab, die sie sich früher hielten.

Tuareg-Schriftzeichen

015km Foto: mb

Manche Berber behaupten, sie **stammen von den Europäern ab,** vorwiegend von den Deutschen, da es angeblich so viele sprachliche Übereinstimmungen gäbe; denn was auf Deutsch: „iss" heißt, heißt auf Taschelhit „isch", „Bohnen" heißen „Abohn", und für das deutsche Wort „schlecht" wird das berberische „schlacht" benutzt. Das allein scheint Grund genug zu sein, sich mit dem deutschen Volk verwandt zu fühlen.

Eine andere, nicht ganz so weit hergeholte Theorie besagt, die Berber stammten **aus dem Jemen,** zum einen weil sich die Lehmbauweise beider Länder tatsächlich so sehr ähnelt, dass man davon ausgehen könnte, dass sie den gleichen Ursprung hat; zum anderen glaubt man äußere Ähnlichkeiten zwischen den Jemeniten und den Berbern entdeckt zu haben. Aber auch diese Theorie ist zumindest wissenschaftlich kaum haltbar. Denn das Landschaftsbild in beiden Ländern ähnelt sich, weswegen eine ähnliche Bauweise nichts Außergewöhnliches ist; außerdem ist hier wie dort Lehm ein gängiger, billiger Baustoff, der zudem den Vorteil hat, bei großer Hitze zu kühlen und bei Kälte zu wärmen – ideal also für die wüstenartigen, heißen Regionen. Dass sich die Baustile beider Länder ähneln, ist auch deshalb nicht weiter verwunderlich, weil es schon früh einen regen Handelsaustausch zwischen beiden Ländern gab und so Baustile kopiert werden konnten. Ein weiteres Argument, das dieser Theorie widerspricht, ist die Tatsache, dass kein Gebäude, das aus ungebranntem Lehm entstand, bei steter Restaurierung länger als maximal zwei-, dreihundert Jahre überstehen kann. Die Berber jedoch sind, und das ist nun einmal gesichert, schon einige tausend Jahre in Nordafrika, länger also, als jede Lehmburg stehen und als Beweis dienen kann. Denn ebenso unsicher wie die Herkunft der Berber ist letztendlich auch der Beginn ihrer Bautätigkeit in dieser bis heute erhaltenen Form.

Wer also sind die Berber? Auf diese Frage gibt es letztendlich nur sehr unbefriedigende Antworten, denn neben einer völlig ungeklärten Herkunft kommt noch erschwerend die Tatsache hinzu, dass die Berber an sich kein „Volk" sind, **keine einheitliche Ethnie.** Ihr Siedlungsraum reicht im Westen von der Oase Siwa in Ägypten bis zu den Kanarischen Inseln im Osten, im Norden grenzt er an das Mittelmeer, im Süden an die Sahara – und es gibt fast so viele Gruppierungen unter den Berbern, wie es Datteln im Vallée du Drâa gibt.

Die Berber haben sich bis ins 11. Jahrhundert nie überregional organisiert, selbst die beiden berberischen Großreiche der Almoraviden und Almohaden konnten sich nur kurz behaupten. Auch gab es **kein richtiges Stammeswesen** unter den Berbern. Die größte soziale Einheit war und ist die Großfamilie, d.h. die Sippe. Zwar schloss man sich im Kriegsfall oder in Notsituationen zeitweise zu einem Stamm zusammen, dessen

016km Foto: mb

Zusammenhalt man durch einen fiktiven gemeinsamen Stammesvorfahren sicherte. Schien die Krisensituation bewältigt, war ein weiterer Stammeszusammenhalt nicht mehr nötig, und der „Stamm" löste sich wieder auf.

Es gibt auch **keine gemeinsame Sprache,** alleine in Marokko bestehen offiziell drei Berbersprachen, neben vielen Dialekten. Diese unterscheiden sich zum Teil so sehr, dass eine Kommunikation unter zwei Berbern verschiedener Regionen unmöglich sein kann.

Ein erstes Zusammengehörigkeitsgefühl brachte der **Islam** mit sich, und seitdem ist die Religion das einigende Band in diesem sonst so heterogenen Land.

Am besten kann man sich der Frage nähern, was denn nun ein Berber sei, wenn man dem **Wort „Berber"** etymologisch auf den Grund geht: ein „Barbari" ist nämlich einer, der stammelt. Das Wort stammt aus dem Griechischen und wurde von den Römern übernommen, welche es für all die Menschen benutzten, die nicht die einzig zivilisierte Sprache, nämlich die ihre, sprachen. Man kann davon ausgehen, dass die Römer die Bewohner Nordafrikas, die ja zumindest eine Zeitlang Untertanen der Römischen Kolonie Ifriqiya waren, als solche bezeichneten. So waren also all diejenigen Berber, die in Nordafrika lebten, als die Römer dort ankamen. Und auch wenn das bis heute nicht ganz gesichert ist, so scheint es doch die wahrscheinlichste aller Theorien. Heute bezeichnet man die Bevölkerungsgruppen, die sich von den damaligen Bewohnern Nordafrikas herleiten und eine der Berbersprachen sprechen, als Berber.

Wenn man sich auf diese Definition einlässt, so erklärt es sich quasi von selbst, dass man unter den Berbern viele verschiedene Sprachen und Kulturen antreffen kann. Denn ebensowenig einheitlich wie die Sprache der Berber ist auch ihre (materielle) Kultur. Letztendlich ist es ganz einfach: Berberisch ist in Marokko alles, was nicht punisch oder römisch, vandalisch oder byzantinisch, arabisch oder europäisch ist.

Marokko ist das Land, in dem heute noch die meisten Berber leben. Sie machen schätzungsweise die **Hälfte der Gesamtbevölkerung** aus (in Algerien sind es knapp unter 30%, in Tunesien weniger als 5%). Diese Zahlen sind jedoch relativ schwer zu fassen, denn seit nun ziemlich genau 1300 Jahren vermischen sich Araber mit Berbern. Nennt man also eine Prozentzahl, so meint man damit diejenigen, die eine der Berbersprachen als ihre Muttersprache ansehen und sprechen. Doch mit der Modernisierung des Landes, der Verstädterung und der nach wie vor stattfindenden Arabisierung wird die Zahl der Berbersprechenden immer kleiner, die Vermischung mit dem Arabischen nimmt mehr und mehr zu, so dass man eigentlich kaum noch von „reinen" Berbern sprechen kann. Und doch gibt es noch immer Regionen, in denen Menschen kein Arabisch sprechen oder gar verstehen.

Außerdem gibt es Bestrebungen, die von einer intellektuellen Migrantenschicht in Frankreich sowie einzelnen kleinen Gruppen innerhalb Marokkos getragen werden, die Berbersprachen zu revitalisieren und die **berberische Geschichte und Kultur zu erforschen.** So erschienen allein in Marokko und Algerien zwischen 1956 und 1988 mehr als 50 Dissertationen zum Thema der berberischen Sprache und Kultur, zwei Periodika befassen sich mit den Études Berbères, und in der Zwischenzeit gibt es auch eine Encyclopédie Berbère, herausgegeben von der UNESCO. In Marokko erscheinen inzwischen Fernsehnachrichten in vier Sprachen: den drei Berbersprachen Taschelhit, Tamazight und Tarifit sowie Arabisch. Es gab Ende der 90er Jahre sogar Pläne, eine einheitliche Berbersprache zu entwickeln, die man dann auch schriftlich fixieren wollte, und zwar mit den Schriftzeichen der Tuareg, der wohl bekanntesten Berber. Derartige Pläne jedoch sind utopisch, denn man müsste eine Kunstsprache schaffen, die zu lernen sicherlich die wenigsten bereit wären.

Entsprechend der drei Sprachen gibt es in Marokko auch **drei große Berbergruppen.** *Ibn Khaldun,* der tunesische Historiker und Vater der Soziologie (1332-1406), benannte folgende drei Gruppen:

1. Die **Zenata.** Sie leben im Rif, im nördlichen Mittleren Atlas und Algerien vorwiegend von Viehzucht, Gemüseanbau (im Rif vor allem Cannabis) und Obstkulturen. Sie sprechen Tarifit.

2. Die **Sanhadja.** Sie leben im Mittleren Atlas, den angrenzenden Ebenen und im Tafilalt hauptsächlich von Weidewechselwirtschaft und Ackerbau (Transhumanz). Sie sprechen Tamazight.

3. Die **Masmuda.** Sie leben vor allem im westlichen Hohen Atlas, im Anti-Atlas und südlich davon von Oasenwirtschaft und Ackerbau. Zu diesen gehören auch die Chleuh, eine Untergruppe im Süden des Landes. Ihre Sprache ist Taschelhit.

Diese Einteilung ist zwar künstlich geschaffen, aber bis heute in dieser Form gültig. Die drei Gruppen nun unterteilen sich in viele kleine Gruppierungen, die wiederum in voneinander unabhängige Sippen organisiert sind.

Man glaubt zu wissen, dass die **traditionelle Lebensweise** der Berber überwiegend sesshaft war bzw. halbnomadisch. Doch weiß man nicht, wie sie lebten, man weiß nicht, wie sie wohnten. Man geht davon aus, dass die meisten unter ihnen Getreidebauern waren oder Viehzüchter. So wie heute auch.

Warum ist so wenig über diese Menschen bekannt? Die Antwort ist klar und leicht verständlich: Berber, sieht man von den Tuareg ab, haben keine Schriftsprache. Ihre Traditionen und Weisheiten gaben und geben sie mündlich weiter. So sind die ersten Quellen, die uns über sie zur Verfügung stehen, arabische Texte, geschrieben von den arabischen Eroberern, die ab dem 7. Jahrhundert ins Land kamen und sich mit der hier lebenden Bevölkerung auseinandersetzten. Aus diesem Grund fehlen uns heute Kenntnisse und Zeugnisse der frühen berberischen Geschichte.

Die Zugewanderten: die Araber

Was ein Araber ist? Der Edelste aller Menschen! Gott hat das arabische Volk als das Seine auserwählt, denn in seiner Sprache hat er den Koran herabgesandt und aus seinen Reihen stammt Muhammad der Prophet.

(Zitat eines Marokkaners, den ich nach den Arabern befragte)

So wenig uns über die Herkunft der Berber bekannt ist, so genau kennt man den Urahn der Araber: *Isma'il,* der erste Sohn *Abrahams.* Das lehrt uns die Bibel! *Abraham* wollte einen Sohn und bekam keinen. Seine Frau *Sara* erlaubte ihm aus diesem Grund die Anerkennung des Sohnes, den er mit einer Sklavin, der Ägypterin *Hagar,* hatte: *Isma'il.* Nun aber wurde *Hagar* übermütig, und *Sara* wurde neidisch. Sie betete zu Gott, dass auch er ihr einen Sohn schenken würde – und siehe da, Gott war gnädig, *Sara* wurde schwanger und gebar einen Sohn: *Isaak,* den Stammvater der Juden.

Da *Sara* nun einen eigenen Sohn hatte, sah sie nicht mehr ein, dass *Isma'il* als Stammhalter aufwuchs, denn er war ja nur der Sohn einer Sklavin, sie aber war die legitime Frau *Abrahams.* Also bat sie ihren Mann, *Hagar* und deren Sohn zu verstoßen, denn, so sagte sie, *Isaak* sollte sein Erbe nicht mit *Isma'il* teilen müssen. *Abraham,* oder *Ibrahim,* wie ihn die Araber nennen, zögerte, denn er liebte seinen Sohn. Er bat Gott um Hilfe, doch dieser befahl ihm, auf *Sara* zu hören. Er sagte ihm, er solle sich um *Isma'il* keine Sorgen machen, denn auch er würde, ebenso wie *Isaak,* Stammvater eines großen Volkes werden. Also ließ *Ibrahim* ein Brot und einen Schlauch mit Wasser richten, was er *Hagar* übergab, und er schickte sie fort in die Wüste. Es dauerte nur wenige Tage, da war der Brotlaib aufgegessen und der Wasserschlauch leer. *Hagar* fing an zu weinen und legte ihren Sohn unter einen Strauch. Sie sagte sich, sie könne nicht mit ansehen, wie ihr Sohn verdurste. Da erschien der Frau ein Engel. Er sagte: „Hagar, lass dein Kind nicht allein!" Woraufhin sie antwortete, dass sie beide vor Durst sterben würden, aber sie den Tod ihres Kindes nicht mit ansehen könne. Da sprach der Engel: „Aber sieh nur genau hin, Hagar, da ist ein Brunnen. Ihr werdet nicht sterben!". Der Engel verschwand – *Hagar* drehte sich um und siehe da, da war ein Brunnen. Nun waren sie gerettet. Sie ließen sich in der Nähe des Brunnen nieder, *Hagar* zog ihren Sohn auf, der ein berühmter Mann wurde. Das war am Brunnen Samsam, auf der Arabischen Halbinsel, nahe dem heutigen Mekka. Und die Kaaba, die der fromme Muslim auf der Pilgerfahrt mehrmals umrunden muss, ist das Haus *Ibrahims,* das er zusammen mit seinem Sohn *Isma'il* errichtet haben soll.

Die **Arabisierung des Maghreb** begann mit der Ausbreitung des Islams im 7. und 8. Jahrhundert (siehe Kapitel: „Allgemeine Grundlagen zur Religion des Islams"). Vor allem mit dem Einfall der Beni Hillal und Beni Sulaiman im 11. Jahrhundert ging eine regelrechte Zwangsarabisierung vonstatten. Während jedoch die Islamisierung heute vollständig abgeschlossen ist, ist die Arabisierung noch voll im Gange. Die Encyclopedie of Islam, das wohl beste Nachschlagewerk seiner Art, spricht bei der Einwohnerzahl Marokkos von 45% arabisierten Berbern gegenüber 45% reinen Berbern und nennt nur 5% reine Araber.

In der Tat ist es so, dass sich Araber und Berber so weit vermischt haben, dass heute eine klare **Unterscheidung zwischen Arabern und Berbern** kaum noch möglich ist. Es ist falsch, davon auszugehen, dass hellere Menschen Araber und dunklere Menschen Berber sind. Viele Berber, vor allem im Norden des Landes, sind sehr hellhäutig und bisweilen sogar blond. Auch kann man nicht unbedingt sagen, dass Berber eher auf dem Land leben und Araber in der Stadt, denn Marrakesch beispielsweise ist ein Schmelztiegel der verschiedensten Berbergruppen, und in Casablanca treffen Menschen aus allen Regionen des Landes zusammen, während es „arabische Dörfer" überall in Marokko gibt. Auch wäre es falsch, den Unterschied bei der sozialen Stellung der Frauen auszumachen, denn der früher häufig herangezogene Schleier als Merkmal für eine Araberin hat schon längst seine Gültigkeit verloren. Es ist auch in den meisten ländlichen arabophonen Regionen unüblich, einen Schleier zu tragen, während es Regionen gibt, in denen Berberinnen verschleiert sind, wie z.B. in der Oase Figuig.

Tatsächlich macht man heute den Unterschied fast nur noch an der Sprache fest, an der Baukunst (siehe dazu auch das Kapitel: „Ksur und Kasbahs: Lebensformen im Süden") und dem Gewohnheitsrecht (arab. *Urf*), das bei den Berbern oft anders ist als bei den Arabern, die sich eher nach der islamischen Rechtsprechung (arab. *Sharia*) richten.

Und dennoch spielt der Unterschied zwischen Arabern und Berbern eine gewisse Rolle. Denn ein Araber wird sich, schon allein aufgrund seiner Herkunft, einem Berber immer **überlegen fühlen.** Wenn dann noch Stadt und Land aufeinandertreffen, ein städtischer Araber also auf einen berberischen Oasenbauern, können die Gegensätze kaum größer sein – und der Mann aus der Stadt wird nicht umhin kommen, zu bemerken, dass der Mann vom Land eine seltsame Sprache spricht und sehr ungebildet ist.

Auch wenn die meisten Araber „berberisiert" sind, so gelten sie doch, rein statistisch, als Mehrheit, denn **Marokko ist vor allem ein arabisches Land.** Das liegt an der steten Zuwanderung arabischer Stämme in den Maghreb, wie die bereits erwähnten Banu Hillal und die Banu Sulaiman, aber auch die Banu Saad, die vertriebenen Mauren aus Spanien, sowie später, im 17. Jahrhundert, die Alawiden. Hinzu kommt, dass die Berber nie eine gemeinsame Sprache hatten, weswegen man sich einer Fremdsprache bedienen musste, wenn man untereinander kommunizieren wollte. Arabisch, das man aufgrund der Religion auf jeden Fall lernen musste, bot sich demnach als geeignete Sprache an.

Die überwiegende Mehrheit der Araber lebt in den Städten, vor allem die oberen Schichten der **Stadt Fes** sind arabischer Herkunft. Während es die Berber vom Land immer eher in die großen Städte Rabat, Casablanca und Marrakesch zog, blieb Fes mehr oder weniger immer arabisch. Fes war die Hauptstadt verschiedener arabischer Reiche in Marokko und lange Zeit ein islamisches Gelehrtenzentrum. Die wichtigsten Banken und größten Fabriken des Landes sind in der Hand von Fesser und damit arabischen Familien. Und noch immer spielen die Fassis (Bewohner von Fes) im Handel eine der bedeutendsten Rollen. Wenn man es so möchte, dann ist Fes so etwas wie ein Gegenpol zu Marrakesch, der „Berberhauptstadt". Und man wird sehen, so viele Gemeinsamkeiten die beiden Städte auch haben mögen, größer kann der Unterschied eigentlich kaum sein!

Die Nachkommen früherer Sklaven: die Haratin

Ein Haratin und ein Scherif (ein Nachkomme des Propheten) streiten. Der Haratin steht auf dem Standpunkt, dass all die Ausdrücke, die eine unterschiedliche Wertigkeit zwischen den Menschen zum Ausdruck bringen, nicht mehr benutzt werden sollten: „Jeder Mensch ist gleich. Von nun an sollte jeder (also nicht mehr nur Scherifen) mit dem ehrenvollen Titel 'Mulay' angesprochen werden." Der Haratin geht daraufhin nach Hause und berichtet seiner Familie von dem Gespräch. Er bittet sie, ihn nun mit „Mulay" anzusprechen. Die Familie erklärt sich einverstanden. Am nächsten Morgen kommt sein kleiner Sohn und sagt: „Mulay Mama, wo ist Mulay Papa?" Seine Mutter antwortet: „Mulay Sohn, Mulay Papa hat die Mulay Körbe auf den Mulay Esel geschnallt, hat sie mit Mulay Mist gefüllt und ist zum Mulay Feld marschiert."

Dieser Witz, erzählt unter Scherifen, die sich innerhalb der arabischen Gesellschaft als privilegiert ansehen, zeigt ganz deutlich das noch immer geringe Ansehen der Haratin in Marokko. *Hurr Thani,* Plural *Harrathin* bedeutet „ein Freier zweiter Klasse": Die Übersetzung des Namens Haratin weist auf die **Herkunft** dieser Bewohner Marokkos hin: Sie sind Nachkommen früherer Sklaven, und sie sind heute frei. Sie sind ausnahmslos schwarzafrikanischer Herkunft, sprechen arabisch oder eine der Berbersprachen und sind bis heute nicht hundertprozentig in die marokkanische Gesellschaft integriert.

Ab dem 11. Jahrhundert, vor allem aber nach der Eroberung Timbuktus 1591, wurden sie aus dem Sudan, d.h. den Gebieten südlich der Sahara, nach Marokko deportiert. Ein Gemeinschaftsgefühl unter ihnen kam fast nie auf, da sie aus verschiedenen Reichen zusammenkamen, oftmals gar aus verfeindeten Stämmen. Die „Herren", die Freien, wussten diese Situation natürlich auszunutzen und sorgten dafür, dass unter der täglichen Arbeit auch kein Gemeinschaftsgefühl zustande kam, welches als gemeinsamer Widerstand hätte gefährlich werden können.

Sa'id Fatih, ein Haratin vor der Kasbah seiner ehemaligen Besitzer

017km Foto: mb

Beim Begriff Sklaven kommen uns **Europäern schreckliche Bilder:** Boote, auf denen schwarze Menschen zu Tausenden sterben, eine Art menschlicher Mulis, die man auf Plantagen unter unmenschlichen Bedingungen zu Tode schindet. „Onkel Toms Hütte" kommt einem da zu Bewusstsein und andere Geschichten, die alle dasselbe vermitteln: Sklaverei ist grausam und gehört, Gott sei's gedankt, der Vergangenheit an. Um so mehr erstaunt es, dass es in Marokko, aber auch in Mauretanien und einigen anderen afrikanischen Ländern, noch immer die Bezeichnung *Haratin*, d.h. „freigelassener Sklave", gibt.

Und nicht nur das: Es gibt Stimmen, die behaupten, dass die **Sklaverei bis heute** noch existiert! Im Süden des Landes, wo man die meisten Haratin findet, wurde die Sklaverei offiziell erst in den 60er Jahren des 20. Jahrhunderts, also vor noch gar nicht allzu langer Zeit, vollkommen abgeschafft. Viele der älteren schwarzen Bewohner Südmarokkos erinnern sich noch gut an die Zeit vor ihrer Freiheit. Sie sprechen darüber, neutral, nicht gedemütigt oder voller Zorn. Es ist erstaunlich, wie gut häufig das Verhältnis zwischen ehemaligen Besitzern und Sklaven ist. Der Grund ist einfach: Haratin lebten in den Familien ihrer „Herren". Sie teilten nicht nur das Leben miteinander, sie aßen, tranken, feierten miteinander und teilten Leid und Freud. Dass dieses Verhältnis nicht immer unbedingt freundschaftlich sein musste, steht außer Frage. Auch heute noch arbeiten viele der Haratin für ihre ehemaligen Besitzer. Dabei werden sie nur selten in etwas anderem als Naturalien ausgezahlt. Vielleicht meinen die Stimmen diese Situation, wenn sie von „moderner Sklaverei" sprechen ...

In Marokko herrscht noch immer das Khamasat-System, das dem Arbeiter nur ein Fünftel der Ernte zugesteht. In der landwirtschaftlichen Oasenwirtschaft Südmarokkos wird die menschliche Arbeitskraft mit Saatgut, Arbeitsmaterial, Wasser und Land gleichgesetzt. Da der Besitzer eines Gartens meistens diese Dinge zur Verfügung stellt, stehen ihm vier Fünftel der Ernte zu, dem Arbeiter aber nur ein Fünftel. Doch das betrifft nicht nur Haratin, das betrifft alle, die in der Landwirtschaft arbeiten und kein eigenes Land besitzen. Mit diesen verglichen, geht es den Haratin sogar vergleichsweise gut, denn ihnen wurde jenes Land überschrieben, das die Juden aufgaben, als sie Marokko verließen.

Wenn die Haratin heute noch immer nicht ganz in die Gesellschaft integriert sind, liegt es also nicht an ihrer wirtschaftlichen Situation. Gerade in den Städten, in welche viele zu Beginn der französischen Protektoratsherrschaft abgewandert sind, konnten sich einige der „ehemaligen Sklaven" recht gut etablieren. Wenn sie also heute noch immer in der **untersten sozialen Schicht** stehen, dann aufgrund ihrer Herkunft. Vom geistigen und religiösen Leben sind sie so gut wie ausgeschlossen, auch wenn sie in der Mehrheit Muslime sind. Im Koran wird die Gleichheit aller Muslime gepriesen: seien sie schwarz oder weiß, Frau oder Mann, arm oder reich. Aber auch wenn vor Gott alle gleich sind: Noch immer fühlen sich die „weißen" Marokkaner den „schwarzen" überlegen. 35, 40 Jahre sind letztendlich zu kurz, als dass sich das Bild der Haratin schon hätte verändern können oder eine wirkliche Integration in die „weiße" Gesellschaft möglich gewesen wäre.

Um vielleicht ein kleines Missverständnis auszuräumen: Nicht alle dunkelhäutigen Menschen in Marokko sind Nachfahren ehemaliger Sklaven. Vielmehr ist davon auszugehen, dass es unter den Einwohnern Südmarokkos auch viele dunkelhäutige Menschen gibt, die nicht als Sklaven ins Land kamen, sondern die aus der Sahara stammen und die die dortige Verschlechterung der Umweltbedingungen gezwungen hat, an die Nordränder dieser Wüste auszuweichen.

Die stets Außenstehenden: die Juden

Die meisten **arabischen Juden Israels** stammen aus Marokko, und wenn es unter den arabischen Ländern eines gibt, das sich wirklich um eine annähernd friedliche Lösung mit Israel bemüht, dann ist dies ebenfalls Marokko. Beim Tod von *Hassan II.* waren es vor allem seine Bemühungen um einen Friedensprozess in Nahost, die von europäischer Seite immer wieder hervorgehoben wurden; aus den Zeitungsberichten hat man auch erfahren, dass *Hassan* einen jüdischen Milchbruder hatte, das bedeutet, dass er von einer jüdischen Amme gesäugt wurde.

Es ist wahrscheinlich, dass die **ersten Juden Marokkos** Nachfahren der jüdischen Händler waren, die mit den Phöniziern (ab 1100 v.u.Z.) nach Nordafrika kamen. Die hebräischen Inschriften, die man in den Ruinen von Chellah und Volubilis fand, verweisen auf erste jüdische Gemeinden aus dieser Zeit. Schon während römischer Zeit soll es - der mündlichen Überlieferung nach - auch im Sus und Drâatal jüdische Siedlungen gegeben haben, was nicht unlogisch scheint, zumal beide Regionen fruchtbar waren und der Karawanenweg zwischen Marrakesch und Timbuktu direkt durch das Tal verlief.

Anfangs separat von der einheimischen Bevölkerung lebend, begannen sie sich vor allem nach einer **verstärkten Immigration,** die erst der assyrischen Eroberung Israels im 8. Jahrhundert v.u.Z. und später dann der babylonischen Eroberung 200 Jahre später folgte, immer mehr mit der einheimischen Bevölkerung zu vermischen. Da das Judentum jedoch Massenkonvertierungen ablehnt, kam es nie zu einer wirklichen Assimi-

020km Foto: mb

Die Mellah von Fes:
Im Gegensatz zu muslimischen Stadtvierteln werden die Wohnungen und Balkone hier zur Straße gebaut

lierung. Einzelne Berberklans traten wohl zum Judentum über (so auch der Stamm von *Kahina,* der Berberkönigin, die im 8. Jahrhundert die Araber bekämpfte), es kam aber nie zu einer wirklichen Ausbreitung des jüdischen Glaubens in Nordafrika. Die Einwanderungswelle der Juden wurde unter der griechischen, persischen und später auch der römischen Herrschaft fortgesetzt. Vor allem die Zerstörung Jerusalems durch die Römer im Jahre 70 u.Z. zwang viele Juden ins Exil.

Mit der **arabischen Invasion** änderte sich die unfreiwillige Isolation. Die Juden verstanden sich von Anfang an gut mit den Eroberern und nahmen schon bald deren Sprache an, die zu ihrer Kommunikationssprache wurde. Unter den Idrisiden (786-921) wurden sie – gegen Steuern – unter den Schutz des Sultans gestellt. Fes, das zu dieser Zeit entstand, wurde nicht nur ein islamisches Gelehrtenzentrum, sondern auch ein Zentrum der jüdischen Händler und Gelehrten, die hier ihrerseits auch große religiöse Schulen, die sogenannten Yeshivot, errichteten. Bis heute lebt die jüdische Elite des Landes in dieser Stadt.

Das große **Trauma der marokkanischen Juden** spielte sich dann unter der Dynastie der Almohaden ab, die das Land in rigider Strenge beherrschten und die Juden vor die Wahl stellten: Schwert oder Konversion. Viele, vor allem die meisten der jüdischen Gelehrten, flohen nach Spanien, das daraufhin eine geistige Blüte erlebte. Doch auch von hier wurden sie wieder vertrieben, und Marokko, nun endlich befreit von der strengen Herrschaft der Almohaden, nahm sie wieder auf. Bereits zur Herrschaftszeit der Meriniden (1269-1465) erbrachte eine Volkszählung 40.000 Steuern zahlende Juden in den Städten, die in eigenen Vierteln lebten. Eine geistige Blüte wie die des 10. und 11. Jahrhunderts erlebte die Stadt Fes jedoch nie wieder.

Als dann in Spanien 1492 die Reconquista einsetzte, flohen spanische Juden zusammen mit den muslimischen Mauren ins wattasidische Marokko, so dass die **jüdischen Gemeinden immer größer** wurden. Schon

019km Foto: mb

Mitte des 15. Jahrhunderts war in Fes im Palastbereich eine große Mellah entstanden, ein Viertel, das allein den Juden vorbehalten war und das auch von Juden autonom verwaltet wurde. Obwohl dieses nun aus allen Nähten zu platzen drohte, nahm Marokko alle Vertriebenen auf und stellte sie unter den Schutz des Sultans, der sehr wohl um den Wert dieser Bürger wusste. Nicht reine Menschenliebe war es, die ihn dazu veranlasste, dies zu tun, sondern reines Kalkül: Die meisten Juden nämlich arbeiteten in sehr wichtigen Bereichen, d.h. als Geldverleiher, Ärzte, Schmiede, Mathematiker, Übersetzer und Astrologen. Vor allem aber waren sie Händler, fleißige und geschickte Händler, die für ein hohes Steueraufkommen sorgten.

Die Juden erwiesen sich in der Folgezeit als erfolgreiche Geschäftsleute und Diplomaten und begannen bereits unter den Saadiern als deren Staatsangestellte zu arbeiten. Das brachte sie nun endlich auch **gesellschaftlich in die allerhöchsten Ränge.** In der Folgezeit waren die Juden es, die die meisten und besten Handelskontakte übers Mittelmeer hatten, wodurch sie im gesellschaftlichen Ansehen stiegen. Das änderte sich auch nicht zur alawidischen Zeit. Ganz im Gegenteil: 1862 wurden die Juden Marokkos den Muslimen gleichgestellt, was auch während des Zweiten Weltkrieges beibehalten blieb. Auf diese Art und Weise war den Juden der Schutz vor dem Vichy-Regime in Frankreich sichergestellt. So kam es auch, dass im Jahre 1948, mit der Gründung des Staates Israel, nicht allzu viele Juden ins Gelobte Land abwanderten.

Die **große Abwanderung** kam mit dem Sechs-Tage-Krieg 1967, als sich Marokko offen auf die Seite der Araber und somit gegen Israel stellte. *Hassan II.* versuchte die Diaspora zu verhindern, denn mit der jüdischen Bevölkerung wanderten auch wertvolle und wichtige Fachkräfte ab. Vor allem Bankiers und wichtige Handelsfamilien gingen der marokkanischen Wirtschaft so verloren. Doch der König konnte die Wandernden nicht aufhalten.

Heute leben noch schätzungsweise 5000 Juden in Marokko, die meisten davon in Fes und Casablanca. Sie gehören wahrscheinlich ausnahmslos der Elite des Landes an. In den Mellahs leben sie schon lange nicht mehr, diese wurden 1948 bereits aufgegeben, heute stellen sie eher Armenviertel dar. Die jüdischen Viertel auf dem Land werden heute hauptsächlich von Haratin bewohnt, die auf diese Weise zum ersten Mal in ihrem Leben zu Besitz kamen. Insofern sind sie wohl die einzigen, die wirklich von der jüdischen Abwanderung profitiert haben.

Stadttor zur Mellah

067km Foto: mb

bi-smillah ...
Im Namen des barmherzigen und gnädigen Gottes.
Lob sei Gott, dem Herrn der Menschen in aller Welt,
dem Barmherzigen und Gnädigen,
der am Tag des (jüngsten) Gerichts regiert!
Dir dienen wir, und Dich bitten wir um Hilfe.
Führe uns den geraden Weg, den Weg derer,
denen Du Gnade erwiesen hast,
nicht den Weg derer,
die Deinem Zorn verfallen sind und irregehen!

(Fatiha, die Eröffnungssure des Korans)

DER ISLAM: EINIGENDES BAND IM HETEROGENEN MAROKKO

In Marokko ist der Islam überall greifbar: Offiziell gehören 95% der Bevölkerung der **malikitischen Rechtsschule** an. Dies ist eine der vier orthodoxen Auslegungen des sunnitischen Islams, die sich auf *Malik ibn Anas* (715–795) bezieht und die die islamischen Rechtstraditionen von Medina, der „Stadt des Propheten", für besonders authentisch hält. Außer dem sunnitischen Islam, der sich schon bald nach seiner Entstehung im gesamten Maghreb durchsetzte, ist in Marokko jedoch in ähnlicher Stärke auch der Volksislam zu spüren, der sich mit alten Glaubensvorstellungen mischt.

Der Islam, sei es in seiner orthodoxen Form oder als Volksglaube, durchdringt den **marokkanischen Alltag** und somit auch die Wahrnehmung des Reisenden. *„Insha'allah"*, so Gott will, ist wohl die gebräuchlichste Formel, die zu fast jeder Gelegenheit gebraucht wird. Sie drückt nicht nur die Allgegenwärtigkeit Gottes aus, sie zeigt auch, dass der Mensch Gott vollkommen ergeben ist und dass nichts geschieht, ohne dass Gott es will.

Allgemeine Grundlagen zur Religion des Islams

Im 7. Jahrhundert unserer Zeit wurde **Muhammad** die Offenbarung des Islams zuteil. Der Engel Gabriel soll zu ihm gesprochen und die ersten Suren des Korans verkündet haben. *Muhammad* sah sich von Gott beauftragt, den Islam unter den Menschen zu verbreiten. Trotz anfänglicher Ablehnung schaffte es der Prophet, eine Gemeinschaft um sich zu sammeln und nach und nach die gesamte arabische Halbinsel zu gewinnen. Nur wenige Generationen nach seinem Tod (632) konnte sich das islamische Reich unter seinen Nachfolgern, den Kalifen, im Westen über Marokko (683) bis Spanien (711) und im Osten bis ins Industal (auch 711) ausweiten.

Die Lehre des Islams ist keine vollkommen neue. In ihr finden sich Elemente des alten arabischen Stammesglaubens, des Judentums und des christlichen Glaubens wieder. Es gibt **zwei Grundideen,** die recht einfach sind:

1. Der Glaube an die **Einheit Gottes.** Es gibt nur einen Gott (arab. *al-illah* = Allah). „Sag: Er ist Gott, ein Einziger. Gott, durch und durch, ist der, an den man sich wendet. Er hat weder gezeugt, noch ist er gezeugt worden. Und keiner ist ihm ebenbürtig." (Sure 112).

2. Der Glaube an das **jüngste Gericht.** Beide Ideen sind miteinander verbunden.

Muhammad ist der **letzte Prophet des Islams** und kein Heiliger, kein Sohn Gottes, so wie es Jesus für die Christen ist. Er hatte die Aufgabe, den Koran, das geschriebene Wort Gottes, unter die Menschen zu bringen und seiner Gemeinde ein leitendes Vorbild zu sein. Dass auch *Muhammad* dabei nicht unfehlbar war, ergibt sich daraus, dass er ein Mensch und kein Gottessohn war. Als letzter der islamischen Propheten korrigierte er, was frühere Propheten wie z.B. *Abraham* (arab. *Ibrahim), Moses* (arab. *Musa)* und *Jesus* (arab. *'Isa)* verkündet hatten, und rückte deren Abweichungen vom wahren Glauben wieder zurecht.

Da viele Propheten der jüdischen und christlichen Religion als islamische Propheten betrachtet werden, ist die Akzeptanz gegenüber diesen beiden Glaubensrichtungen relativ hoch. In den Augen der Muslime liegt ihr Fehler darin, den letzten der Propheten nicht anerkannt zu haben; ein Fehler der Christen ist es außerdem, einen Propheten zum Gottessohn gemacht zu haben, Maria als Jungfrau zu bezeichnen und an den Heiligen Geist zu glauben. Dadurch weichen sie vom Monotheismus ab.

Die Pflicht des Menschen ist es, sich mit seiner ganzen Seele dem einzigen Gott zu unterwerfen. Das Wort „Islam" bedeutet nicht mehr als „sich Gott unterwerfen". So glaubt der Muslim an die Einheit Gottes, seine Propheten, seine Bücher (vor allem den Koran, aber auch die Thora und das Evangelium), seine Engel und den Tag des Jüngsten Gerichts. Denn Gott ist gerecht und wird an diesem Tage alle Taten richten.

In dem Bewusstsein, dass Gott allgegenwärtig ist, erfüllt der Muslim seine religiösen Gebote. Fünf dieser Gebote, auch **Pfeiler des Glaubens** genannt, sind für ihn Pflicht:

1. Das **Glaubensbekenntnis** (arab. *Shahada)*

„La illah ila allah wa Muhammad rasulu allah." – „Es gibt keinen Gott außer Gott und Muhammad ist sein Prophet."

2. Das tägliche **Pflichtgebet** (arab. *Salat)*

Es wird bei Sonnenaufgang, mittags, nachmittags, bei Sonnenuntergang und bei Nacht vollzogen.

Dem Gebet geht die rituelle Waschung voraus. Sie beginnt mit der Formel „Gott ist groß", *„Allahu akbar",* und vollzieht sich nach einem festgesetzten Muster. Fünfmal am Tag ruft der Muezzin zum Gebet, heute kommt die Stimme oft von einem Tonband. Reisende und Kranke dürfen auf das fünfmalige Beten verzichten, für die anderen ist es Pflicht. Dennoch beten heutzutage lange nicht mehr alle Muslime fünf Mal am Tag. Es ist eher so, dass die Moschee nur noch an hohen Feiertagen aufgesucht wird oder das Ritual einmal am Tag zu Hause vollzogen wird.

3. Das **Fasten im Monat Ramadan** (arab. *Saum)*

Der Ramadan ist der neunte Monat des islamischen Kalenders, der den Gläubigen dazu dienen soll, in sich zu gehen und Gott neu zu erfahren. Gefastet wird nur von Sonnenaufgang bis Sonnenuntergang. Wie er in Marokko erlebt wird, ist weiter unten beschrieben.

4. Die **Almosen** (arab. *Zakat)*

Die Gläubigen haben eine Verpflichtung untereinander. Wer etwas besitzt, soll es teilen. Im Koran findet sich kein definierter Betrag, es wird „das Entbehrliche" empfohlen. Häufig wurde in der frühen islamischen Gesellschaft ein Zehntel des Gewinns als Zakat, auch Almosensteuer genannt, gefordert.

Diese Almosenpflicht erklärt vielleicht manch hartnäckige Forderung an die „reichen" Touristen, ihre Habe mit der offensichtlich viel ärmeren marokkanischen Bevölkerung zu teilen.

5. Die **Pilgerfahrt nach Mekka** (arab. *Hadj)*

Wer die Kraft und die finanziellen Mittel dazu hat, soll die Pilgerfahrt antreten. Kinder, Schwangere, alte und kranke Menschen sind von dieser Pflicht befreit. Die Pilgerreise ist eine Reise an die Stätten, an denen der Prophet lebte und wirkte. Neben einer symbolischen Steinigung des Satans werden verschiedene Orte aufgesucht. Höhepunkt des Hadj aber ist der Besuch der Kaaba, des islamischen Heiligtums: *Abraham* soll dieses Haus errichtet haben. Ein siebenmaliges Umschreiten und Küssen der Kaaba sowie das Gebet in der großen Moschee gehören ebenfalls zur Pilgerfahrt. Wer einmal dieses Ritual vollzogen hat, darf sich ehrenhaft „Hadji" bzw. „Hâdj" nennen.

Neben diesen fünf Säulen gibt es **weitere Regeln,** an die sich der Muslim halten sollte. So ist zum Beispiel der Genuss von Alkohol, insbesondere von Wein, untersagt. Das heute in vielen islamischen Ländern erhobene Alkoholverbot ist jedoch nicht koranischen Ursprungs. Ein Verbot hätte sich zur Zeit der Offenbarung auch kaum durchsetzen können, zur sehr liebten die alten Araber ihre edlen Tropfen. Heute finden sich die

Typisch orientalisches Muster

069km Foto: mb

Zeugnisse dieser (einstmaligen?) Liebe vor allem in der Poesie. Daneben ist es auch nicht erlaubt, Schweinefleisch (in Marokko: *Haluf)* oder Fleisch von nicht geschächteten Tieren zu essen. Auch ist es dem Muslim untersagt, Aas zu sich zu nehmen, worunter viele Muslime auch das Fleisch von nicht geschächteten Tieren verstehen. Ein Tier sollte geschächtet, d.h. im Namen Gottes (arab. *bi-smillah)* mit Kehlschnitt geschlachtet werden.

Die religiösen Regeln des Islams werden durch den Koran sowie die **Hadithe** bestimmt. Hadithe (übersetzt soviel wie „Gespräch, Mitteilung") sind Überlieferungen der Taten und Aussprüche des Propheten. Wie schon erläutert, haben diese Aussprüche und Taten Vorbildcharakter, wobei man heute nicht mehr eindeutig klären kann, ob es sich bei einem Hadith um eine Fälschung oder einen echten Ausspruch handelt. Bereits 100 Jahre nach dem Tod des Propheten existierten eine halbe Million Hadithe, die bis ins 9. Jahrhundert mündlich tradiert wurden. Die Auslese derer, die als nicht gefälscht angesehen wurden, entwickelte sich in der islamischen Welt zu einer eigenen Wissenschaft. Die Kritik richtete sich dabei weniger an die Aussagekraft eines Hadithes, als vielmehr an die Glaubwürdigkeit der Personen, die sie überliefert haben sollen. Die Zuverlässigkeit dieser Methode zur Auswahl der „richtigen" Hadithe wird von westlichen Orientalisten angezweifelt, sicher ist, dass zumindest eine sehr große Anzahl der Hadithe nicht korrekt überliefert oder gefälscht ist.

Dennoch gelten Koran und Hadithe als Hauptquellen des islamischen Rechts, der **Scharia.** Diese von muslimischen Gelehrten vom 10. bis zum 14. Jahrhundert zusammengetragene Lebens- und Rechtsordnung des Islams wird heute in keinem islamischen Land mehr in dieser Form praktiziert. Spätestens seit Beginn der Kolonialzeit wurde sie durch eine europäische Rechtsprechung ersetzt oder zumindest durch europäische Normen erweitert. Das betrifft vor allem die Bereiche des Staates und der Verwaltung. Innerhalb des Familienrechts wird häufig noch auf Teilbereiche der Scharia zurückgegriffen.

Heute verbinden Nicht-Muslime islamisches Recht häufig mit Amputationen oder Steinigungen in Saudi-Arabien oder dem Iran. Bei diesen sogenannten **Hadd-Strafen** handelt es sich aber um einen minimalen Ausschnitt aus dem komplexen Rechtssystem der Scharia. Die Beweise für Vergehen, die mit „Hadd"-Strafen geahndet werden, sind laut Scharia-Gesetzen ausgesprochen schwierig zu erbringen. Meistens wird daher die „richtige" Scharia gar nicht mehr befolgt, wenn solche Strafen angewandt werden. Hier, wie in vielen anderen Bereichen, muss die Religion für machtpolitische Interessen herhalten.

Frauen und Männer

Behandelt die Frauen mit Nachsicht! Aus krummer Rippe ward sie erschaffen. Gott konnte sie nicht ganz grade machen. Willst Du sie biegen, sie bricht. Lässt Du sie ruhig, sie wird noch krümmer; Du guter Adam, was ist denn schlimmer? Behandelt die Frauen mit Nachsicht: Es ist nicht gut, dass Euch eine Rippe bricht.

(*Goethe,* West-östlicher Diwan)

Und behandelt die Frauen fürsorglich und liebevoll! Die Frauen wurden aus einer Rippe geschaffen, und das am meisten gebogene Teil einer Rippe ist das obere. Wenn Du versuchst, sie gerade zu biegen, wirst Du sie zerbrechen. Überlässt Du sie aber sich selbst, dann bleibt sie gekrümmt. Behandelt die Frauen also fürsorglich und liebevoll!

(Sahih al-Bukhari)

„Die Muslimin ist unterdrückt." Soviel steht für die meisten Europäer von vornherein fest. Geradezu populär ist es, darüber immer und überall zu diskutieren: Ganz gleich, ob es dabei um algerische Frauen, die auf die Straße gehen, um gegen ihre Wahlberechtigung zu kämpfen, oder aber um die brutalste Form weiblicher Unterdrückung – die Beschneidung – geht: Man glaubt in der westlichen Welt bestens darüber Bescheid zu wissen. Aber wie sehen die Frauen der islamischen Welt ihre Situation selbst? Was sagt der Koran zur Rolle der Frau und wie lässt er sich interpretieren? Bedeutet Schleier wirklich Unterdrückung und ist eine Rollenverteilung unvereinbar mit Emanzipation? Um die Rolle der Frau im Islam verstehen zu können, bedarf es weitreichender Kenntnisse des Korans und des Lebens des Propheten *Muhammad* sowie Kenntnis der historischen Gegebenheiten zu der Zeit, als die Gesetze Gottes erlassen wurden. Dazu sollen hier die Grundlagen geschaffen werden.

Die Rolle der Frau im Koran

Es gibt nicht allzu viele Verse im Koran, die die Stellung der Frau behandeln. Zudem kann man diejenigen, die dieses Thema berühren, sehr unterschiedlich auslegen. Denn der Koran ist, und das ist für die meisten Kritiker die Hauptschwäche dieses Werkes, unterschiedlich interpretierbar. Die Schwierigkeit besteht darin, herauszufinden, welche der vielfältigen **Interpretationen** die richtige ist. Seit nun 1400 Jahren glauben Religionsgelehrte verschiedenster Richtungen die letztgültige Deutung gefunden zu haben. Dabei steht im Koran, Sure 3, Vers 7: „Er ist es, der die Schrift auf Dich herabgesandt hat. Darin gibt es eindeutig bestimmte Verse – sie sind die Urschrift – und andere, mehrdeutige. Diejenigen nun, die in ihrem Herzen abschweifen, folgen dem, was darin mehrdeutig ist, wobei sie darauf aus sind, die Leute unsicher zu machen und es nach ihrer Weise zu deuten. Aber niemand weiß es wirklich zu deuten, außer Gott ...". Diese Tatsache macht es allen Beteiligten unmöglich, die „ultimative" Wahrheit herauszufinden. Aber es gibt doch Interpretationstendenzen, je nach Standpunkt des Betrachters; so können z.B. folgende Versausschnitte auf zwei unterschiedliche Weisen interpretiert werden:

„... Und die Männer stehen bei alledem eine Stufe über ihnen ..." (Sure 2, Vers 228). „Die Männer stehen über den Frauen, weil Gott sie ausgezeichnet hat und wegen der Abgaben, die sie von ihrem Vermögen gemacht haben ..." (Sure 4, Vers 34).

Interpretation Nr. 1: **Der Mann steht über der Frau.** Er hat Verfügungsgewalt über sie. Er ist besser, wertvoller und stärker, weswegen er das Recht hat, über die Frau zu herrschen. So ähnlich steht es auch noch im marokkanischen Familienrecht, das dem Mann Verfügungsgewalt über seine Ehefrau gibt und eine Scheidung der Ehefrau von ihrem Mann ohne dessen Einwilligung unmöglich macht. Auf diese Weise ist diese Interpretation in Marokko institutionalisiert, was auf die Stellung der Frau speziell in diesem Land ganz eindeutig hinweist. Doch auf die Situation der Frau in Marokko wird weiter unten eingegangen.

Interpretation Nr. 1 wird mit Vorliebe von sogenannten Fundamentalisten oder Konservativen zum Beweis für die angebliche Minderwertigkeit der Frauen herangezogen. Auch die europäische Medienlandschaft greift diese Verse häufig zum Beweis dafür auf, dass die Frau im Islam unterdrückt sei. Das Problem besteht darin, dass diese Interpretation den Kontext völlig außer Acht lässt, was nach Meinung verschiedener Religionsgelehrter aber nicht weiter schlimm ist, da Gottes Gnade unter anderem darin liegt, dass einzelne Verse einzeln ausgelegt werden können.

Interpretation Nr. 2 bezieht hingegen den Kontext mit ein. In dem Abschnitt, in welchem der Vers steht, geht es um Heirat, Scheidung, Witwenschaft und ökonomische Versorgung. Die deutsche Übersetzung „Über der Frau stehen" ist nach dieser Meinung besonders unglücklich. Viel eher müsste man „verantwortlich sein" darunter verstehen. Dass der Mann der Frau überlegen ist, wird nicht aus diesem Vers abgeleitet, da nur wenige Abschnitte zuvor die Gleichheit von Mann und Frau betont wird. Eine wirkliche Überlegenheit würde vollkommen gegen die koranischen Prinzipien verstoßen. Es handelt sich hier also ausschließlich um die Verantwortung des Mannes gegenüber seiner Frau im Kontext der Ehe, Heirat und Scheidung. So steht z.B. in bereits oben angeführtem Koranvers auch folgender Satz: „... Die Frauen haben in der Behandlung von Seiten der Männer dasselbe zu beanspruchen, wozu sie ihrerseits den Männern gegenüber verpflichtet sind." Nach dieser, weit objektiveren und von muslimischen Feministinnen verwendeten Interpretation gibt es zwar eine eindeutige Rollenverteilung im Bereich der Familie, aber keine Unterdrückung.

Häufig stellt der Koran den Zusammenhang zwischen Frau und Gebären dar, nicht aber zwischen Frau und Pflege der Kinder oder an deren „frauentypischen" Tätigkeiten innerhalb der Gesellschaft. Dennoch verlangt die islamische Tradition von der Frau ein bestimmtes Verhalten und die Übernahme bestimmter **„weiblicher" Aufgaben,** die innerhalb des Hauses liegen, zumal die Frau durch die Geburten mehr oder weniger ans Haus gebunden ist. Dabei geht es weniger darum, dass Männer den Frauen gegenüber ihre Macht ausspielen oder sie unterdrücken. Vielmehr scheint der Grundgedanke gewesen zu sein, dass jeder innerhalb eines Haushaltes verschiedene Aufgaben und Rollen übernehmen muss, um den anderen das Leben zu erleichtern. Unterdrückung oder Machtmissbrauch wäre ein Verstoß gegen die Gesetze des Islams.

Der von den Frauen häufig geforderte **„Gehorsam",** wie z.B. in Vers 34 der vierten Sure: „Die rechtschaffenen Frauen sind gehorsam", wird gerade innerhalb dieses Verses, in welchem es um Frauen und Männer geht, häufig als Gehorsamkeit gegenüber den Männern interpretiert. Liest man aber das arabische Original, geht eindeutig daraus hervor, dass es sich hierbei um die Gehorsamkeit gegenüber Gott handelt. Auch Männer werden auf diese Art und Weise zum Gehorsam gemahnt. Weist ein Vers wirklich auf die Notwendigkeit hin, dass Frauen ihren Männern zu gehorchen haben, so sollte das in Bezug auf die Harmonie gesehen werden, denn der Koran ist voller Hinweise darauf, dass ein Paar die Harmonie und Diskussion suchen sollte.

Andere Möglichkeiten wie Befehle oder **Gewalt gegen die Frau** werden nur dann akzeptiert, wenn es keine andere Möglichkeit mehr gibt. Noch einmal muss der Paradevers 34 aus Sure 4 herhalten, dieses Mal zusammen mit dem ersten Teil von Vers 35: „... und wenn ihr fürchtet, dass Frauen sich auflehnen, dann ermahnt sie, meidet sie im Ehebett und schlagt sie. Wenn sie Euch daraufhin wieder gehorchen, dann unternehmt nichts weiter gegen sie. Gott ist erhaben und groß. Und wenn Ihr fürchtet, dass es zwischen einem Ehepaar zu einem ernsthaften Zerwürfnis kommt, dann bestellt einen Schiedsrichter aus seiner und einen aus ihrer Familie, um zu vermitteln". Diese Verse sind die wohl umstrittensten

Aussagen des Korans zur Frauenfrage, und wieder gibt es zwei Interpretationstendenzen:

1. Man nehme die Verse wörtlich, wobei bei dem Wort „schlagen", arabisch: „*daraba*" die eigentliche Bedeutung nicht eindeutig fest steht. „Daraba" wird im Allgemeinen mit „schlagen" übersetzt. Es gibt aber, wie bei fast allen arabischen Wörtern, weitreichende Interpretationsmöglichkeiten. So kann „daraba" auch „verlassen", „trennen" heißen oder aber „über etwas hinwegsehen". Doch welche Übersetzung auch immer man wählt – nach dieser Interpretation hat die Frau zu gehorchen. Und tut sie das nicht, wird sie bestraft.

2. Bei der zweiten Interpretation handelt es sich hingegen um ein Vier-Stufen-Modell, nach dem Mann und Frau vorgehen sollen, um den ehelichen Frieden wiederherzustellen. Zunächst die verbale Lösung: Sprecht miteinander. Wenn das nicht hilft, dann sollte man sich eine Weile voneinander fernhalten und Hilfe von außen suchen, wobei weder die Position des Mannes noch die der Frau durch einen unparteiischen Schiedsrichter gestärkt werden sollte. Erst, wenn auch das nicht hilft, soll man sich trennen.

Im Wert ihrer Taten oder innerhalb der Moral sind Mann und Frau ohne Unterschied: „... Ich werde keine Handlung unbelohnt lassen, die einer von Euch begeht, gleichviel ob männlich oder weiblich. Ihr gehört ja als Gläubige zueinander ohne Unterschied des Geschlechts." (Sure 3, Vers 195).

Laut Koran schuf Gott den Mann und die Frau aus einem Wesen. Entgegen dem nicht nur im Islam verbreiteten Vorurteil, dass schon bei der Schöpfung der Mann der Frau überlegen war, wird eher die **Ebenbürtigkeit** betont. Mann und Frau werden als Paar gesehen, das sich gegenseitig bedingt und ergänzt: „Und von allen Lebendigen haben wir ein Paar geschaffen. Vielleicht würdet ihr Euch mahnen lassen." (Sure 51, Vers 49), oder: „Und er ist es, der alle Paare geschaffen." (Sure 43, Vers 12). Im Gegensatz zur christlichen Tradition war es auch nicht Eva, die Adam zur Sünde verführt hat. Es finden sich zwei Versionen dieser Geschichte im Koran, nur einmal waren es Adam und Eva gemeinsam, die sich am Baum der Sünde vergriffen, einmal war es Adam allein, der diese Sünde beging und Eva auf diese Weise mit sich zog.

Soweit die graue Theorie. Wie es in der Praxis aussieht, wird weiter unten erläutert werden.

Die Sexualität im Islam

... nun waren im Schlosse des Königs Fenster, die auf den Garten führten. Schahzaman blickte hinaus, und siehe, da öffnete sich die Tür des Schlosses und heraus kamen zwanzig Sklavinnen und zwanzig Sklaven, und die Gemahlin seines Bruders, herrlich an Schönheit und Anmut, schritt in ihrer Mitten, bis sie zum Springbrunnen kamen. Dort zogen sie ihre Kleider aus, und die Sklavinnen setzten sich zu den Sklaven. Die Königin aber rief: „Mas'ud!". Da kam ein schwarzer Sklave und umarmte sie und auch sie schloss ihn in ihre Arme, und er legte sich zu ihr. Ebenso taten die Sklaven mit den Sklavinnen; und es war kein Ende des Küssens und Kosens, des Buhlens und Liebelns, bis der Tag zur Neige ging ...

(Aus den Erzählungen aus 1001 Nacht)

Es gehört zu den weitverbreitetsten Vorurteilen, dass der Islam eine prüde und sexualfeindliche Religion sei. Genau das Gegenteil ist der Fall. Die Sexualität bildet, im Gegensatz zur christlichen oder jüdischen Kultur, das Zentrum des islamischen Weltbildes und gilt als die schöpferische Urkraft – mit einer (für uns Europäer jedoch wesentlichen) Einschränkung: **nur innerhalb der Ehe.** In der islamischen Gesellschaft wird (mehr oder weniger streng) zwischen dem Außenbereich und dem Innenbereich unterschieden. Die Sexualität nun ist ganz eindeutig eine Sache, die man allein dem Innenbereich zuordnet. So kommt es häufig vor, dass Frauen unter ihrem Schleier und ihrem Mantel geradezu aufreizend gekleidet sind. Bei einem Besuch einer öffentlichen Badeanstalt, dem Hamam, kann man das gut beobachten: Man betritt das Badehaus, und es wimmelt nur so von wunderschönen Frauen: lange schwarze Haare, Tigertanga, lackierte Fuß- und Fingernägel, schwarze Spitzendessous u.ä. Anfangs mag man sich wundern, ob man vielleicht an die falsche Adresse geraten ist, aber wenn die Frauen sich nach dem gemeinsamen Bad anziehen, wird klar: Diese Frauen verschleiern sich. Über die todschicken Klamotten kommt der lange schwarze Mantel oder die Djellaba und das eng abschließende Kopftuch.

Sex außerhalb der Ehe gilt als *haram,* verboten, und zwar sowohl für den Mann als auch für die Frau. Denn „wenn ein Mann und eine Frau allein zusammen sind, ist immer der Teufel im Bunde", so zumindest sagt es eine bekannte arabische Redensart. Bis zum heutigen Tag versuchen Männer selbst innerhalb intellektueller Kreise zu vermeiden, allein mit einer Frau in einem Zimmer zu sein.

Innerhalb der Ehe jedoch gibt es **keinerlei Grenzen der Lust;** alles was gefällt, ist erlaubt. Die Sexualität wird im Islam nicht wie im Christentum als sündhaft verteufelt, sie soll nicht allein der Kindererzeugung dienen, sondern auf die im Paradies verheißenen Wonnen hindeuten. Hinzu kommt der Gedanke, dass jedes sexuell unbefriedigte Mitglied der Gemeinschaft potentiell der Gefahr der *fitna,* des Chaos, der Zerstörung der Gemeinschaft, ausgesetzt ist. Sexuelle Befriedigung schützt somit die Gemeinschaft. Damit es aber nicht, wie in den „Zeiten der Unwissenheit", der sogenannten *Djahiliya* (der Zeit vor dem Islam), zu „wilden" Entgleisungen kommt, wird die Lust in die legalen und überschaubaren Bahnen der Ehe gelenkt.

Während sich die „Unzucht" im Verborgenen abspielt, wird die Ehe in der **Hochzeitsnacht** mehr oder minder in der Anwesenheit der Gäste vollzogen und mit lautem Trillern und Freudenbekundungen gefeiert (siehe Näheres über die Hochzeitsnacht in Kapitel: „Zwei Hochzeiten und ein Todesfall"). Die Sexualität wird also vom Außenbereich in den Innenbereich getragen.

Macht und Sexualität standen in allen Zeiten und in allen Kulturen in einem Spannungsverhältnis zueinander. Nicht umsonst wird die Sexualität in einigen Religionen als „Teufelswerk" verdammt. Der Islam löst dieses Problem auf recht elegante Weise, indem er sie dem Frauenbereich zuweist. So kann die Sexualität der Frau, die im gesamten mediterranen Raum (und zum Teil weit darüber hinaus) als Bedrohung und als Macht, die Chaos und Revolte hervorrufen kann, angesehen wird, überwacht und gebändigt werden.

Dass der Mann **Angst vor der sexuellen Macht der Frau** hat, zeigt sich ganz deutlich in der Literatur. Vor allem in den Erzählungen von 1001 Nacht wird immer wieder dasselbe Bild vermittelt: Frauen von ungewöhnlicher Schönheit, ausgestattet mit diabolischer Macht, intelligent, intrigant, listenreich und grausam, verführen die Männer gegen deren Willen, wie folgender Ausschnitt sehr deutlich zeigt:

... da trat sie vor die beiden hin und sagte: „Stecht einen starken Stich, sonst wecke ich den Dämonen auf". In seiner Furcht sagte König Schehriyar zu seinem Bruder, dem König Schahzaman: „Bruder, tu was sie dir befohlen hat!" Der aber antwortete „Ich tu es nicht, wenn du es nicht zuerst tust." Da sagte sie: „Was sehe ich euch einander zuwinken? Wenn Ihr beide nicht vortretet und handelt, so wecke ich den Dämonen auf." Und in ihrer Angst vor dem Dämonen lagen sie ihr bei, und als sie beide ihr den Willen getan hatten, sprach sie zu ihnen: „Erhebt euch!" Dann holte sie aus ihrer Tasche einen Beutel, und aus ihm nahm sie ihnen eine Schnur heraus, an der fünfhundertundsiebzig Ringe waren und sie fragte sie: „Wisst Ihr, was diese bedeuten?" Sie erwiderten: „Nein, das wissen wir nicht." Sie fuhr fort: „Die Besitzer all dieser Ringe sind mir zu Willen

068km Foto: mb

gewesen und haben diesem Dämonen Hörner aufgesetzt. Nun gebt auch ihr beiden Brüder mir Eure Siegelringe!" Und sie gaben ihr ihre Ringe von ihren Händen. Da sprach sie zu ihnen: „Fürwahr, dieser Dämon hat mich in meiner Brautnacht entführt; dann hat er mich in eine Schachtel gesteckt und die Schachtel in einen Kasten, und vor den Kasten hat er sieben starke Schlösser gelegt, und so hat er mich auf den Boden des brausenden, wogengepeitschten Meeres gelegt. Aber er wusste nicht, dass eine jede von uns Frauen, wenn sie etwas durchsetzen will, sich durch nichts zurückhalten lässt!"...

Der Mann ist verpflichtet, seine Frau sexuell zu befriedigen, denn eine **unbefriedigte Frau** ist nach Meinung der Männer gefährlicher als der Satan selbst. Aus diesem Grund gehört in Marokko, wo es nach wie vor sehr schwer ist, sich von einem Mann gegen dessen Willen scheiden zu lassen, Impotenz des Mannes zu den wenigen Gründen, weswegen Scheidungsgesuchen von Frauen nachgegangen wird. Das Recht der Frauen auf Scheidung ist sehr eingeschränkt. Denn das Beibehalten oder Auflösen einer Ehe – und somit auch der sexuellen Beziehung – fällt in den Machtbereich der Männer.

Wie gesagt, die Angst vor der sexuellen Macht der Frauen ist übergroß, und so interpretieren viele Gelehrte, darunter auch abendländische Wissenschaftler, die Legitimierung der **Polygamie** folgendermaßen: Fixierung auf eine Person oder gar der Glaube, sexuelles Verlangen könne nur durch die eine, die geliebte Frau, gestillt werden, untergräbt die Autorität des Mannes. Soweit zumindest die Interpretation einiger Religionsgelehrter. Durch die Aufteilung der Liebe und der Sexualität auf mehrere (maximal vier) Frauen kann die Macht der einzelnen Frau unterwandert werden.

Mit der Polygamie ist es wie mit den meisten koranischen Bestimmungen: Es ist aus dem Koran nicht eindeutig zu erkennen, ob diese wirklich gestattet ist. Jedoch hat sich der Glaube, dass sich ein Mann vier Frauen nehmen darf, innerhalb der islamischen Welt durchsetzen können. Durch den Koran eindeutig festlegen lässt sich das jedoch nicht. Zwar steht geschrieben, dass der Mann sich vier Frauen nehmen darf, aber – und nun kommt das große ABER – nur unter der Voraussetzung, dass er in der Lage ist, allen Frauen gerecht zu werden und alle gleich zu behandeln. Nun steht aber nur wenige Verse weiter, dass nur Allah es vermag, mehrere Menschen in der gleichen Weise zu lieben. Der Prophet selbst ist das beste Beispiel dafür, dass kein Mann alle seine Frauen mit der gleichen Heftigkeit lieben kann. Allen war und ist die Bevorzugung seiner Frau *Aischa* bekannt. Was nun der fromme Muslim unter diesen Versen und dem Verhalten des Propheten zu verstehen hat, wer weiß es?

Ein letztes Wort zum Thema **Beschneidung von Frauen:** Aus oben dargestelltem Verständnis der Sexualität im Islam ist hoffentlich deutlich geworden, dass eine Beschneidung von Frauen vollkommen gegen die islamische Religion verstößt! Die Klitorisbeschneidung ist eine altägyptische Unsitte, die die Keuschheit der Frau gegenüber ihrem Mann garantieren sollte. Leider hat sich diese vorislamische Tradition auch im modernen Ägypten und anderen nordostafrikanischen Ländern durchgesetzt, und so werden häufig junge Mädchen, gleich ob Christinnen (Koptinnen) oder Musliminnen, beschnitten. Dass religiöse Übereiferer dieses grausame Verbrechen an Frauen mit dem Islam rechtfertigen, ist entweder ein Beweis ihrer Unkenntnis oder ihres Fanatismus, der mit Religion nichts gemein hat. In Marokko gibt es die Klitorisbeschneidung nicht.

Die Situation der Frau in Marokko

Ein Mann kam zum Gesandten Gottes und fragte ihn: Wer von den Menschen hat das größte Recht auf meine Liebenswürdigkeit und mein Wohlwollen? Der Prophet erwiderte: Deine Mutter! Und als nächstes? Deine Mutter! Und als nächstes? Deine Mutter! Und als nächstes? Dein Vater!

(*Sahih al-Bukhari:* Nachrichten von Taten und Aussprüchen des Propheten Muhammad)

Seit Beginn der Islamisierung gab es immer **Frauen, die aktiv in der Politik waren.** Frauen wie *Aischa,* die Lieblingsfrau des Propheten *Muhammad,* Sultaninnen und Königinnen in Kairo, Sanaa oder Granada bis hin zu modernen Staatschefinnen, wie *Benazir Bhutto* oder *Tansu Giller* haben bewiesen, dass auch sie innerhalb einer islamischen Gesellschaft Möglichkeiten haben, politisch zu agieren, ja sogar zu herrschen. Auch in Marokko haben Frauen in der Geschichte mitgewirkt: *Fatima al-Fihiria* zum Beispiel, die Erbauerin der Kairawiyin-Moschee in Fes, oder ihre Schwester *Mariam,* auf die die al-Andalus-Moschee zurückgeht, spielten zu ihrer Zeit eine wichtige politische Rolle. Aber auch *Khnata bint Bekkar,* eine der Witwen des verstorbenen *Mulay Isma'ils,* herrschte ein Vierteljahrhundert lang, um das Reich vor dem drohenden Chaos zu bewahren. Und auch *Lalla Fatima,* eine Frau aus dem Rifgebirge, spielte in der nationalen Geschichte Marokkos eine wichtige Rolle, als sie sich gegen die Kolonialherrschaft und auf die Seite *Abdel Krims* stellte.

Sie alle waren gläubige Musliminnen, die ihre religiöse Aufgabe in ihrer politischen Tätigkeit sahen. Darauf bauen auch moderne gläubige Feministinnen: Die Erkenntnis, dass sich Unterdrückung und Ausschluss der Frauen aus dem öffentlichen Leben nicht durch den Islam rechtfertigen lassen, ist ein wesentlicher Bestandteil ihrer Argumentation. Es ist ihnen wichtig zu zeigen, dass – entgegen der Meinung vieler sogenannter Fundamentalisten – **Islam und Frauenrechte** keinen Widerspruch darstellen. Mit dem Verweis auf die islamische und marokkanische Geschichte, wo Frauen und Männer zumindest bisweilen gleichberechtigt waren und Politik keine ausschließlich männliche Angelegenheit war, entkräften sie eines der Hauptargumente ihrer Gegner: nämlich, dass die Emanzipation der Frauen eine „Verwestlichung" der islamischen Gesellschaft bedeute. Wichtig ist außerdem zu sehen, dass der Koran durchaus feministisch interpretierbar ist und es auch einige Völker gibt, wo Islam und ein hohes gesellschaftliches Ansehen der Frauen miteinander harmonieren, z.B. bei den Minangkabau in Indonesien oder bei den Tuareg in der Sahara.

Aber so schön der Koran auch ausgelegt werden kann, die **Realität in Marokko** sieht für Frauen heute meist anders aus. Dabei geht es weniger um die Frauen, die glücklich in ihrer Rolle als Mutter aufgehen, die sich hinter einem Schleier geborgen und geschützt fühlen und die uns Europäerinnen ob unserer mangelnden Sicherheit im Leben bemitleiden, als vielmehr um eine ganze Anzahl von Frauen, die sich mehr und mehr von der Gesellschaft, in der sie leben, verraten fühlen.

Gerade in Marokko ist die Position der Frau noch immer nicht gleichberechtigt mit der des Mannes. Zwar gelten laut Verfassung alle Bewohner Marokkos als gleichberechtigt, und eine Frau hat nach dem Gesetz dieselben politischen Rechte wie der Mann. Gibt es deswegen Frauen im Parlament? Kaum! Das ist allerdings in Europa kaum anders. Die entscheidende Unterdrückung der Frau spielt sich in einem anderen Bereich ab: **dem Scheidungs-, Ehe- und Erbrecht.** Hier ist sie ganz legal benachteiligt. Das Familiengesetz, in Marokko *Mudauwanna* genannt, gibt dem Ehemann die Verfügungsgewalt über seine Frau. Er ist der Vorstand der Familie, ohne dessen Erlaubnis die wichtigsten Entscheidungen nicht getroffen werden dürfen. Wenn sich eine Frau in Marokko scheiden lassen möchte, ist das ohne die Zustimmung ihres Mannes außerordentlich schwer. Und noch immer kommt es, vor allem in ländlichen Gebieten, häufig zu unnötigen Todesfällen bei Frauen, da ihnen nicht gestattet wurde, sich von einem männlichen Arzt untersuchen zu lassen.

Auch wenn dem **Analphabetismus** verstärkt der Kampf angesagt wurde, so ist die Anzahl der Frauen auf dem Land, die weder schreiben noch lesen können, erschreckend hoch (sie liegt etwa bei 90%!). Ein weiteres Unterdrückungsmerkmal der marokkanischen Gesellschaft ist die Erlaubnis zur **Polygamie.** Ein Mann darf in Marokko mehrmals heiraten. Seit ein paar Jahren zwar mit der Einschränkung, dass die erste Frau damit einverstanden sein muss, aber welche von ihnen würde es wagen, die Zustimmung zu verweigern?!

Hinzu kommt die **Mehrfachbelastung für arbeitende Frauen,** sei es in einer Fabrik oder auf dem Feld. Auch wenn Frauen mehr und mehr in Berufe vorpreschen, die in Marokko noch immer als ausgesprochene Männerberufe gelten, das heißt, in alle Akademikerjobs, bedeutet das dennoch nicht, dass sie nach ihrer beruflichen Tätigkeit nicht mehr ihren Mann, Kinder und Haushalt versorgen müssten. Männer helfen dabei nur in Ausnahmefällen – dann nämlich, wenn die Frau vor Erschöpfung krank geworden ist.

Und dennoch: Viele Marokkanerinnen, vor allem die, die keinen Beruf anstreben oder sich in der Arbeitswelt behaupten müssen, **empfinden ihre Situation nicht als „unterdrückt".** Sie sind zufrieden mit dem Leben und vor allem ihrer gesellschaftlichen Rolle. Wie auch in Algerien, der Türkei oder zu Zeiten der islamischen Revolution im Iran fordern in Marokko viele Musliminnen eine gesellschaftliche Ordnung, die ihnen ihre „unterdrückte" Rolle festschreibt. Uns unverständlich sind auch die Aktivitäten sogenannter Fundamentalistinnen, die sich politisch für mehr Strenge in religiösen Fragen einsetzen.

Die meisten marokkanischen Frauen sind so in ihrer Tradition verwurzelt, dass sie häufig gar nicht merken, wie diese Tradition ihnen Freiheiten vorenthalten, die sich keine Europäerin nehmen lassen würde. Nur langsam, und vor allem in der städtischen, intellektuellen Oberschicht, bildet sich unter den Frauen das Bewusstsein aus, dass auch sie weit mehr Rechte haben, als man ihnen bisher zugestanden hat, dass auch ihnen Freiheiten zustehen, die von den Männern als selbstverständlich betrachtet werden.

So zum Beispiel der voreheliche Geschlechtsverkehr. Die **Jungfernschaft einer Frau** ist sehr bedeutsam für die Ehre der Familie. Und diese Tatsache beschränkt sich keinesfalls nur auf konservative Familien. Es passiert in der Tat häufig, dass ein Mann seine Freundin verlässt, nachdem er sie entjungfert hat, allein aus dem Grund, weil sie nun in ihrer Hochzeitsnacht nicht mehr Jungfrau ist. So bizarr uns dieses Verhalten vorkommen mag: Es ist durchaus üblich. Den Frauen wird von klein auf eingetrichtert, „rein" zu bleiben, sich für den Mann ihres Lebens „aufzuheben". Sie haben diese „Weisheit" so sehr verinnerlicht, dass sie sich um ihr Jungfernhäutchen (arab. *bakara*) mehr sorgen als um alles andere. Verlieren sie es, so kann es passieren, dass sie aus der Familie verstoßen werden. Da viele Frauen nie gelernt haben, ihren Lebensunterhalt allein zu verdienen, hat das wiederum katastrophale Folgen.

Der **Schleier,** ehemals ein Statussymbol der muslimischen Frauen, ist ein weiteres Unterdrückungsmerkmal für die europäische Betrachterin. „Der wahre Schleier ist das Schweigen" – so bezeichnete *Fatima Mernissi* einmal die Situation vieler Frauen in der arabischen Welt, und an dieser Stelle sollte man auch ansetzen. Sie fügt hinzu: „Wenn Frauen heute auf eigenen Wunsch den Schleier nehmen, ist das gut für sie." Der Schleier an sich bedeutet keine Unterdrückung. Ganz im Gegenteil ist er ein Zeichen der Gleichheit unter den Menschen. In vorislamischer Zeit war der Schleier allein adeligen Frauen vorenthalten. Laut dem Islam aber gibt es vor Gott keine Unterschiede unter den Menschen. Aus diesem Grund gestattete der Prophet allen Frauen, dieses Statussymbol zu tragen. Im Koran selbst gibt es keinen konkreten Hinweis darauf, dass der Kopf verschleiert werden soll. Wohl steht da, man sollte sich verhüllen, aber das ist, wie alles, weit interpretierbar. Ein Kopftuch symbolisiert für die meisten Frauen häufig nicht viel mehr als ihre Zugehörigkeit zu der Gemeinschaft der Gläubigen. Viele marokkanische Migrantinnen in Europa kehren so auch wieder zu ihrer Schleiertradition zurück, um damit ihre Zugehörigkeit zu der eigenen Kultur zu demonstrieren.

Diese Aspekte sprechen wenig für eine „Unterdrückung durch den Schleier". Häufig tragen Frauen ihn jedoch deswegen, weil sie sich darin aufgehoben, geschützt und geachtet fühlen; dann aber ist es nicht das Kopftuch, das die Muslima unterdrückt. Vielmehr lässt der Grund, weswegen sie es tragen möchte, Rückschlüsse auf ihr Ansehen in der Gesellschaft zu. Wenn sie sich dahinter geborgen fühlt, weil sie sonst von den marokkanischen Männern als reines Sexualobjekt betrachtet wird (und leider entspricht das nur allzu häufig der Wahrheit), wirft das ein trauriges Bild auf die Männer im Land.

Aber der Schleier ist auch ein politisches Symbol. Viele bringen damit ihren Unwillen gegen eine „Verwestlichung" ihrer Gesellschaft zum Ausdruck oder ihren Wunsch nach einem Staat, in dem die Religion mehr in den Vordergrund rückt.

Der sogenannte „Volksislam" in Marokko

Die Bevölkerung Marokkos ist – wenn auch zum größten Teil arabisiert – so doch keinesfalls ausschließlich arabisch. Ebenso verhält es sich mit dem Islam in Marokko. So bunt wie das Völkergemisch ist auch die Auslegung der Religion: Alter Berberglauben vermischt sich mit orthodoxen Strömungen aus dem Osten, Mystik und Pragmatismus gehen eine Verbindung ein. Die marokkanische Geschichte zeigt, dass der Islam in Marokko nur langsam und **in seiner ganz eigenen Form von den Berbern übernommen** wurde. Der Islam war eine arabische Angelegenheit, entstanden auf der arabischen Halbinsel, gebunden an die dortige Situation. Ähnlich mussten das wohl auch die Berber gesehen haben, denn sie begannen, ihre eigenen Glaubensvorstellungen mit in die neue Religion einzubauen, sie wollten den Islam von einer „arabischen Angelegenheit" zu einer berberischen machen, oder besser ausgedrückt, sie wollten die neue Religion ihrem Wesen anpassen.

Man weiß wenig über die **frühen Jahre der Islamisierung** Marokkos. Vielfach wurde in der Wissenschaft versucht, die Ursache für die Übernahme des Islams durch die Berber zu erklären, und nur eine Möglichkeit scheint zuzutreffen: Die Araber kamen zwar als Eroberer, wie vor ihnen viele andere, doch unterschieden sie sich dadurch, dass sie eine Religion mitbrachten, die es den Berbern erlaubte, sich ihren Eroberern anzugleichen. Der Islam als integrierende Kraft schuf ein nie dagewesenes Gemeinschaftsgefühl, was die Diskrepanz zwischen Eroberern und Eroberten aufhob.

Die Berber, weder ethnologisch noch historisch ein einheitliches Volk, hatten vor ihrer Islamisierung auch keine einheitliche Religion. Ethnologen gehen davon aus, dass die Berber u.a. animistischen Naturkulten anhingen, zumindest phasenweise karthagische Götter verehrten und zum Teil sogar Juden oder Christen waren. Der Islam brachte Einigkeit für sie, die sie später in den großen Berberreichen machtpolitisch einsetzen konnten.

Aber marokkanischer Islam ist dennoch keinesfalls berberischer Islam, denn eine eindeutige Unterscheidung zwischen **Berbern und Arabern** ist heute kaum noch möglich. Vielmehr hat sich in Marokko eine Gesellschaft gebildet, die sich überwiegend als „marokkanisch" und weniger als „berberisch" oder „arabisch" sieht. Es ist heute fast nicht mehr nachzuvollziehen, wer wen stärker beeinflusst hat. Sicher ist, dass die Araber, ob als Eroberer des 7. und 8. Jahrhunderts oder als Einwanderer des 11. Jahrhunderts, durch die Berber zu Marokkanern wurden und umgekehrt.

Dennoch gibt es wesentliche **Unterschiede in der Ausübung des Islams** im Land – vor allem kann man zwischen der nüchtern-sachlichen (arabischen) Richtung, die man überwiegend in den Städten findet, und der eher mystischen (berberischen) Richtung der Land- und Gebirgsregionen unterscheiden.

Der marokkanische Islam, oder mit anderen Worten ausgedrückt, der Volksislam in Marokko setzt sich im wesentlichen aus **vier Faktoren** zusammen: dem Glauben an Geister und Dämonen, den religiösen Bruderschaften, der Heiligenverehrung und dem sogenannten Scherifismus, dem Glauben an die Scherifen, die Nachkommen des Propheten, heute personifiziert im neuen König *Muhammad VI.* (siehe hierzu das Kapitel „Die Macht des Königs"). Die ersten drei Faktoren haben ihre Wurzel in der vorislamischen Zeit; und alle vier Faktoren wurden von Arabern wie Berbern im Verlauf der Jahrhunderte zum heute bestehenden marokkanischen Islam zusammengefügt.

Von Magie, Geistern und Dämonen

Eine junge moderne Familie kommt mit ihren zwei Zimmern nicht mehr aus, sie zieht um. Alles verläuft gut, der Umzug klappt wie am Schnürchen, endlich sind alle Sachen in der neuen Wohnung. Die Nachbarn kommen, um die Neulinge zu begrüßen. Sie bleiben den ganzen Abend, sie warten auf etwas, aber nichts geschieht. Böse Vorahnungen beschleichen die Nachbarn: Wo bleibt das Schaf oder zumindest der Hahn? Wenn nicht das Blut eines Opfertieres auf der Türschwelle verspritzt wird, wird etwas Schlimmes passieren. Die Nachbarn fragen ihre neuen Mitbewohner. Diese lachen, mit solch alten Glaubensvorstellungen wollen sie nichts mehr zu tun haben. Die Nachbarn sind entsetzt: Geister gibt es auch in der Neustadt, ja, hier mehr denn anderswo! Beunruhigt kehren sie in ihre Wohnungen zurück, den Namen Gottes auf ihren Lippen: Wenn das mal gut geht. Tut es nicht. In der Nacht brennt das Haus ab: Ein Kurzschluss hat das Feuer ausgelöst. Zufall, sagen Sie? Mitnichten! In Marokko rächen sich die Geister. Wer ihnen kein Tier opfert, wird übel bestraft. So ist das mit den Geistern, man darf sie eben nicht provozieren.

Erfahren habe ich diese Geschichte von *Rascha,* meiner Arabischlehrerin. Sie ist promovierte Anglistin und lebt in Rabat. Auch ich lache, als ich die Geschichte höre und frage sie, ob sie denn daran glaube. Sie wird ernst und sagt, ich solle daran nicht zweifeln, sonst ginge es mir eines Tages so wie der ignoranten Familie, obwohl die Geister uns „Ungläubige" meistens in Ruhe lassen, denn über uns wird am Tag des Jüngsten Gerichtes entschieden werden ...

Alles, was man sich in Marokko nicht erklären kann, wird dem Wirken von dunklen Mächten, von Geistern und Dämonen zugeordnet. Der **„Böse Blick",** arab. *Ain,* ist wohl das bekannteste und vielleicht auch das bedeutendste Beispiel dafür. Dieser Böse Blick existiert in der gesamten islamischen Welt, und jedes Land hat seine eigenen Methoden gefunden, sich davor zu schützen. In der Türkei beispielsweise verhindert man, den Bösen Blick auf sich zu ziehen, indem man überall dort, wo es mög-

022km Foto: mb

lich ist, ein blaues Auge aufhängt. In Ägypten binden Autofahrer einen Kinderschuh an die Stoßstange, so dass der Böse Blick vom Fahrer abgelenkt wird, der sonst einen Unfall bauen könnte. In Syrien werden Gesichter auf die Autos gemalt, und in Marokko und Mauretanien schützt man sich mit Koranamuletten (kleinen Koranen, an einem Faden irgendwohin gehängt), mit Schutzzeichen wie Kreuz oder Stern, mit Hilfe verschiedener Materialien oder der Darstellung eines „guten Blickes". Auch hat in der Vorstellung der Marokkaner alles Glänzende wie Glas, Spiegel oder Geschmeide eine den bösen Blick schwächende Wirkung.

Neben dem Ain, dem „Auge", gehören *Djinn* (Plural *Djunun),* zu deutsch **„Geister",** zu den Kräften, die sich des Menschen bemächtigen können. Sie haben die Fähigkeit, in die Seelen der Menschen hineinzuschlüpfen, wenn man sich nicht davor schützt. Es sind Wesen, die aus Feuer geschaffen sind und zwischen den Menschen und den Engeln stehen, auch wenn die Modernisten versucht haben, die Djunun als Mikroben oder ähnliches zu interpretieren. Da schon der Koran von Geistern spricht, ist deren Existenz für gäubige Muslime unbestreitbar.

Geister sind nicht unbedingt nur böse. Es gibt auch gute Geister, aber die meisten sind doch eher wild. Sie befinden sich überall, mit Vorliebe aber bei stehenden Gewässern oder in geschlossenen Räumen, wozu auch der menschliche Körper gehört, wie folgende Geschichte zeigt:

Eine alte Frau, nach dem Grund befragt, weswegen Gott das Niesen liebt und das Gähnen verabscheut (so steht es bei *Sahih al-Bukhari* geschrieben), erzählt folgendes: Wisse, sagte sie, in jedem Körper leben Djinn, kleine Geister, Geister, die eigentlich niemand haben möchte, aber sie sind da. Die Geister sind sehr lebendig und eigentlich ganz glücklich, im Körper des Menschen zu leben, aber manchmal fühlen sie sich dort eingeschlossen. Dann kitzeln sie die Nasenwände. Der Mensch muss niesen, und die Geister können draußen tanzen. Allah ist froh darüber, denn es ist besser, wenn keine Djinn im Körper sind. Wollen die Geister aber wieder in den Körper hinein, nehmen sie dem Menschen Sauerstoff, weswegen er dann gähnen muss. Mit dem Einsaugen der Luft rutschen sie wieder in den Körper hinein. Deswegen soll man versuchen, nicht zu gähnen, denn je weniger man gähnt, desto weniger Djinn können wieder in den Körper hineinrutschen!

Neben den Geistern, die vergleichsweise harmlos sind, und dem Bösen Blick, der schon ziemlich gefährlich ist, gibt es weitere böse Mächte, oft genug in Form von **Dämonen,** die sich der Schwachen und Ungläubigen bemächtigen. Aber auch vor diesen kann man sich schützen, Allah sei Dank. Man muss nur den Abwehrzauber kennen - und niemand scheint darin so gut zu sein wie einige Randgruppen: die Schmiede, die Gnawa und die Transvestiten (dazu siehe folgendes Kapitel).

Und doch gibt es auch den **Gegenzauber des „kleinen Mannes",** der nicht über die besonderen Kräfte der eben erwähnten Randgruppen verfügt. Dieser weiß sich mit Profanerem zu schützen - der Anrufung Gottes zum Beispiel, *bi-smillah,* oder ein paar einfachen Tricks: Schwarz umrandete Augen oder ein Schleier schützen die Augen, denn diese sind besonders gefährdet; Amulette schützen den ganzen Körper.

Eine besondere Bedeutung hat auch der **Schutz durch Magie.** In Marokko hat vieles magische Bedeutung, angefangen bei Rohstoffen bis hin zu Farben und Formen.

So gilt **Eisen** z.B. als ein unreines Metall und darf nur von Schmieden bearbeitet werden. Die negative Kraft des Eisens kann jedoch durch Kupfer oder Messing neutralisiert werden. Aus diesem Grund finden sich überall dort, wo Eisen verwendet wird, auch Kupfer- oder Messingplatten, wie zum Beispiel am Schustermesser. **Kupfer** und **Messing** haben auch Heil- und Vorbeugekraft. Sie schützen vor Wunden und beschleunigen die Heilung. Man findet sie deshalb hauptsächlich dort, wo Schutz vor Wunden vonnöten ist, wie an der Hand oder am Fuß.

Eine sehr wichtige Rolle spielt **Silber.** Es wird als einziges „reines" Metall angesehen, da es das einzige ist, welches vom Propheten gebilligt wurde. Silber hat Segenskraft, und man findet es meistens bei Schmuckgegenständen. Gegen den Bösen Blick hilft auch **Bernstein.** Zudem hat er therapeutische Wirkung, da sich beim direkten Tragen auf der Haut Mineralien durch den Schweiß lösen, die vor Hautkrankheiten schützen sollen. **Karneol** hingegen soll Periodenbeschwerden lindern, Fehlgeburten verhindern und Blutungen stillen!

Und auch **Kreuze** haben in Marokko eine magische Bedeutung. Zum Beispiel das Bambarakreuz, das sich auf vielen saharaurischen Schmuckanhängern findet. Es ist ein Kreuz mit vier dicken Balken, und im rechten Winkel jeder dieser Balken befinden sich drei Kreise. Die vier Balken bedeuten die vier Windrichtungen = Erde, die 12 Punkte bedeuten die 12 künftigen Fluten.

Eine besondere Bedeutung als Schutz vor allem Bösem haben **Fünfzacke,** sogenannte Pentagramme, denn die Zahl Fünf gilt als magisch. Die Hand der Fatima mit ihren fünf Fingern, der Stern in der Flagge Marokkos - beide schützen den einfachen Mann vor bösen Geistern und Dämonen. Die Zahl Fünf ist aber noch mehr: Sie symbolisiert die fünf Pflichten des Muslims - die Pilgerfahrt, das Gebet, die Almosenpflicht, das Fasten im Monat Ramadan und das Glaubensbekenntnis. Außerdem charakterisiert die Zahl Fünf die Vorsehung, das Gesetz und die Religion. Heute ist der Fünfzack Staatssymbol von Marokko und überall zu finden.

Mystische Bruderschaften

Malerisch sind sie schon anzuschauen, die **Gnawa,** die wohl bekanntesten Mystiker (und Musiker) Marokkos. Man kennt sie vor allem aus Marrakesch, vom Djemaa el-Fna, dem „Platz der Geköpften", dem pulsierenden Zentrum der Stadt. *Bodo Kirchhoff* nennt den Platz „eine einzige große Herdplatte, darauf tausende von Seelen". Die Musiker unter diesen Seelen sind Gnawa, diejenigen, die sich zu Trommelmusik wie rasend im Kreise drehen, den roten Fes auf ihrem Kopf und die Karkab, die Schellen, in ihrer Hand.

In einem Land, in dem es nur so von Geistern wimmelt, muss es auch jede Menge anderes Mystisches geben: zum Beispiel mystische Bruderschaften. Der **Sufismus** jedoch, wie die islamische Mystik genannt wird, ist kein rein marokkanisches Phänomen. In der gesamten islamischen Welt ist diese besondere Ausprägung der Religion eine mehr oder minder gängige Form der Gottesverehrung. Das Wort „Sufismus" leitet sich von dem arabischen Wort für „Wolle", arab. *Suf,* ab und weist auf seinen ursprünglich asketischen Charakter hin: Ähnlich wie manche christlichen Asketen des Nahen Ostens trugen die ersten Mystiker das dunkle Wollgewand.

Der Sufismus entstand schon bald nach dem Tode des Propheten aufgrund jener Spannungen, die häufig auftreten, wenn ein weltlicher Herrschaftsanspruch auf tief gläubige Menschen trifft. Zwischen dem 9. und 11. Jahrhundert erlebte er seine erste Blüte im Vorderen Orient, und von dort gelangten die Lehren im 15. und 16. Jahrhundert nach Marokko.

In der unruhigen politischen Situation im Land (siehe Kapitel: „Die arabische Herrschaft: Saadier und Alawiden") hatten die Menschen das Bedürfnis nach Sicherheit und Orientierung. Dieses Bedürfnis erfüllten ihnen die Heiligen mit ihrem Segen bzw. ihrem Fluch. Aus diesem Grund befanden sich die **Schreine der Heiligen** (auch *Marabuts* genannt) oft zwischen den Kriegsparteien, und die Hüter dieser Gräber, die bald schon selbst den Heiligenstatus annahmen, lebten von den Geschenken und Almosen derjenigen, denen sie ihren Segen gaben. Sie waren durch die ihnen zugesprochenen mystischen Fähigkeiten oft zu wundersamer Autorität gelangt, die sie für ihre Vermittlerdienste auch brauchten. Nahe der Gräber wurden **Religionszentren** (arab. *Zawiya)* errichtet, zu denen Adepten, Besucher und Studenten pilgerten, die dort gemeinsam unter der Aufsicht der Grabeshüter lebten.

Durch liturgische Litaneien, Gesänge, Exerzitien und Geißelungen trat man in den Zustand **mystischer Trance.** Die Zurückdrängung des „Ichs", um sich ganz dem Einen zu öffnen und hinzugeben, das war das Ziel dieser Übungen, fern jeder Politik, fern aller Unruhen, die außerhalb tobten. Je unsicherer die politische Lage war, desto mehr sammelten sich um diese Gelehrtenzentren Menschen, die sich den Lehren, die von hier ausgingen, anschlossen. Vor allem Berber, die der Heiligenverehrung nie entsagt hatten, nahmen diese neue Glaubensrichtung innerhalb des Islams gerne an, vermischte sie doch den alten Glauben mit dem neuen Islam.

Der Mystizismus ist bis heute in diesem westlichsten nordafrikanischen Land lebendig geblieben, auch wenn seit der Unabhängigkeit die **Bedeutung der Bruderschaften** stark nachgelassen hat. Waren 1939 noch etwa 25% aller männlichen Marokkaner zumindest formell einem Orden angeschlossen, so sind es heute wesentlich weniger. Dabei unterschied und unterscheidet man in Marokko zwischen den „unreinen", den volkstümlichen Bruderschaften, denjenigen also, die die Touristen vor allen Dingen als Gaukler, Musiker, Schlangenbeschwörer und Feuerschlucker kennenlernen (zu denen auch die Gnawa gehören) und deren Mitglieder am untersten Ende der gesellschaftlichen Skala stehen, und den „reinen", „klassisch-islamischen" Bruderschaften.

Wenden wir uns zuerst, wenn auch nur kurz, den **„klassischen" Bruderschaften** zu: In Marokko existieren viele Bruderschaften, die sich an den *turuq,* den Orden des Mittleren Ostens, orientieren. Die wichtigsten und einflussreichsten sind, wie in den meisten Gebieten Westafrikas auch, die **Qadiriya** und die Tidjaniya. Erstgenannte Lehre wurde im 12. Jahrhundert in Bagdad von *Abd al-Qadir al-Djilani* begründet, von wo aus sie sich um 1450 in Marokko etablierte. Die Lehren der Qadiriya unterscheiden sich nur wenig von denen des orthodoxen Glaubens. Sie heben allerdings den Propheten *Muhammad* als vollkommenen Menschen hervor. Auch die Bruderschaft **Tidjaniya,** die im 18. Jahrhundert in Ägypten entstand, wendet sich den „reinen Lehren" des Islams zu, verbindet diese aber mehr mit Heiligenglauben und Zahlenmystik, als dies die Qadiriya tut.

Das höchste Streben der Mitglieder dieser und ähnlicher Bruderschaften ist das nach einer mystischen Gotteserfahrung. Diese versucht man zu erreichen durch das rituelle Gottgedenken (arab. *dhikr)*, durch gemeinsame Tänze, durch Musik oder durch einsame Zurückgezogenheit. Sehr stark im Vordergrund steht dabei auch das Gemeinschaftserlebnis, die soziale Bindung, d.h. der menschliche Zusammenhalt: Die Mitglieder der Turuq sind schließlich Brüder.

Was für die „klassischen" Bruderschaften gilt, trifft in verstärktem Maße für die **volkstümlichen Bruderschaften** zu, von denen ich hier vor allem einen Orden vorstellen möchte: die Gnawa, diejenigen, die für die Vertreibung der Geister zuständig sind und die sicherlich zu den interessantesten und imposantesten Orden der islamischen Welt gehören!

Die **Gnawa** gehörten zu den Sklaven, die die Saadier mit der Eroberung Timbuktus nach Marokko verschleppt hatten, und wie alle Sklaven brachten auch sie ihre Musik, ihre Religion, ihre Tänze und ihre Kulte aus ihrer Heimat Mali mit. Sie schafften es, diese über die Jahrhunderte hinweg zu bewahren. Zu ihren Kulten und ihrem Glauben gehörte auch die feste Annahme, dass Geister die Erde beleben und Einfluss auf den Menschen nehmen können. Gerade in Marokko musste dieser Glaube auf fruchtbaren Boden fallen. Im marokkanischen Volksislam geht man davon aus, dass Geister auch für all die Krankheiten verantwortlich sind, die man bei uns als „seelisch" betrachtet.

Man kann die Geister allerdings besänftigen oder, besser noch, zu Schutzgeistern umwandeln. Zuständig dafür sind Seherinnen, Frauen, die ganz besondere Begabungen haben, oder eben die Gnawa, die schwarzafrikanischen Mystiker. Sie schaffen es, mit ihrer Musik die Geister so umzustimmen, dass sie von ihrem Opfer ablassen und im besten Falle beginnen, es stattdessen zu beschützen. Eine Geisterbeschwörung also im allerbesten Sinne, bei der Zuschauer außerordentlich willkommen sind, wenn sie zu zahlen bereit sind. Und das tun die meisten, denn die Angst, die Gnawa könnten mit ihrer Macht die Geister auf sie lenken, ist allzu groß.

Gnawa singen, wenn sie Geister vertreiben, 22 Lieder mit insgesamt 800 Strophen. Jedes Lied steht für eine Geisterfamilie, die zur Musik szenisch dargestellt wird. Dabei hantiert der Zeremonienmeister mit Messern, mit denen er sich nach dem Rhythmus der Musik schneidet. Mit jedem Rhythmuswechsel wird ein neuer Geist gerufen, der dann besänftigt werden soll. Zu der Musik wird Weihrauch verbrannt, und auch die Gäste fangen nun häufig an, in Trance zu verfallen. Die Umstehenden kümmern sich darum, dass nichts passiert. So kann ein jeder bzw. eine jede sich zumindest für eine kurze Zeit ganz und gar fallen lassen, und sein bzw. ihr Verhalten wird dann den Geistern zugeschrieben, nicht der Person selbst – auch dann, wenn keine Geister innewohnten!

Das ganze Ritual dauert bis in die frühen Morgenstunden. Es wird eingeleitet mit der rituellen Schlachtung eines Opfertieres, denn auch bei den Gnawa hilft nicht nur Musik. Geister wollen, das weiß der Leser schon aus obigem Kapitel, immer auch ein Opfer. Handelt es sich dabei um eine so wichtige Angelegenheit wie die Austreibung der bösen Geister aus der kranken Seele eines Menschen, muss mindestens ein Hammel herhalten. Ist das Tier geschlachtet, beginnen die Gnawa mit Schautänzen, in denen sie ihre Stärke demonstrieren. Um Mitternacht gibt es dann das Schaffleisch zu essen, und erst dann beginnt die eigentliche Geisteraustreibung.

Neben den Gnawa gibt es viele **andere Bruderschaften,** zu denen Feuerschlucker, Fakire, Menschen, die sich in Tiere verwandeln und natürlich die Schlangenbeschwörer gehören. Ähnlich wie den Gnawa schreibt man allen Brüdern dieser Bruderschaften mystische Fähigkeiten zu, und ähnlich viel Respekt, aber auch Angst und Misstrauen bringt man ihnen entgegen.

In der orthodoxen, respektive der wahhabitischen saudi-arabischen Welt gehören diese Mystiker zu den Verrätern, zu Häretikern, die den Islam in Verruf bringen. In Marokko gehören sie zum alltäglichen Leben und somit auch zum Islam dazu. Einfach so. Und die Meinungen der Saudis sind den meisten Marokkanern dabei ziemlich egal.

Heiligenverehrung und Wallfahrten

Der Heiligenkult ist keine rein marokkanische Erfindung. Auch wenn konservative Muslime es ablehnen: So lange es den Islam gibt, gibt es auch eine Heiligenverehrung. Gerade *Muhammad* der Prophet und seine Nachfahren werden von den Schiiten heute heiligengleich verehrt, ihre Aussprüche und Taten gelten vielen Schiiten mehr als der Koran selbst. Und auch in weiten Teilen der sunnitischen Welt – inmitten der Kernländer des Islams, beispielsweise in Syrien oder im Süden der Arabischen Halbinsel, im Hadramaut, findet sich Heiligenglaube, der – in ein islamisches Gewand gekleidet – aus vorislamischer Zeit stammt.

Im Gegensatz zum Christentum ist die **Heiligsprechung im Islam** nicht institutionalisiert. Heilig ist, wer als Heiliger verehrt wird. Aktuelles Beispiel hierfür ist die Verehrung *Ajatollah Khomainis,* an dessen Grab sich jährlich Tausende Pilger einfinden. Dabei gibt es im Koran keinen Hinweis auf die Existenz Heiliger, allerdings wird einigen wenigen Menschen die Fähigkeit zugesprochen, Gott näher zu stehen als andere. Diese werden im Koran als *Wali Allah,* als „Freund Gottes", bezeichnet. In

Marokko haben sich zwei andere Namen für Heilige durchgesetzt: *Marabut* oder *Sidi* (für Männer) bzw. *Lalla* (für Frauen).

Jedem, der durch Marokko reist, werden die kleinen Kuppeln der **Heiligengräber** auffallen. Hier sind die Heiligen begraben, hierhin pilgert man während des Mausims, des Jahrestages der Verehrten. Fast jedes Dorf hat seinen Heiligen, dessen Grab immer wieder aufgesucht wird. Neben diesen Dorfheiligen gibt es die „Großen", die gesamtmarokkanischen Heiligen, wie *Mulay Idris,* der häufig als Staatsgründer Marokkos bezeichnet wird.

Einer der vielen Dorfheiligen ist *Mulay Kobtin* (arab. *Mulay Qubbatain),* der Herr der zwei Kuppeln. Als Beispiel soll hier die **Legende von Mulay Kobtin** erzählt werden. Er stellte, seiner Familie zufolge, zu seinen Lebzeiten eine machtvolle Persönlichkeit dar, die ihre Feinde besiegte. Wann genau das war und welche Feinde, ist dabei eher unwichtig. Es geht schließlich um das Heilige in dieser Person, und das äußerte sich in diesem Fall erst nach dem Tod. Als *Mulay Kobtin,* damals nur unter seinem richtigen Namen *Sidi Muhammad ibn Mansur* bekannt, starb, passierte folgendes: Seine Familienangehörigen hoben ein Grab für den eben Verstorbenen aus und bauten darüber eine Kuppel. Als sie am nächsten Tag kamen, um über dem Grabe zu beten, sahen sie, dass sich neben der Kuppel, der Grabkammer also, ein offenes Grab befand, in welchem die Gebeine des Verstorbenen lagen. Erstaunt trugen die Verwandten die Gebeine wieder zurück in die eigentliche Grabstätte und begannen zu beten. Am nächsten Tag kamen sie wieder und siehe: Die Gebeine lagen wieder in einem offenen Grab neben der Kuppel. Also baute man eine zweite Kuppel über das offene Grab. Nun gab sich der Heilige zufrieden und zog nachts nie wieder aus seiner Kuppel aus.

So unterschiedlich die Geschichten der Heiligen sein können, alle Heiligen haben eines gemeinsam: Sie verfügen über **baraka, die Segenskraft.** Mehr noch: Diese Kraft macht sie erst zu Heiligen. *Westermarck,* der 1926 das umfassende Werk „Ritual and Belief in Morocco" geschrieben hat, definiert baraka als „mysteriöse, wunderwirkende Kraft, die als Gnade oder Segen Gottes empfunden wird". Erwerben kann man diese Kraft a) durch Geburt, d.h. als Nachkomme eines Scherifen oder Marabuts oder b) durch die Übertragung eines Heiligen auf eine Person. Baraka erhalten zudem alle Dinge, die ein Heiliger angefasst hat oder die in direktem Zusammenhang mit ihm stehen. Durch die Berührung eines Heiligengrabes und – mehr noch – die Berührung eines noch lebenden Heiligen wird der Segen übertragen. Dies ist die Erklärung für die große Rolle, die die Heiligenverehrung in Marokko und anderswo spielt. Jeder will ein Stück des Segens erhalten, von dem Heilige umgeben sind. Zu diesem Zwecke vollzieht man Pilgerfahrten zu den Orten, an denen man baraka zu bekommen hofft.

Am segensreichsten sind die Wallfahrten zu einem bestimmten Datum oder einer festgelegten Jahreszeit, wenn am Grabe des Heiligen zu dessen Ehren ein Fest gefeiert wird. Diese Feste, in Marokko **Mausim** (franz. *Mousem)* genannt, stellen eine Mischung aus Wallfahrt, Volksfest und Jahrmarkt dar. Je nach Charakter eines Mausims finden sich bisweilen Tausende von Marokkanern ein, um um Vergebung zu bitten, Segen zu empfangen, Wünsche zu äußern oder Handel zu treiben. Es gibt Mausims zu fast jedem Anlass, eines der bekanntesten – und in der Zwischenzeit auch in fast jedem Reiseprospekt zu finden – ist wohl der berühmte Hochzeitsmarkt von Imilchil, der allerdings mehr und mehr zu einer Touristenattraktion verkommt.

Das Mausim in Mulay Kobtin

60-70% aller Mausims werden nach der Ernte gefeiert und beschließen somit das Erntejahr. Besonders eindrucksvoll ist das Erntedank-Mausim, das oben beschriebenem *Mulay Kobtin* zu Ehren im gleichnamigen Dorf, 30 km nördlich von Kenitra, gefeiert wird: Es gehört zu den größten Mausims der Region und zieht Jahr für Jahr 20.000 bis 50.000 **Pilger** an. Meist mit Eselskarren, beladen mit Hühnern und Schafen als Opfertiere, mit Mobiliar und Zelten für die Tage des Festes, Reiseproviant sowie dem halben Hausrat, reisen die Familien aus dem Umland an, um an diesem Fest teilzunehmen. Das Mausim zu verpassen bedeutet hier soviel wie in Deutschland Weihnachen zu verpassen – oder schlimmer noch: den Ferienbeginn! Rund um den Ort entstehen Zeltstädte, die für die Dauer des Festes aufgestellt bleiben und in denen sich ein eigenes soziales Leben entfaltet. Unter anderem wohl aus diesem Grunde werden Mausim oft mit Volksfesten und Jahrmärkten verglichen.

Auftakt des Festes und einzige sakrale Aufgabe der Männer ist die **rituelle Schlachtung des mitgebrachten Opfertiers.** Arme Familien beschränken sich dabei auf einen Hahn (es muss ein männliches Tier sein), meist sind es jedoch Schafe oder Ziegen. Ist die Ernte besonders gut ausgefallen oder der Heilige hat einen mit einer erfüllten Bitte erfreut, wird auch schon einmal ein Stier geopfert. Diese rituelle Tierschlachtung ist im Islam sehr häufig anzutreffen (siehe Kapitel „Religiöse Feste in Marokko"), und auch hier zeigt sich der Pragmatismus der Religion: Durch die religiös vorgeschriebene Opferung erhalten auch Familien, die sonst sicherlich kein Tier geopfert hätten, Fleisch bzw. Familien, die kein Tier zum Opfern haben, erhalten Fleisch von ihren Nachbarn oder Verwandten.

Von da an übernehmen die **Frauen die heiligen Handlungen.** So ist es allein ihnen gestattet, an das Grab des Heiligen zu treten. Auch das erfolgt nach einem festgelegten Ritus: Zuerst trinken die Frauen Wasser aus einem Brunnen, der direkt neben der Grabkuppel liegt, denn dieses Wasser trägt das baraka des Heiligen in sich. Danach betreten sie das Grabmal der Tochter des Ortspatrons, *Lalla Mira,* und hinterlassen dort eine kleine Gabe. Beim Verlassen der Grabkammer tauchen die Frauen ihre Hände dann in hennagefärbtes Wasser und hinterlassen ihre Handabdrücke auf der weißen Mauer der Kuppel. Damit sind sie in einen Weihezustand versetzt, den sie brauchen, um das Grabmal *Mulay Kobtins* zu betreten. Hier beten sie und berühren den Grabstein, um damit den Segen des Heiligen auf sich zu übertragen. Danach folgt das rituelle Bad in der Quelle, die sich daneben befindet. Hier entkleiden sich die Frauen fast vollständig und können so noch einmal baraka empfangen, diesmal sogar mit dem gesamten Körper. Mit diesem Besuch ist die sakrale Handlung beendet, nun tritt der soziale Aspekt in den Vordergrund: Familien besuchen sich gegenseitig in der Zeltstadt, man bummelt, kauft ein und vertreibt sich die Zeit mit Fantasias, den traditionellen berberischen Reiterspielen, die bei allen Festen und Gelegenheiten aufgeführt werden. Nach einigen Tagen ist das Fest vorbei: Die Familien brechen ihre Zelte ab, beladen ihre Eselskarren oder Autos und ziehen zurück in ihre Häuser, und jeder hat das Gefühl, wieder genügend Segen für die kommenden Monate erhalten zu haben!

Wichtige und besondere Mausims in Marokko

- Das Fest der Mandelbäume in Tafraoute: Februar.
- Das Mausim der 40 Heiligen in Essaouira: Ende März.
- Das Rosenfest in Kelâa M'Gouna: Erste oder zweite Maiwoche. Hier wird die Rosenblüte gefeiert.
- Das Mausim für Mulay Idris in Zerhoun (bei Meknes): August.
- Die Kerzenprozession in Sale: Ende August.
- Der Hochzeitsmarkt von Imilchil: Zweite Septemberwoche. Hier werden Berbermädchen öffentlich verheiratet.
- Das größte Mausim Marokkos und das wichtigste: Das Mausim vom Staatsgründer Mulay Idris in Fes. Zweite Septemberhälfte.

Religiöse Feste

In keinem anderen islamischen Land gibt es so viele religiöse Feste wie in Marokko. Das liegt weder daran, dass die Marokkaner besonders gern feiern (das tut man überall gern), noch daran, dass sie besonders religiös sind. Es liegt allein daran, dass es in Marokko neben den allgemeinen islamischen Feiertagen noch die Festtage der Lokalheiligen gibt, die man, auch wenn nur lokal beschränkt, unbedingt zu den religiösen Festen hinzuzählen sollte. Da letztere schon oben näher beschrieben und erläutert wurden, widmet sich dieses Kapitel ausschließlich den allgemeinen, überall in der islamischen Welt so oder ähnlich zu findenden religiösen Festen.

Ramadan und Aid al-Fitr

Oh die Ihr glaubt! Vorgeschrieben ist Euch das Fasten, wie es den Früheren vorgeschrieben ward. Vielleicht werdet Ihr gottesfürchtig!
(Koran, Sure 2, Vers 183)

Anders als in Deutschland ist die Dämmerung in Marokko sehr kurz. Es beginnt dunkel zu werden, der Muezzin ruft, und die Menschen eilen in ihre Häuser: Frühstück im Ramadan, dem Fastenmonat. Das **Essen** beginnt. Erst das Gebet, dann ein paar Datteln, ein Glas Wasser und die Festtagsharira, die traditionelle Suppe. Ist diese ausgelöffelt, folgt frittiertes, gebackenes oder gedämpftes Brot und dazu ein süßer starker Kaffee. Dann folgt die inzwischen fast schon obligatorische Ramadan-Seifenoper im Fernsehen, die gespannt verfolgt wird. Kurz danach löst sich die Familie wieder auf, jeder wendet sich anderem zu, bis sich dann, drei Stunden später, alle zum eigentlichen Abendessen wieder treffen.

Der **Tagesablauf** ist im Fastenmonat immer derselbe: Man steht sehr spät auf, die Männer gehen zur Arbeit, die Frauen machen ein wenig den Haushalt, wenn sie nicht selbst zur Arbeit müssen. Spätestens um 15 Uhr wird die Harira, die Suppe, aufgesetzt, das Kochen beginnt, während die Männer bereits ungeduldig im Schatten der Bäume sitzen und warten. Für sie kann sich die Zeit noch ewig hinziehen, für die Frauen vergeht sie von nun an, angefüllt mit Arbeit, wie im Fluge: Die Tajine für die Nacht wird zubereitet, die Harira wird gekocht, Orangen werden ausgespresst, Brot wird gebacken. Am wichtigsten aber sind die Datteln. Denn der Prophet, so sagt es die Tradition, hat das Fasten immer mit einer Dattel gebrochen.

Der neunte islamische Monat ist der **Fastenmonat Ramadan,** und er dauert in aller Regel von Neumond zu Neumond, also 30 Tage. In den Stunden, in denen man einen schwarzen Faden von einem weißen unterscheiden kann, d.h. also während des Tages, ist es den Muslimen nicht gestattet, zu essen, zu trinken, zu rauchen oder der körperlichen Liebe nachzugehen.

Im Ramadan ist jedes Essen ein Festessen, häufig wird hier ein Vielfaches dessen ausgegeben, was man während des restlichen Jahres für Nahrung aufbringt. Gegessen wird bis zum Morgengrauen, das wieder mit einem Muezzinruf angekündigt wird.

Der Ramadan ist eigentlich ein **Monat der Rückbesinnung,** ein Monat, in welchem man sich daran erinnern soll, dass alle Speisen von Gott sind. Beim Fasten werden dem Menschen die Sünden verziehen, Gott hält die Tore der Hölle in diesen Tagen geschlossen, so zumindest sagt man, denn Gott liebt das Fasten. Eine besondere Bedeutung hat der 27. Ramadan, da *Muhammad* in dieser Nacht die erste Offenbarung zuteil wurde. Aus diesem Grunde wird sie in sehr frommen Familien besonders gefeiert.

Kranke, Schwache, Schwangere, Reisende und Frauen, die ihre Menstruation haben, brauchen nicht zu fasten. Es wird ihnen jedoch geraten, die versäumten Tage nachzuholen.

Während des Ramadan spielt sich das **Leben vor allem nachts** ab. Die Leute sind tagsüber weit aggressiver als üblich, frühmorgens sind noch fast alle Läden geschlossen. Etwa eine Stunde vor Dunkelheit bemerkt man eine gewisse Hektik. Es wird noch schnell eingekauft, Frauen hetzen nach Hause, um geschwind noch alles fertig zu kochen, alles ruft nach einem Taxi. Wer um diese Uhrzeit darauf angewiesen ist, muss sich auf lange Wartezeiten gefasst machen. 15 Minuten vor dem *Iftar,* dem „Frühstück" bei Sonnenuntergang, leeren sich dann die Straßen. Man sieht die Letzten nach Hause rennen, und mit dem Ruf des Muezzins könnte man auf den Boulevards Tango tanzen! Ein, zwei Stunden später beginnt dann wieder das Leben: Straßenhändler bauen ihre Stände auf, und bis weit nach Mitternacht wird die Straße zum Basar.

Die letzten 10 Nächte sind die schönsten Nächte. Hier pulsiert das Leben. Man kleidet die gesamte Familie neu ein, auf den Straßen werden Karussells und große Verstärkeranlagen aufgebaut, man fiebert dem letzten Tag, dem **Aid al-Fitr** (oder auch *Aid al-saghir,* das kleine Fest), entgegen. An diesem letzten Tag des Ramadan ist der Höhepunkt des Monats erreicht. Man schlachtet Schafe, feiert auf den Straßen, Kinder fahren umsonst Karussell, überall sind Essbuden aufgebaut, Musik tönt laut über die Straßen. Drei Tage später ist alles vorbei.

Aid al-Adha

Während das Ramadanfest auch das kleine Fest *(Aid al-saghir)* genannt wird, nennt man dieses das große Fest, *Aid al-kabir.* Das Aid al-Adha (sprich ad-ha), das **Opferfest,** erinnert daran, dass Gott *Ibrahim (Abraham)* befahl, seinen Sohn *Isma'il* (nicht *Isaak!)* zu töten, was dieser auch tun wollte. Als Gott sah, dass *Ibrahim* ihm gehorchte, stoppte er die grausame Tat und ließ ihn stattdessen ein Lamm schlachten. Dieses Lamm wird heute symbolisch für die damalige Güte Gottes geschlachtet. Jeder, der es sich leisten kann, sollte an diesem Tag, dem 10. Tag des Pilgermonats, **ein Tier schlachten.** Es sollte zumindest ein Huhn sein, besser aber sind noch Schaf, Rind oder Kamel. Ein Teil des Fleisches ist denen zugedacht, die es sich nicht leisten können, selbst ein Tier zu schlachten – das Opferfest soll für alle Fleisch bringen.

Ausnahmen von dieser Regel gibt es vor allem in Dürrejahren. Dann wird das Schlachten von Tieren offiziell verboten. Der König und der oberste Imam Marokkos schlachten dann stellvertretend für das Volk je ein Tier. Dieses Verbot soll den finanziellen Ruin der meisten Familien verhindern, die sonst an diesem Tage ihr letztes Vieh der Religion opfern würden.

Die Tage vor dem Fest sind voller Betriebsamkeit. In jedem Dorf und jeder Stadt finden große **Schafmärkte** statt. Eifrig gestikulierende Männer stehen um die Tiere herum und feilschen. Ist ein Tier gekauft, wird es irgendwie nach Hause befördert: auf dem Fahrrad, in einem Wagen, im Kofferraum, im Gepäckteil des Reisebusses und auf dem Moped.

Landbewohner haben es hierbei meist leichter als die Städter, da ihr Weg nicht so weit ist, außerdem haben sie oft bessere Kapazitäten, das **Schaf bis zur Schlachtung aufzubewahren**. Ist kein Balkon vorhanden (der beliebteste Aufbewahrungsort), muss eben die Dusche herhalten. Hier wird auch geschlachtet, wenn kein freier Raum zur Verfügung steht. Das hat immerhin den Vorteil, dass das Blut direkt abfließen kann ...

In aller Regel beginnt das **Fest** mit dem Besuch der Gräber verstorbener Angehöriger. Danach trifft man sich zum gemeinsamen Frühstück, bei dem jede Menge Süßigkeiten aufgetischt werden, die schon Tage vorher gebacken wurden. Dann wird das Fernsehen oder das Radio eingeschaltet, denn man wartet ab, bis der König die Schlachtzeremonie vollführt. Hat dieser offiziell den Schnitt getan, kann auch das Volk sich ans Werk machen. Der Rest des Tages wird der Fleischzerteilung, dem Fleischverzehr und Verwandtenbesuchen gewidmet. Kinder erhalten Geschenke, wie bei uns an Weihnachten, alle tragen ihre Festtagskleidung.

Auch wenn dieses Fest in der Rangordnung der Heiligkeit der Feste über dem Ramadanfest steht, so wird es doch nicht ganz so ausgiebig gefeiert. Es steht eben nicht im selben Maße im Zusammenhang mit vorangegangenen Entbehrungen!

023km Foto: mb

Maulid an-Nabi

Maulid an-Nabi ist der Geburtstag des Propheten. An diesem Tag besucht man Freunde und Verwandte, um miteinander zu speisen. Es ist ein eher ruhiger Feiertag, von dem man als Reisender wenig mitbekommt – überhaupt nicht zu vergleichen mit dem Geburtstagsfest des christlichen Religionsbegründers.

Ashura-Fest

Das Ashura-Fest ist ein Fest, dass man in Marokko anders feiert als in den meisten anderen islamischen Ländern. Dieses Fest läutet das neue islamische Jahr ein, d.h. es wird am 1. *Muharram* (1. islamischer Monat) gefeiert. Hier in Marokko ist es vor allem ein Fest, an dem **Feuer und Wasser** eine wesentliche Rolle spielen: Schon zwei Tage vorher suchen sich die Kinder trockene Palmwedel und Reisig, die sie zum Fest anzünden. Bei Anbruch der Dämmerung dann werden diese umhergeschleudert – ein wunderschönes Schauspiel; in jeder Gasse sieht man kleine Feuerstellen, überall verbreitet sich der Duft von frisch verbrannten Gräsern.

Eine ganz besondere Bedeutung hat das Fest für **frisch vermählte Paare.** Schon am frühen Morgen ziehen Jugendliche vor die Häuser der Paare, die seit dem letzten Ashura-Fest geheiratet haben, und verkünden mit Trommelwirbel und Gesang ihre Ankunft. Sie haben das Recht, in das Haus einzutreten, um das Paar mit Wasser zu bespritzen. Ist eine Zisterne in der Nähe, kann es sogar vorkommen, dass man das junge Paar dort hineinwirft. Wasser verheißt Glück und vertreibt die bösen Geister. Die einzige Möglichkeit, diesem „Wassersegen" ein Ende zu machen, ist der Freikauf durch Süßigkeiten!

Danach ziehen die Trommler singend und tanzend weiter, von Haus zu Haus. Dabei sammeln sie Geld für die bevorstehende Beschneidung, die groß im Dorf gefeiert wird und an der sich jeder Dorfbewohner beteiligen soll. Haben die **Jugendlichen** genügend Geld gesammelt, treffen sie sich auf dem Dorfplatz – und wehe dem, der im letzten Jahr einen groben Fehler gemacht hat, denn der muss nun Buße tun. Öffentlich werden alle offenen Geheimnisse ausgeplaudert, wer mit wem und überhaupt ... Wieder bespritzt man sich gegenseitig mit Wasser, wieder werden Reisigbüschel angezündet. Die Jugend feiert, oft bis in die Morgenstunden.

Aber das Ashurafest ist nicht nur ein Fest der Jugend. An diesem Tag werden traditionell die **Gräber** der verstorbenen Familienmitglieder besucht und mit Wasser bespritzt; außerdem werden Almosen verteilt, mehr als an anderen Tagen. Denn das ist ein Tag, an dem man der Toten und der Geister gedenkt – und beide zu besänftigen versucht!

islam. Jahr	1422	1423	1424	1425
1. Ramadan	28. 11. 2000	17. 11. 2001	6. 11. 2002	27. 10. 2003
Aid al-Fitr	27. 12. 2000	16. 12. 2001	5. 12. 2002	25. 11. 2003
Aid al-Adha	7. 3. 2001	24. 2. 2002	13. 2. 2003	3. 2. 2004
Ashura	26. 3. 2001	15. 3. 2002	5. 3. 2003	22. 2. 2004

Der Fundamentalismus – eine Bedrohung für Marokko?

Algerien liegt vor der Haustür, und obwohl sich die Situation in den letzten Monaten dort etwas beruhigt hat, ist die Furcht vor einem Überschwappen der fanatischen Gewalt auf **Marokko** groß. Diese Angst ist, vor allem nach den Anschlägen im ägyptischen Luxor vor ein paar Jahren, durchaus verständlich, doch weitestgehend unbegründet. Das bedeutet nicht, dass es hier keine radikalislamischen Bewegungen gäbe, auch hier kann man bärtige, die Fäuste schwingende Demonstranten sehen. Jedoch stellen sie in Marokko, zumindest auf absehbare Zeit, keinerlei Gefahr für das Land und seine Bevölkerung dar – und somit auch nicht für den Reisenden. Dies liegt wohl zum einen an der geringen Anzahl der Fundamentalisten, zum anderen funktioniert die staatliche Kontrolle über sie.

Radikale Islamisten machen **weltweit** nur einen verschwindend geringen Anteil der Muslime aus, aber leider sind sie es, die unser Bild prägen. Und auch das leuchtet ein: Wendet sich der islamische Fundamentalismus doch direkt gegen die westliche Welt.

Die **Wurzeln der heutigen Gewalt** gehen auf das Ende des 19., Anfang des 20. Jahrhunderts zurück. Mit dem Eindringen der europäischen Kolonialmächte in die islamische, vor allem die arabische Welt und der damit einhergehenden Ausbeutung der einheimischen Bevölkerung wurde zum ersten Mal die eigene Situation in Frage gestellt: Wie konnte es passieren, dass die islamische Welt, die lange Zeit an der Spitze der menschlichen Zivilisation stand, auf militärischem, wirtschaftlichem, technischem und wissenschaftlichem Gebiet vom Abendland überholt werden konnte? Und das, obwohl sie, die Muslime, doch im Besitz der einzig wahren Religion waren? Die Lösung war leicht gefunden: Nicht der Islam war daran schuld, nein, die Muslime waren es selbst. Seit der Etablierung der ersten islamischen Dynastie 661 sind sie vom rechten islamischen Wege abgewichen.

Es bildeten sich mehrere Gruppen Intellektuelle (allen voran eine Gruppe, die sich *Salafiya* nannte), die das Problem erörterten und die Rückkehr zum „wahren Islam", d.h. dem Islam, wie er zur Zeit des Propheten und der ersten vier Kalifen praktiziert wurde, forderten. Aus diesen Gruppen entstanden die **Muslimbrüder,** die bis zum heutigen Tag vor allem in Ägypten, aber auch in vielen anderen Ländern aktiv an Attentaten und Gewaltakten zur Erlangung ihres Zieles, nämlich der Errichtung eines islamischen Gottesstaates, beteiligt sind.

Fundamentalisten lehnen den Westen, d.h. Europa und die USA, ab, nicht aber deren Errungenschaften. Sie glauben nachweisen zu können, dass auf heutige naturwissenschaftliche Erkenntnisse bereits im Koran angespielt wurde und dass diese deshalb von Muslimen übernommen werden könnten, ohne dabei in Konflikt mit der eigenen Anschauung geraten zu müssen.

Die **Ablehnung des Westens** resultiert aus der Geschichte: Entstanden im Zeitalter des Imperialismus, hat sich bis heute die Theorie einer „westlichen Verschwörung" gegen die Muslime halten können. Diese Verschwörung ist dafür verantwortlich, dass der Orient noch immer im Rückstand gegenüber Europa und den USA ist. Sie verhindert, ihrer Meinung nach, jeden kulturellen, wirtschaftlichen und demokratischen Aufbruch der islamischen Welt. Argumentiert wird mit der westlichen Israel-Politik, dem Embargo gegen den Irak und der wirtschaftlichen Benachteiligung der Dritten Welt auf dem Weltmarkt gegenüber den sogenannten Industriestaaten. Des Weiteren wirft man dem Westen Kulturimperialismus vor, dem man nur mit einer massiven Entwestlichungspolitik entgegentreten könne.

Anhänger islamistischer Ideen träumen von einer besseren Welt. Einer Welt, die frei von Gewalt ist, einer Welt, die sich nach den Richtlinien des Korans und der Sunna, dem überlieferten Verhalten des Propheten, richtet. Sie glauben den Hauptnachteil der menschlichen Gesetzgebung darin zu sehen, dass sie von Individuen oder Familien, Klassen, Nationen oder Rassen beeinflusst ist. Die Durchsetzung der vollkommenen und allumfassenden Gerechtigkeit ist ihrer Meinung nach allein durch Gott möglich, weshalb nur ein **Gottesstaat** wirklich gerecht sein kann.

Diese Idee eines utopischen Staates möchten die Fundamentalisten um jeden Preis durchsetzen. Dafür sind sie auch bereit, **Gewalt** anzuwenden, so wie sie es seit Entstehung der fundamentalistischen Gruppierungen immer wieder taten, hier sei nur kurz an die Ermordung *Sadats* im Jahr 1981 erinnert.

Der Gedanke des Fundamentalismus fällt vor allem bei **sozial benachteiligten Menschen** auf fruchtbaren Boden. Mit der einfachen Argumentation, dass diese Menschen nur deshalb in solch einer Situation zu leben hätten, weil sich die Welt vom Islam entfernt hätte, können Massen mobilisiert werden, die an sich weder gewalttätig noch radikal sind. Bei diesen Argumenten zählen weniger die Inhalte als die Emotionen; man verzichtet bewusst auf logische Erklärungen oder wissenschaftliche Beweisführungen. Islamistische Missionare predigen ein Weltbild, welches allen Muslimen überall auf der Erde Gerechtigkeit und einen gewissen Wohlstand verspricht. Zum Beweis errichten sie Schulen und Krankenstationen und laden zu kostenlosen Ferienfreizeiten am Meer ein, als kleinen Vorgeschmack auf eine wunderschöne Zukunft, die dann beginnen wird, wenn man es geschafft hat, die Welt von der einzig richtigen Lösung zu überzeugen.

Mit ihren Versprechungen einer heilen Welt ziehen Prediger die Verzweifelten an, diejenigen, die nichts mehr zu verlieren haben, diejenigen, die bereit sind, für eine neue, bessere Welt zu kämpfen oder gar zu sterben. Und genau darin liegt auch die Gefahr für Marokko. *Scheich Yassin, Abd as-Salam Yassin,* der bedeutendste **Islamistenführer Marokkos,** hat seine größte Anhängerschaft unter den Ärmsten, den Vergessenen. Sie profitieren noch nicht von dem Demokratisierungsprozess des jungen Königs, sie spüren noch nichts von dessen Progressivität und Modernität. Was kümmern sie Reformen, wenn sie nicht wissen, was sie essen sollen, wo sie leben können und wie sie den nächsten Tag überstehen sollen?!

Scheich Yassin und seine islamistische Bewegung al-Adl wa-l-Ihsan, „Gerechtigkeit und Wohltätigkeit", verspricht den Ärmsten Marokkos ein besseres Leben unter einer gottgefälligen Regierung. In dem Staat, den *Yassin* anstrebt, hätte ein König jedoch keinen Platz. Sich ganz der Argumentation der Muslimbrüder Ägyptens bedienend, von denen er sich sonst eher distanziert, lehnt er die erbliche Monarchie ab. Denn der König nennt sich „Oberhaupt aller Gläubigen", das Amt des geistigen Führers aber darf, nach der Doktrin der Fundamentalisten, nicht erblich sein. Ihr Ideal der islamischen Gesellschaft beinhaltet, dass es keine Unterschiede mehr zwischen den Menschen gibt, nicht im sozialen Rang, nicht im Geschlecht und auch nicht in der Rasse. Die Stellung eines Menschen soll sich nach seiner Tugend, seiner Rechtschaffenheit und seiner Frömmigkeit richten. Aber bereits hier hinkt ihre Argumentation, denn Frauen werden weniger Rechte zugestanden als Männern und Araber gelten weiterhin als auserwähltes Volk, auch wenn ein arabischer Nationalismus abgelehnt wird.

Die **marokkanische Regierung** fürchtet die Bewegung *Yassins,* weshalb sie die Aktivitäten der Gruppe stets unter Kontrolle zu halten ver-

024km Foto: mb

sucht. Der Scheich und ein paar seiner aktivsten Anhänger waren 10 Jahre unter Arrest, und auch wenn dieser Hausarrest kürzlich aufgehoben wurde, betrafen die Amnestien politischer Gefangener, erlassen durch *Muhammad VI.* direkt nach seiner Amtsernennung, die Islamisten nicht.

Scheich Yassin bedient sich seit der Zeit seines Arrests seiner Tochter *Nadia* als Sprachrohr, und die Bewegung erfreut sich immer größerer Beliebtheit. *Nadia,* die außer der Sprecherrolle keine weitere Funktion hat, wendet sich mit ihrer Argumentation vor allem an europäische Menschenrechtsorganisationen. „Wir sind die letzte wirkliche Opposition", behauptet sie, den Tod *Hassan II.* nannte sie zwar bedauerlich, bezeichnete ihn aber als ein „politisches Nichtereignis".

Schon *Hassan II.* bemühte sich, den Islamisten im Land das Wasser abzugraben, u.a. dadurch, dass er den Islam zur Legitimation seiner Herrschaft benutzte. Auch der Bau der großen Moschee in Casablanca ist in diesem Zusammenhang zu sehen. Sein Sohn hat nun weiter gegen die Gegner der Monarchie anzukämpfen. Ihm scheint die Wurzel des Phänomens Islamismus dabei durchaus bewusst zu sein, denn er hat in seinen Reden von Anfang an der Beseitigung der Armut höchste Priorität eingeräumt. Ihm ist klar, dass die neun islamistischen Abgeordneten der gemäßigteren at-Tauhid wa-l-Islah, der „Einigkeit und Reform", vor allem in den **städtischen Armutsvierteln** gewählt wurden. In der Millionenstadt Casablanca leben 60 bis 70% der Bevölkerung unter einfachsten Bedingungen in barackenartigen Häusern, meist ohne Anschluss an das Strom- und Wassernetz. Durch die ständige Landflucht kommen täglich neue Elendsquartiere hinzu. Gerade in diesen Schichten finden die beiden Bewegungen die meisten Anhänger. Die Islamisten bieten Alphabetisierungskurse und kostenlose Ferienaufenthalte am Meer an und geben kostenlose medizinische Beratungen. Das macht sie beliebt. An den von al-Adl wa-l-Ihsan organisierten Demonstrationen und Ferienlagern nehmen zahlreiche Menschen teil – ein deutlicher Spiegel der Situation.

So ernsthaft auch **König Muhammad VI.** die Erneuerung des Landes und die Bekämpfung der Armut anstrebt, er kann sein Land nicht allein regieren. Selbst wenn er zum Wohle seines Volkes als König abtreten wollte (was er nicht will!), um das Land in eine vollkommene Demokratie zu führen, so existieren doch alte Feudalstrukturen; und die Günstlinge des ehemaligen Königs würden nicht so ohne weiteres einen radikalen Wechsel zulassen.

Doch der neue König ist progressiv. Er wendet sich offen Europa zu, mehr als sein Vater das je tat, er vertritt mehr denn je den Anspruch aller Marokkaner auf Menschenrechte. Dabei widmet er sich vor allem den Rechten der Frauen, die noch immer sehr benachteiligt sind. So versucht er derzeit, den Artikel 53, der es jedem Mann erlaubt, über seine Frau zu bestimmen, abzuschaffen, und er stößt dabei auf massiven Widerstand. Erste Gerüchte von fundamentalistischen Anschlägen auf den König machen in Marokko die Runde. In den Nachrichten erschien ein Bericht, dass einer der Leibwächter des König erschossen wurde, angeblich von Anhängern *Scheich Yassins*. Doch das musste dementiert werden: Es war ein Streit, ein Missverständnis, das zu dem tödlichen Schuss führte.

Die **Lage ist unter Kontrolle,** der Staat reagiert scharf auf jeden eventuellen Radikalismus. Aber so lange sich die wirtschaftliche Situation in den Containerstädten, Armenvierteln und sozialen Brennpunkten nicht deutlich verbessert, bleibt bei der dortigen Bevölkerung ein aggressives Potential bestehen, das eine latente Gefahr in sich birgt.

Die Hassan II.-Moschee in Casablanca ist die zweitgrößte Moschee der Erde und demonstriert wie kein anderes Bauwerk Marokkos die religiös legitimierte Herrschaft des Königs

Selbst ein Leben voller Fallgruben,
ein Leben, das nur aus Warten besteht,
ist besser als gar kein Leben.

(Driss Charhadi in *„Ein Leben voller Fallgruben"*)

001km Foto: ss

ALLTAGSLEBEN UND KULTURELLE HINTERGRÜNDE

Womit man als Reisender am meisten konfrontiert wird, worauf man sich aber am wenigsten vorbereiten kann, ist das ganz alltägliche Leben in Marokko. Wie leben die Menschen hier? Warum haben manche Frauen Tattoos im Gesicht, wie ist das eigentlich im Hammam, und wie feiern Marokkaner eine Hochzeit? Das folgende Kapitel widmet sich den Fragen, auf die man immer wieder stößt und die man so selten erläutert bekommt, weil sie nicht wissenschaftlich genug sind, um in der Fachliteratur aufzutauchen, und weil sie nicht reisepraktisch genug sind, um in den Reiseführer aufgenommen zu werden!

Soziales Leben und Alltagskultur

Einer für alle, alle für einen? Die Bedeutung von Stamm, Familie und Nachbarn

Aischa berichtet: Ich habe zwei Nachbarn. Welchem von beiden soll ich meine Geschenke bringen? Er erwiderte: Bringe sie dem, dessen Haustüre der deinen am nächsten liegt!

(Sahih al-Bukhari: Nachrichten von Taten und Aussprüchen des Propheten Muhammad)

Die marokkanische Gesellschaft ist nicht in festgefügte Strukturen gegliedert. Vielmehr vollzieht sich unter der Oberfläche einer mehr oder minder einheitlichen Gesellschaft ein ständiger Wandel. Die einzige wirklich sichere Institution in Marokko ist die Institution der Familie. Darüber hinaus formieren sich Bindungen immer wieder neu.

Dabei gibt der Koran mehr oder minder feste Anweisungen, wie man es mit Stamm, Familie und Nachbarschaft halten soll. Doch die Berber (das ist aus den obigen Kapiteln sicherlich hervorgegangen) haben sich selten an feste Strukturen gehalten, einen **„Stamm"** gab es über die Dorfebene hinaus nur im Kriegsfall. Zwar existierte ein Stammeswesen unter den einfallenden Araberscharen, doch ging dieses beim Einfügen in die berberische Gesellschaft weitgehend verloren. Eine wirkliche Stammesabgrenzung gibt es also nicht. Das bedeutet jedoch keinesfalls, dass man sich nicht mit Menschen einer bestimmten Gruppe identifizieren würde. Diese Gruppe von Menschen wird dann häufig mit dem Wort „Stamm" bezeichnet, wobei es sich hierbei selten um Stämme, sondern vielmehr um Einwohner einer bestimmten Region handelt.

Clifford Geertz, ein amerikanischer Anthropologe, der viel in Marokko geforscht hat, hat sich diesbezüglich folgendermaßen geäußert: „Wenn die marokkanische Gesellschaft einen Hauptgrundsatz hat, dann wahrscheinlich den, dass man im eigentlichen Sinne nur das besitzt, was man verteidigen kann, ob das nun Land, Wasser Frauen, Geschäftspartner oder persönliche Autorität sei." Weiter führt er aus: „Nordafrika gliedert sich noch nicht einmal in Institutionen. Der Grund, warum es so schwer ist, ein klares Bild der maghrebinischen Gesellschaft zu erhalten, ist der, dass sie in eine riesige Ansammlung verschiedener Grüppchen zerfällt. Sie setzt sich weder aus großen, wohlgegliederten dauerhaften Blöcken zusammen – Parteien, Klassen, Stämmen, Rassen –, die miteinander in einem langwierigen Kampf um die Oberherrschaft verstrickt sind; noch wird sie von übermächtigen Bürokratien beherrscht, in denen sich die politische Macht konzentriert; auch wird sie nicht von großen ideologischen Bewegungen getrieben, die etwa die gesellschaftlichen Spielregeln selbst zu ändern suchten; sie wird aber auch nicht gelähmt durch verknöcherte Sitten und Gebräuche, die die Menschen in ein starres System fester Rechte und Pflichten pressten. (...) Struktur auf Struktur - Familie, Dorf, Klan, Klasse, Sekte, Armee, Partei, Elite, Staat - erweist sich, näher betrachtet, als eine Ad-hoc-Konstellation kleinster Machtsysteme, als Ballung unbeständiger mikropolitischer Strebungen, die miteinander konkurrieren, sich verbünden, an Stärke gewinnen und wieder in Fragmente zerfallen. (...) Die Gesellschaft baut sich aus kleinen, pragmatisch orientierten Cliquen auf, die sich um die eine oder andere dominante Figur sammeln und sich wieder auflösen, wenn diese, meist spurlos, wieder verschwindet." *(Clifford Geertz:* In Search of North Africa, in: New York Review of Books. 1971) Damit beschreibt *Clifford Geertz* genau diesen Zustand des „Nicht-Vorhanden-Seins" fester sozialer Strukturen in Marokko und seinen Nachbarländern.

Nun wäre es aber fatal, davon auszugehen, dass es in Marokko gar keine sozialen Bindungen gäbe. Da ist zuallererst die Familie, und dieser Verbund ist ein wesentlich engerer als bei uns. Die **Großfamilie** ist noch immer das Zentrum der ländlichen maghrebinischen Gesellschaft und die wichtigste soziale Einheit. Hier hilft jeder jedem, hier geht man füreinander durchs Feuer. Die Großfamilie besteht aus mehreren Kleinfamilien, wobei Kinder häufig nicht bei ihren leiblichen Eltern, sondern bei deren Geschwistern oder anderen nahen Verwandten leben. Die Großfamilie gliedert sich - so wie die gesamte marokkanische Gesellschaft - patrilinear, d.h. sie bestimmt sich über die Linie des Vaters. Dementsprechend ist die wichtigste Person des Haushaltes und somit der Großfamilie der älteste Mann im Haus. Er ist Familienvorstand und darf über seine Kinder bestimmen. Die Mutter, die älteste Frau im Haus, hat offiziell weit weniger zu sagen, doch sieht es in der Realität meist so aus, dass sie diejenige Person ist, die das Leben innerhalb der Großfamilie regelt. Sie stiftet die Ehen ihrer Kinder und bestimmt deren Werdegang, oft zum Missfallen des Vaters.

Alle Mitglieder einer Großfamilie sind für die Ehre der Familie verantwortlich. Das Individuum zählt fast nichts, denn es ist ein Teil des Ganzen. So müssen auch alle Arbeitenden der Familie das verdiente Geld beim Familienvorstand abgeben, der dieses verwaltet. Es wird für den gesamten Haushalt verwendet und darf nicht der einzelnen Kleinfamilie zukommen.

Ohne die Integration in eine Großfamilie wäre der Einzelne in der traditionellen Gesellschaft kaum existenzfähig, denn in dieser Gesellschaft zählt nur die Zugehörigkeit zu einer Familiengemeinschaft. Wer allein ist, gilt als einsam. Wer keine große Familie hat, gilt als bedauernswert. Heute, wo die Moderne traditionelle Strukturen mehr und mehr auflöst, findet sich die Institution der Großfamilie häufig nur noch auf dem Land, in den Städten dagegen weitet sich, wie in jedem anderen Land der Erde auch, der Trend zur allein lebenden Kleinfamilie aus.

Die nächste größere Einheit ist das, was man in der Ethnologie als „Lineage" bezeichnet. Gemeint ist eine **Verwandtschaftsgruppe** mit einem gemeinsamen männlichen Vorfahren, der meist nicht mehr als drei bis fünf Generationen zurückliegt. Die männlichen Nachfahren dieses Ahns sehen sich als Brüder. Auch hier funktioniert das Verwandtschaftssystem noch sehr gut. Man fühlt sich als eine Familie, in der noch immer jeder jedem hilft. Ist die Ehre eines Teils der Familie beschmutzt, fällt das auf die ganze Lineage zurück, weswegen auch hier bei wichtigen Entscheidungen alle Repräsentanten konsultiert werden müssen.

Auf einer ähnlichen Ebene wie die Lineages funktioniert in der islamischen Gesellschaft auch das **Nachbarschaftsverhältnis.** Da man Tür an Tür lebt, gehört man quasi ein und derselben Familie an. Dies bindet und verpflichtet.

Mehrere Lineages bilden einen **Klan.** Ab hier beginnt der Zusammenhalt bereits zu bröckeln. Dort allerdings, wo man auf enge Verbindungen angewiesen ist, so zum Beispiel unter den Nomaden oder den Berghirten des Hohen Atlas, spielen Klane noch immer eine wichtige Rolle. Im Hohen Atlas oder im Rifgebirge bringen diese Gruppen ihre Zugehörigkeit zu einem Klan häufig mit Gesichtstattoos zum Ausdruck, vor allem Frauen und kleine Kinder sind häufig tätowiert. Diese eingeritzten Zeichnungen haben außerdem den Zweck, vor Krankheit zu schützen, indem sie negative magische Kräfte ablenken sollen.

Mehrere Klane bilden eine **Stamm.** Doch Stammeswesen spielt im modernen Marokko keine Rolle mehr, wie weiter vorn ausgeführt. Wenn manche Marokkaner Touristen gegenüber von ihrem Stamm sprechen, geht es in Wirklichkeit dabei maximal um die Zugehörigkeit zu einer bestimmten Region oder einer Großfamilie. Der „Stamm" der Tuareg beispielsweise, der in Marokko so oft herhalten muss, ist gar keiner. Die Tuareg bestehen aus mehreren Stämmen, die in Algerien, Mali und im Niger nomadisieren. In Marokko leben gar keine Tuareg, auch wenn man uns dies immer wieder weismachen möchte.

Das tägliche Leid: Einkommensverhältnisse, Korruption und Arbeitslosigkeit

ila ma kunti dib, yakluk ad-diyab (Wenn Du kein Schakal bist, fressen Dich die Schakale)
(marokkanisches Sprichwort)

Das Schlimmste ist das Nichtstun. Kein Geld zu haben ist auch schon schlimm, aber nicht wissen, wie man den Tag herumkriegt, das ist ganz elend. 30 Prozent der Bevölkerung haben keinen Job, und von den Jugendlichen ist fast die Hälfte **arbeitslos.** Sie sitzen den ganzen Tag herum, nippen an einem Kaffee, den sie sich mühsam zusammengespart haben; sie lungern am Hafen herum, spielen Fußball oder sonst irgendwas und warten darauf, dass etwas geschieht: eine von ihnen eingeforderte Dienstleistung, ein Treffen, ein kleines Geschäft mit einem Touristen, irgendetwas. Sie flanieren hin und her und halten sich bevorzugt da auf, wo sie ein Geschäft wittern. Denn es ist immer noch besser, als „faux guide" (falscher Fremdenführer) oder als Schwarzhändler zu arbeiten als zu betteln. Die Arbeitslosigkeit der Jugendlichen ist eine Zeitbombe, die bald hochzugehen droht, auch wenn sich die Lage seit dem Regierungsantritt des Sozialistenführers *Yussufi* 1998 etwas gebessert hat.

In Marokko herrscht eine sechsjährige Schulpflicht, aber das bedeutet nicht, dass alle Kinder auch wirklich die Schulbank drücken. **Kinderarbeit** ist noch immer weit verbreitet, auf dem Land verrichten die Kinder bäuerliche Tätigkeiten, z.B. Tierehüten, in den Medinas (Altstädte) der Großstädte arbeiten sie in den Werkstätten. Mädchen stehen ab dem sechsten Lebensjahr vor allem hinter Knüpfrahmen, ab 12 Jahren ist es ihnen jedoch erst gesetzlich erlaubt, dann nämlich, wenn sie zumindest theoretisch die Schule beendet haben. Bezahlt werden diese Kinder nicht. Denn nur die Meisterinnen verdienen; pro Quadratmeter Teppich erhalten sie umgerechnet 10-15 DM. Die Kinder arbeiten, um eines Tages Meisterin zu werden.

Kinder knüpfen Teppiche, fertigen Papiertüten, Streichhölzer, Feuerwerkskörper und Computerchips, sie arbeiten „unter Tage" in Minen, Steinbrüchen und in Wäschereien. Sie leben als Lastträger, Hausangestellte, Schuhputzer oder als Bedienung in Cafés. Sie sind die billigsten Arbeitskräfte, da sie weniger kosten als Maschinen oder Jugendliche und Erwachsene. Deshalb zieht man sie den Erwachsenen vor. Doch kritisiert man die Betriebe, so trifft man nur die andere Seite des Elends, denn ohne diese billigen Arbeitskräfte könnten viele Kleinbetriebe gar nicht mehr existieren.

Auch der Besuch einer **Schule** garantiert nicht unbedingt eine Stelle. Das Schulsystem ist streng und sondert alle Schwachen aus. Nur ein minimaler Prozentsatz der Schüler schafft überhaupt das Abitur und kann dann studieren. Das Examen ist heute in Marokko allerdings wenig wert. Denn auch nach dem langen schulischen Weg, nach langen Jahren familiärer Opfer und finanzieller Belastungen wartet häufig doch wieder nur die Arbeitslosigkeit, denn die Stellen, die die jungen Menschen einnehmen könnten, sind schon besetzt: durch Menschen, die mit Hilfe einflussreicher Bekannter/Verwandter oder durch hohe Geldgaben einen Arbeitsplatz bekamen.

Was bleibt, ist eine riesige Frustration. Die jungen Menschen, in der Mehrzahl junge Männer, sitzen die Tage ab, in der Hoffnung, dass irgend etwas passiert. Der **große Traum: Europa.** Sie kennen es von den heimkehrenden Bekannten, die vom Reichtum und den Wonnen der europäischen Welt schwärmen (und dabei bewusst die Wirklichkeit bis zur Unkenntlichkeit verzerren, da ein „schlechtes Europa" hieße, das eigene Scheitern zuzugeben und somit das Gesicht zu verlieren), sie ziehen ihre Schlüsse aus dem Verhalten der westlichen Touristen und dem Inhalt europäischer Filme – Geld, Autos, Mädchen ... Viele versuchen dann, den Westen zu imitieren und kommen doch aus ihrer eigenen Kultur nicht heraus.

Oder aber das Gegenteil passiert. Statt dem kaum realisierbaren Traum von Europa wendet man sich der eigenen Tradition zu. Wenn die Angst und die Perspektivlosigkeit zu schlimm werden, braucht man etwas, an das man sich halten kann. Und was bietet sich dafür besser an als die eigene Religion, zumal die **fundamentalistischen Aktivisten** das Elend geschickt für ihre Ziele nutzen und scheinbar eine Lösung bieten (siehe Kapitel: „Der Fundamentalismus – eine Bedrohung für Marokko?").

Arbeitslosigkeit und die damit einhergehende Resignation betrifft alle, nicht nur die Städter. Im Gegenteil: Der Prozentsatz der Arbeitslosen liegt auf dem Land sogar noch wesentlich höher als in der Stadt.

Die hohe Arbeitslosenquote hat zur Folge, dass die, die Arbeit haben, oft schamlos ausgenutzt werden: Obwohl es in Marokko einen gesetzlichen Mindestlohn von 1300 Dirham gibt (260 DM), offiziell die 48-Stunden-Woche herrscht und dem Arbeitnehmer 1,5 Tage Urlaub pro Monat zustehen, ist die Realität eine andere. Die meisten Arbeitstage dauern 12 Stunden, die Woche besteht aus sieben Arbeitstagen, und der Lohn liegt oftmals noch unter dem Mindestsatz. Urlaub gibt es keinen oder nur einen Tag zum großen Fest. Und doch sind die meisten glücklich, wenn sie überhaupt Arbeit haben. Wer Arbeit sucht, stellt keine Forderungen. Was macht es, für einen Stundenlohn unter einer Mark zu arbeiten? Was macht es, 14 Stunden am Stück zu arbeiten? Arbeit suchen so viele und wer sie hat, gibt sie nicht mehr her.

Doch die Freude, Arbeit zu haben, hält nicht immer an. *Muhammad* zum Beispiel gehört zu denjenigen, die einen Job gefunden haben. Er erzählt seine Geschichte: „Ich habe die Schule absolviert und eine Ausbildung zum Koch gemacht. Das war eine unglaublich große Anstrengung, denn die ganze Familie musste dafür sparen. Als dann der erste Job kam, war die Freude groß. Nur: Arbeit gab es, aber keinen Lohn. Als ich meinen ersten Monatslohn (1300 Dirham) einfordern wollte, gab mir die Direktion bekannt, dass ich das Geld im nächsten Monat erhielte. Nun gut, ich glaubte der netten Dame am Telefon – und außerdem: Es war ein gutes Hotel, vier Sterne! So ging das mehrere Monate. Als ich dann zu sagen wagte, dass ich nun endlich mein Geld wollte, wurde mir mitgeteilt, ich könnte ja gehen, wenn es mir nicht passen würde, es gäbe jede Menge anderer Köche, die meine Stelle haben wollten. Ich ging. Nach 7 Monaten Arbeit. Ohne Lohn."

Seitdem hat *Muhammad* keine Arbeit mehr gefunden, er sitzt den ganzen Tag mit seinen Freunden in den Cafés der Innenstadt von Casablanca und hofft, dass eines Tages wieder ein gutes Jobangebot kommt. In der Zwischenzeit würde er vielleicht sogar wieder ohne Bezahlung arbeiten, Hauptsache, er hätte etwas zu tun. Doch derzeit ist Flaute im Hotelgeschäft. Er muss auf die nächste Saison warten. *Muhammad* ist kein Einzelfall: So wie ihm geht es vielen.

Selbst Staatsbeamte verdienen, sind sie nicht im höheren Dienst, kaum ausreichend, um eine Familie zu ernähren. So sind die meisten staatlich Beschäftigten auf **Nebeneinkünfte** angewiesen. Wie diese aussehen, kann man sich lebendig vorstellen:

„Halten Sie an", ein Polizist stoppt das Auto. Er verlangt vom Fahrer die Papiere. Dieser zeigt sie. „Sie sind zu schnell gefahren!" Der Fahrer weiß, er ist nicht zu schnell gefahren, aber wie soll er das beweisen? Er kennt das Spielchen bereits, also fragt er: „Und wieviel kostet das, dass ich zu schnell gefahren bin?" Der Polizist nennt eine Summe. Der Fahrer beginnt zu feilschen, erklärt dem Polizisten, dass er heute bereits schon zum dritten Mal angehalten wurde. Man einigt sich auf 20 Dirham, beide sind zufrieden. Der Polizist mehr, der Fahrer weniger.

Offiziell ist **Korruption** (arab. *rashwa)* natürlich verboten. Und doch ist sie in Marokko an der Tagesordnung. Alles ist möglich in diesem Land, es hat nur seinen Preis! Auch die Sicherheit der Touristen ist käuflich: Da wird ein junger Marokkaner, der mit einem Europäer im Café sitzt, plötzlich von zwei Polizisten in Zivil angesprochen. „Was tust du hier? Bist du ein faux guide?" Der Marokkaner widerspricht. Nein, er sei befreundet mit dem Europäer. Die Polizisten wenden sich nun an den Europäer: „Monsieur, belästigt Sie dieser Mann?“ Der Europäer verneint. Aber die Polizisten wollen kassieren. Also haken sie nach und befragen die beiden einzeln: Wie habt ihr euch kennengelernt, was redet ihr etc. ... Der Polizist, der den Marokkaner befragt, sagt ihm, dass er ihn bei Zahlung von 20 Dirham in Ruhe lässt. Der junge Mann verweigert die Zahlung, und die Befragung geht weiter. Letztendlich ziehen die Polizisten erfolglos von dannen, denn der Europäer und der Marokkaner gaben identische Antworten, was beweist, dass sie wirklich befreundet sind. Bevor die Polizisten aber gehen, erklären sie dem Europäer die Situation: „Wissen Sie“, sagt der eine, „hier in Marrakesch gibt es so viele faux guides, da musste ich sicher gehen, dass sie nicht belästigt werden ...“ Als der Tourist ihn fragt, was diese Sicherheit mit der Zahlung von Bestechungsgeld zu tun hat, zieht der Polizist schimpfend über die Undankbarkeit der Touristen ab.

Das Problem ist nicht die Profitsucht der Marokkaner. Die Ursache der Korruption liegt wesentlich tiefer, nämlich bei den desolaten wirtschaftlichen Verhältnissen der meisten. Das Land an sich ist nicht arm. Doch so lange ein winzig geringer Anteil der Marokkaner den Großteil des Landes und des Geldes besitzt, ist der Armut und somit auch der Korruption nicht beizukommen. Schließlich müssen auch die kleinen Staatsbeamten von etwas leben. Das sehen auch die Marokkaner ein und schmieren fleißig weiter, stark darauf hoffend, eines Tages selbst auch Staatsbeamte zu werden und dann die Bestechungsgelder einzukassieren!

029km Foto: mb

Die tägliche Freud: Kuskus, Tee und Haschischpfeifchen

Wenn auch der Alltag manchmal hart und grau ist, es gibt ein paar Dinge, die alle Marokkaner lieben, seien sie arm oder reich, vom Land oder aus der Stadt: gutes Essen, guten Tee und hin und wieder ein Haschischpfeifchen.

Die marokkanische Küche

Jedes Körnchen Kuskus steht für eine gute Tat.
(marokkanisches Sprichwort)

Marokkos Küche zählt **zu den vielfältigsten Küchen der Welt.** Phönizier, Römer, Araber und Europäer haben ihre Spuren hinterlassen, der Einfluss anderer Mittelmeerländer auf die marokkanische Kochkultur ist unverkennbar. Außerdem ist Marokko ein Land, welches von der Natur reich beschenkt ist, es bietet fruchtbare Ebenen mit riesigen Obstplantagen und Gemüsefeldern. Selbst im kargen Süden des Landes wird jeder Zentimeter Oasengarten ausgenutzt, um leckere Früchte, z.B. Datteln, anzubauen. Hinzu kommen Weiden mit Ziegen, Schafen, Geflügel oder Rindern, und noch weisen die Gewässer vor der marokkanischen Küste einen großen Fischreichtum auf.

Dem Reisenden wird diese Vielfalt jedoch nicht unbedingt auffallen. Ähnlich, wie man sich „sein" Marokko suchen muss, muss sich der Gourmet auch auf die Suche nach „seinen" Genüssen begeben. In den einfachen **Restaurants,** vor allem im Süden des Landes, geht das Speisenangebot über Tajine (siehe unten), Kuskus, Brochette (gegrillte Fleischspieße) und Omelett selten hinaus. Anders sieht es da schon in den großen Restaurants der gehobenen Preisklasse aus. Lässt man offensichtliche Touristentempel hinter sich, in denen nicht selten sogar Schweinefleisch serviert wird, kann man in manch einem marokkanischen Gourmettempel (wie zum Beispiel dem „Safran et Canelle" in Marrakesch) Köstlichkeiten aus 1001 Nacht finden.

Hochzeitsgeschirr

Essen gehört in Marokko zu den wohl wichtigsten Angelegenheiten überhaupt. Entsprechend viel Mühe wird aufgewendet, um eine Mahlzeit zuzubereiten. Vor allem vor und an Festtagen ist die Küche voller Frauen, die gemeinsam das Festmahl herrichten. **Diffa** nennt man diese großen Festessen, die man sowohl an religiösen Feiertagen als auch nach einer üppigen Ernte oder zu einer Hochzeit veranstaltet. Die größte Diffa darunter ist sicherlich die Hochzeitsdiffa, denn dies ist der gesellschaftliche (und gastronomische) Höhepunkt der marokkanischen Festkultur!

Zur **Begrüßung** werden Tee und Mandeln oder Datteln gereicht, dann beginnt das zeremonielle Händewaschen. Dazu bedient man sich einer eigens dafür bestimmten reich verzierten Kanne, aus der lauwarmes Wasser über die Hände in eine Schale fließt. Ist es eine richtig große Diffa, sind für diesen Tag Dienerinnen eingestellt, die die Aufgabe des Händebegießens übernehmen. Danach werden die Hände mit Orangenblütenwasser oder Rosenwasser bespritzt, während das frische Brot auf den Tischen verteilt wird.

Im Namen Gottes, *bi-smillah,* beginnt das Festessen, und was sich da vor einem auftürmt, lässt sich mit Worten kaum wiedergeben: geröstete Auberginen und Paprika, geriebene Karotten mit Orangensaft, gekochtes und rohes Gemüse, alles mit reichlich Oliven- oder Arganienöl (aus den ölhaltigen Früchten des nur in Marokko wachsenden Arganienbaumes) gewürzt, mit Kreuzkümmel und Pfeffer ... Gegessen wird statt mit Gabeln mit dem Brot, das man in kleine Stücke reißt und mit drei Fingern der rechten Hand fasst, um damit die Gemüsestücke aufzunehmen.

Doch das war nur die Vorspeise, der Gaumenkitzel, das Amuse-gueule. Weiter geht es mit einer herrlichen **Bastilla,** einer Pastete aus feinen Blättern, Taubenfleisch und Zucker, der Stolz einer jeden Köchin und eines jeden Kochs. Doch damit nicht genug: Was ein richtiges Festessen sein will, darf sich nicht mit zwei Vorspeisen aufhalten. Es folgt eine Tajine, aber nicht eine, wie man sie tagtäglich zu essen bekommt, nein, eine großartige **Festtagstajine,** mit Pflaumen, Rindfleisch und Mandeln. Der Duft, der aus diesen Tongefäßen dem Essenden entgegenströmt, ist unbeschreiblich. Aber man darf sich nicht zu lange damit aufhalten, denn da warten schon die nächsten Speisen darauf, gegessen zu werden! Schnell werden die tönernen Kegelformen, in denen die Tajine gekocht wurde, wieder abgeräumt, denn nun folgt das Hauptmahl, das Meshwi.

Meshwi-Ofen

030xxkm Foto: mb

Meshwi, ein im Ganzen gegrillter Hammel, ist das marokkanische Festessen schlechthin! Jung muss er sein, butterweich und die Kruste goldbraun! Vor dem Backen wird der Hammel mit Butterschmalz und Zwiebeln eingerieben. Dann wird er der Länge nach aufgespießt und in einen extra dafür aus Lehm hergestellten Ofen gehängt. Dieser wird Stunden vorher mit glühender Kohle gefüllt, die den Lehm aufheizen soll. Ist der Ofen richtig heiß, wird der Hammel hineingehängt und der Ofen mit frischem Lehm verschlossen. Dann beginnt das Warten, Stunde um Stunde. Der richtige Zeitpunkt zum Öffnen des Ofens muss genau abgepasst werden, denn sonst ist das Fleisch noch roh oder schon zäh! Und das darf nicht sein, denn wie bereits erwähnt: butterweich, die Kruste goldbraun ... Es gibt zweierlei Methoden, Meshwi zu servieren. Erstens im ganzen, doch dazu braucht man einen Riesentisch, weswegen man meistens auf die zweite Methode zurückgreift: Man schneidet das Fleisch auf und serviert es auf großen silbernen Platten. Im allgemeinen leeren sich diese schnell, denn Fleisch gilt auch bei reichen Familien als bestes Essen überhaupt.

Wer nun aber denkt, er könne sich zufrieden und dem Platzen nahe zurücklehnen und in aller Ruhe verdauen, der irrt: Bei einem Festmahl wird geklotzt, nicht gekleckert! Es folgt traditionellerweise nun der krönende Abschluss: ein **Kuskus!** Ein ganzer Berg davon, garniert mit Fleisch und Gemüse. So köstlich es duften mag: Kuskus essen will gelernt sein. Denn man isst es, wie jedes andere Essen auch, ohne Besteck.

Doch da Kuskus bereits aus Weizen besteht (es ist gedämpfter Grieß mit köstlichen Soßen), kann man nicht mehr das praktische Brot als Besteck nutzen! Nun gilt es, aus dem Weizengrieß mit nur einer Hand Bällchen zu formen, die man dann in den Mund schiebt. Kuskus bildet im allgemeinen den Abschluss eines gelungenen Festmahles, Sie können erleichtert aufatmen! Doch das bedeutet nicht, dass das Essen nun vorbei wäre, wo kämen wir da hin?! Denn nun folgen Tee, Datteln, Schalen mit frischem Obst und Brivat – Gebäck, das mit Honig, Datteln und Mandeln gefüllt ist. Dazu spielt ein Orchester liebliche Weisen ...

Bei einem Festmahl zeigt sich alles, was die marokkanische Küche zu bieten hat: frische Salate, aufwendige Pasteten, köstliche Tajines, wunderbares Fleisch und herrlicher Kuskus! Letztendlich gibt eine solche Diffa einen guten Überblick sowohl über die Küche als auch über die Etikette und die Tischsitten.

Man benutzt in den traditionell lebenden Familien **kein Besteck.** *Louis Brunot,* ein französischer Anthropologe, der in den zwanziger und dreißiger Jahren des 20. Jh. die Gebräuche der nordafrikanischen Kultur erforschte, erläuterte diese Sitte wie folgt: „Die Etikette diktiert, dass man immer nur drei Finger zum Essen benutzen darf: den Daumen, den Zeigefinger und den Mittelfinger. Wer nur einen Finger benutzt, steht unter dem Einfluss des Teufels, ein Prophet isst mit drei, und nur ein Gierschlund isst mit vier oder fünf Fingern ..."

Gegessen wird in der traditionellen Familie **auf dem Boden.** Meist werden die Speisen dabei auf einen niedrigen Tisch gestellt, um den herum sich die Essenden setzen. Das Essgeschirr besteht meist aus nur einer Platte, die man in die Mitte des Tisches stellt und von der alle essen. Brot ersetzt das Besteck, und ein Glas mit Wasser reicht für alle Durstigen.

Von Tee, Kaffee und Härterem

Das erste Glas Tee ist süß wie die Liebe, das zweite hart wie das Leben und das dritte bitter wie der Tod.
(Sprichwort aus der Sahara)

Muhammad, der Prophet, so sagt man, wenn man der Legende Glauben schenken darf, hat nach dem Genuss einer Tasse **Kaffee** erst 40 Männer aus dem Sattel gehoben und anschließend 40 Frauen geliebt. Und doch wird dem Kaffee in Marokko wenig Aufmerksamkeit geschenkt. Man trinkt ihn, ganz nach Art der Franzosen, schwarz oder mit Milch und immer mit Zucker.

Der **Tee** hat hier die Aufgabe des Kaffees übernommen. „Whisky Marocain", marokkanischen Whisky nennen sie ihn, denn er soll Kraft geben und die Müdigkeit verjagen. Und in der Tat: Der Tee hier weckt Kräfte! Müde und ausgelaugt von einem anstrengendem Marktbesuch oder einer Busfahrt, setzt man sich in ein Teehaus und bestellt einen Atai: Was man erhält, ist ein starkes Gebräu aus chinesischem grünen Tee, viel, viel Zucker und frischen Pfefferminzblättern. Keine normale Pfefferminze, nein, richtige gute Nanaminze, wie man sie nur hier, im äußersten Westen der arabischen Welt, erhält.

Teetrinken ist vor allem eine soziale Angelegenheit. Man trinkt ihn zu allen möglichen Gelegenheiten und nur selten allein. Dabei kam er erst im 18. Jahrhundert mit den Engländern nach Marokko. In den Krisenjahren 1874-1884 entwickelte er sich dann zum Nationalgetränk.

Der Tee spielt eine immens wichtige Rolle. Man hat geschätzt, dass im ländlichen Marokko etwa 25% der Familienausgaben für Tee und Zucker aufgewendet werden. Damit ist er auch Energiespender Nr. 1!

Die wichtigsten Gegenstände einer **Teezeremonie** sind die Teekanne (arab. *brad),* die Teegläser und das Teetablett. Dazu braucht man natürlich grünen Tee, Zucker und frische Minze – diese befinden sich bei traditionellen Teezeremonien in besonders schönen Dosen. Das eigentlich Wichtige jedoch ist die Zeremonie: Jeder Gast erhält einen frisch aufgegossenen Tee, den entweder der Hausherr, oder als besondere Ehre, der Gast zubereitet. Eine marokkanische Teezeremonie besteht aus drei Runden Teegenuß, weniger wäre auf beiden Seiten unhöflich.

Wie nun wird der **Tee zubereitet?** Auf dem Teetablett werden die Gläschen im Kreis aufgestellt. Dann nimmt man eine halbe Handvoll mit gerollten Teeblättern, füllt diese in die Kanne und begießt sie mit sehr wenig kochendem Wasser. Man wartet einige Sekunden und schüttet das Wasser wieder aus. Das wiederholt man noch einmal. Der Tee ist nun sauber und vorgequollen. Die Kanne wird mit einem Stück Zucker, etwa halb so groß wie eine Faust, und frischen Minzeblättern versehen, bis zum Rand mit kochendem Wasser gefüllt und auf einen Herd gestellt. Nun wird das Ganze mehrmals aufgekocht. Danach beginnt das Gießen, und zwar von der Kanne in die Gläser und von den Gläsern in die Kanne. Wie oft das gemacht wird, entscheidet der Teemacher. Wichtig hierbei ist, daß das Umschütten aus der Höhe geschieht, damit Schaum entsteht, denn je mehr Schaum, desto besser. Jeder Gast erhält nun ein Glas, halbvoll mit Tee. Die Reihenfolge, nach welcher der Tee verabreicht wird, entspricht dem Ansehen des Teetrinkers. Die Gäste erhalten als erste ein Glas. Den Tee trinkt man laut schlürfend, da so der Halsraum besser befeuchtet wird. Ist das Glas leer, gibt man es zurück zum Teebereiter. Sind alle Gläser wieder auf dem Tablett, beginnt die zweite Runde, wobei hier ein vorbereitetes Glas mit Tee-Extrakt in die Kanne geschüttet wird. In der dritten Runde schmeckt der Tee eigentlich kaum noch nach Tee. Eher ähnelt der Geschmack bitterem Zuckerwasser.

Ein Genuss ganz anderer Art ist, wie überall, der verbotene: der **Alkoholgenuss!** Denn trotz des Alkoholverbotes gibt es in Marokko eine Vielzahl von Alkoholika. Die besten darunter sind die Weine aus Meknes und Umgebung.

Wesentlich härter und nicht wesentlich teurer ist der hiesige Feigen- oder Dattelschnaps, **Mahia.** Traditionell brauten ihn die Juden in fast jedem Dorf, doch das ist lange her. Rein gesetzlich ist die Herstellung von Alkohol den Muslimen Marokkos verboten, weswegen die großen Weinkeller und Destillerien noch immer in jüdischer Hand sind. Und doch lassen es sich viele Marokkaner nicht nehmen, den Alkohol selbst zu brauen, vor allen Dingen dort, wo der nächste Laden mit Alkohol weit weg ist. Dazu setzt man Feigen oder Datteln mit Zucker und Hefe ein paar Tage lang an, bis sich genügend Alkohol gebildet hat, und destilliert danach die Flüssigkeit. Es schmeckt grauenhaft ...

Wer Mahia probieren möchte, dem sei „Mahia La Gazelle" empfohlen. Dieser Schnaps ist sehr würzig, fast schon wie ein Grappa mit einem ganz leichten Anisgeschmack, professionell hergestellt und entsprechend lecker!

Mahia wird natürlich heimlich getrunken und ist, wie der Tee, eine soziale Angelegenheit. Es gibt einen „Mahiawärter", der die Flasche und das Glas hat. Er schenkt ein wenig ein und gibt es dem Ersten. Der trinkt es aus und gibt das leere Glas dem „Wärter" zurück. Dieser füllt es von neuem und gibt es dem Nächsten. So kreist das Mahiaglas wie ein Joint durch die Runde, bis die Flasche leer ist und die Leute ..., nun ja, es hängt davon ab, wie groß die Flasche war und wie viele Männer in der Runde saßen ...

Das geliebte Pfeifchen

Der Unterschied zwischen Lahsan und Idir war, dass Lahsan gerne trank, während Idir kiffte. Haschischraucher wollen ihre Ruhe haben, Trinker sind anders. Sie wollen ausbrechen und zerstören.

(*Paul Bowles:* Die Geschichte von Lahsan und Idir)

Dass Haschischrauchen keine Erfindung der Hippies ist, weiß man. Das bekannte Rezept, nach welchem man heute seinen Joint herstellt, nämlich das Harz der Cannabispflanze mit Tabak gemischt, haben jedoch die Hippies in den 60er Jahren nach Marokko gebracht. Die Hippies kamen mit langen Haaren, in bunten Kleidern und den Kopf voller Ideale – oder auch nicht. Und mit ihnen kam der **Haschisch-Tourismus,** den es bis heute gibt. Heute allerdings sind es nicht mehr die Massen von früher, vielmehr sind es vereinzelte Anhänger des Grases, die allein deshalb eine Reise ins „gepriesene Land" unternehmen. Die meisten, die dem Haschischgenuss in Marokko frönen, kommen auch, sicherlich aber nicht mehr ausschließlich deswegen nach Marokko.

Der Haschisch-Tourismus spielt sich, wen wundert's, vor allem dort ab, wo das Gras angebaut wird: im Rifgebirge. Dort leben die Menschen vom Hanf: dem Anbau, dem Schmuggel, dem Vertrieb und letztendlich auch von einem bescheidenen Tourismus, denn dort finden Haschisch-Liebhaber ihr Eldorado. Diejenigen aber, die mit der Droge nichts zu tun haben möchten, meiden die Region, zu groß ist die Angst vor der **Kriminalität** und den Drogengesetzen, die dort gelten. Verfolgungsszenen wie in den besten Krimis sind dort an der Tagesordnung: Pick-ups und andere Autos stoppen die Autos der Fremden, die Fremden werden genötigt, „Stoff" zu kaufen und werden dann bei der nächsten Polizeistation gemeldet. So kassieren alle: der Polizist, der „Anschwärzer" und die kleinen Bauern, die vom Anbau des Hanfes leben. Nur der Tourist steht dumm da: Er muss das gerade gekaufte Zeug entweder sofort rauchen oder besser wegwerfen, denn damit von der Polizei aufgegriffen zu werden, ist ein Risiko, dass man lieber nicht eingehen sollte! Gefängnisstrafen drohen, die man nur manchmal mit sehr hohen Bestechungszahlungen abwenden kann.

Bevor die Hippies kamen, rauchte man in Marokko **Kif.** Neben seiner berauschenden Wirkung hat(te) es vor allem eine soziale Bedeutung: Gemeinsam ein Pfeifchen zu rauchen, und dann einen Schluck Tee zu sich zu nehmen – der höchste der Genüsse – gehört(e) zu den allabendlichen Vergnügungen unter Männern. Cannabisblätter werden geschnitten, getrocknet, zerbröselt und dann in ein Pfeifchen gestopft, dessen Kopf so klein ist, dass man daraus maximal zwei, drei Züge nehmen kann. Jeder nimmt einen Zug aus der Pfeife, die man hier Sebsi nennt, dann gibt man sie weiter – ein leichter Genuss nur und somit keiner, der, wie man es aus Europa kennt, ganze Jugendcliquen berauscht. Man möchte sich ein wenig „den Kopf bräunen", wie man in Marokko sagt, und sich nicht dem Vollrausch hingeben, so will es der Brauch.

Offiziell ist das Rauchen von Kif und Haschisch natürlich verboten. Offiziell gibt es damit auch keine Probleme. Dabei ist Ketama, die „Hauptstadt" des Rifgebirges, der größte Haschisch-Exporteur der Welt, das **Rifgebirge** die viertgrößte Erzeugerregion weltweit. Zwei Drittel des Haschisch, welches auf dem europäischen Markt zu finden ist, kommen von hier. Aber Probleme? Nein, die gibt es hier nicht. Das sagen zumindest offizielle Stellen.

Der **Anbau der Cannabispflanze** prägt das Leben der Menschen im Rifgebirge: Die Anbaufläche beträgt knapp 80.000 ha, und 200.000 Kleinbauern leben ausschließlich davon. Dabei ist der traditionelle Anbau der Pflanze offiziell erlaubt. Gemeint damit ist erstens Anbau nur für den Eigenbedarf der Bauern und zweitens Anbau, der auf die Blätter der Pflanze für die Kifherstellung abzielt – im Unterschied zum kommerziellen Anbau speziell zur Haschischproduktion, wo es um die Gewinnung des (viel stärker berauschenden) Harzes der Cannabispflanze geht. Dieser sich von der traditionellen Erntemethode unterscheidende Anbau zur Haschischgewinnung, der sich erst seit den 60er Jahren entwickelt hat, ist auch im Rifgebirge illegal!

Dagegen ist der traditionelle Anbau sogar nach der Verordnung 1-69-246 bis heute offizielles Staatsmonopol. Im Jahr 1926 war der Cannabisanbau von den Franzosen legalisiert und zum Staatsmonopol erklärt worden, wahrscheinlich in der Hoffnung, selbst die Kontrolle über den Anbau ausüben zu können. Zudem herrschte zu dieser Zeit in Europa ein großes Interesse an Hanffasern und anderen Hanferzeugnissen, mit denen die Franzosen in den Jahren ihrer Herrschaft Handel trieben.

Im Jahre 1992 unterschrieb *Hassan II.* die Konvention der Vereinten Nationen zur **Drogenbekämpfung** von 1988. Und zum Beweis, dass dies nicht nur eine Formalität, sondern ernst gemeint war, ließ er noch im selben Jahr 10.833 Drogenhändler verhaften. Natürlich nur die kleinsten Händler, die, die am wenigsten Einfluss im Land hatten und deren Rache die Regierung nicht fürchten musste. 1993 kündigte man dann einen Entwicklungsplan an, der der Region Stromleitungen, Straßen, fünf mittelgroße Stauseen, 95.000 ha bewässertes Gebiet, 300.000 ha Weideland und 200.000 ha Obstplantagen versprach. Dies alles sollte es den Bauern ermöglichen, vom Hanfbauern zum Obstbauern zu werden. Das Projekt verlief im Sande, und 3,8 Milliarden DM, zusammengebracht von der EU als Entwicklungshilfegelder, verschwanden mehr oder minder. Gleichzeitig stiegen Produktion und Ausfuhr von Haschisch.

Da von den genannten 3,8 Milliarden DM nichts bei den Kleinbauern im Rif ankam, sehen diese nicht ein, weshalb sie die Cannabis-Produktion, ihre einzige Lebensgrundlage, einstellen sollten. Ein härteres Durchgreifen gegen den Cannabisanbau ist für den marokkanischen Staat schwierig, insbesondere wegen der Gefahr der offenen Rebellion im Rif. Das Rifgebirge ist seit alters her eine Unruheregion. Von hier kamen *Kahina,* die Kämpferin gegen die arabischen Eroberer, und *Abdel Krim,* der Held der Berber. *Bilad as-Siba,* „Land der Gesetzlosigkeit“, wurde es genannt, und irgendwie ist es das bis heute. Im Rifgebirge herrschen eigene Gesetze.

Die Drogenbekämpfung erschwerende Faktoren sind weiterhin die wirtschaftliche Bedeutung des Hanfanbaus und der Einfluss der **Drogenhändler,** von denen einige in das Parlament gelangt sind und dort ihre eigene Politik verfolgen. 1992 kandidierten bekannte Drogenhändler für die Kommunalparlamente, und das obwohl es eine schwarze Liste des Innenministers gab, die 400 Personen von der Wahl ausschloss. Trotz dieser Liste konnten einige Drogenbarone oder ihre Mittelsleute auf dem Weg über die Kommunalparlamente in das nationale Parlament gelangen. Gewählt wurden sie von den Bauern des Rif, denen sie versprachen, sich für den legalen Cannabisanbau einzusetzen.

Diese Drogenbarone sorgen auch dafür, dass die staatlichen Drogenbekämpfungsmaßnahmen trickreich umgangen werden können: Um Schmuggelwege zu schützen, werden Arrangements mit den betreffenden Personen vereinbart. Wirksame Anti-Drogen-Maßnahmen, wie das Abbrennen der Felder zum Zeitpunkt der Ernte, werden erfolgreich verhindert. Zu Beschlagnahmungen kommt es immer nur, wenn das Gros der Ware schon „auf dem Weg" ist. Was die Razzia-Polizisten dann noch finden, ist Haschischstaub, nicht der Rede wert ...

Das Haschisch-Problem zwingt das Land in eine wirkliche Zwickmühle. Die Politiker des Landes wünschen die Öffnung nach Westen, sprich nach **Europa,** dieses aber verlangt von Marokko eine besser greifende Drogenbekämpfung. Das Paradoxe an dieser Situation ist, dass Europa Marokkos größter Haschischmarkt ist! Hinzu kommt die wirtschaftliche Abhängigkeit vom Hanfanbau und das Elend von 200.000 Rifbauern, die von heute auf morgen ihre Lebensgrundlage verlören. Wer schlachtet schon das Huhn, das goldene Eier legt? Ein Ausweg aus dem Dilemma wäre vielleicht die in ganz Westeuropa diskutierte Legalisierung des Haschisch-Genusses. Es bleibt zu hoffen, dass es bald eine vernünftige Lösung gibt. Vorerst aber bleibt der nichttraditionelle Haschisch-Anbau illegal, der Besitz und Verkauf der Droge auch, geahndet wird willkürlich und nie bei den Großen, und keiner mag darüber so richtig sprechen. Zu gefährlich. Für mich auch!

(Die meisten Informationen entstammen dem OGD, dem „Observatoire géopolitique des drogues", dem Internationalen Geopolitischen Drogenbeob-achtungszentrum in Paris.)

Zwei Hochzeiten und ein Todesfall

Wer heiraten oder als Europäer einer marokkanischen Hochzeit beiwohnen möchte, braucht vor allem eines: Geduld! Ganz gleich, ob es sich bei der Hochzeit um ein traditionelles oder ein modernes Fest dreht; es dauert mindestens zwei Tage, in denen kaum geschlafen, viel getanzt und fast durchgehend geredet wird.

Heiraten in der Stadt und auf dem Land

Lailas Hochzeit war eine Mischung aus einem modernen und einem traditionellen Fest – typisch für eine **städtische Heirat im bürgerlichen Milieu.** Zwei Tage hat es gedauert, noch nicht einmal besonders lange; und doch waren alle Beteiligten irgendwie froh, als es vorbei war!

Freitag: Tag der Männer und das Hennafest. Vor dem Elternhaus des Bräutigams hat man ein Festzelt aufgebaut, das etwa 150 Menschen fasst. Das Fest beginnt gegen 21 Uhr, man reicht Wasser als Getränk. Im Zelt sitzen die Männer, hören der Musik zu, die eine Live-Band spielt, und hin und wieder steht auch einmal einer auf, um zu tanzen. Im Haus der Braut hingegen sitzen die Frauen zusammen, nicht alle, aber die engsten Freundinnen und Verwandten. Der Tag hat mit einem gemeinsamen Hammambesuch begonnen. Jetzt werden die Hände und Füße der Braut in einer feierlichen Zeremonie mit kunstvollen Hennaverzierungen bemalt. *Laila* sitzt erhöht auf einem Kissen und streckt ergeben Arme und

Eine schweizer-marokkanische Hochzeit

031km Foto: mb

Füße von sich. Die Frauen um sie herum singen, trinken gesüßten und stark gewürzten Kaffee und essen dazu Halwayat, das traditionelle Gebäck. Zahllose Stimmen schwirren um den Kopf der Braut, die an diesem Abend ihren Abschied von der Familie feiert. Es ist der letzte Abend im Haus ihrer Eltern als unverheiratete Frau und wahrscheinlich die letzte Nacht allein. Das jedoch kümmert *Laila* relativ wenig, sie liebt ihren zukünftigen Ehegatten - ein Privileg, das nicht jeder Braut widerfährt -, und sie kann es kaum erwarten, verheiratet zu sein: die erste Nacht mit ihrem Geliebten, der Verlust ihrer Jungfräulichkeit ...

Währenddessen tanzen die Männer im Zelt. Zwischenzeitlich schon etwas ausgelassener, aber sie trinken noch immer nur Wasser. Der Bräutigam weilt unter ihnen. Man ruft ihm aufmunternde Sprüche zu und beglückwünscht ihn zu seiner jungen und bildschönen Braut. Ab und zu wird die Orchestermusik unterbrochen, dann tauchen Folkloregruppen aus der Nachbarschaft auf, um für den Bräutigam zu singen.

Das Fest nimmt seinen Lauf, im Haus feiern die Frauen, im Zelt die Männer. Fröhlicher geht es bei den Frauen zu, denn hier wird gekichert und getratscht, Schminkvorschläge werden der Braut unterbreitet und Tipps für die erste Nacht! Es wird Mitternacht: Zeit zum Essen. Hähnchen werden aufgetischt und dann eine Tajine, eine Festtagstajine, versteht sich, danach reicht man Süßes und Tee. Die Musik setzt wieder ein, und wieder beginnen die Männer zu tanzen. Und das machen sie, bis der Morgen graut. Das Hennafest der Männer ist vorbei, das der Frauen geht noch weiter. Auch sie haben spät in der Nacht angefangen zu essen, wobei das immer schwieriger wurde, da immer mehr Hände bemalt waren. Die fertig bemalten Hände dürfen nun nicht mehr allzu stark bewegt werden, da sonst die braune Paste bricht und somit die Muster unterbrochen werden. Die Braut, die am schönsten verziert ist, wird als erste gefüttert, dann die nächsten Verwandten. Diejenigen, deren Hände noch nicht von der professionellen Hinnaya, der Hennamalerin, verziert wurden, essen zuletzt. Dann wird wieder gesungen und gelacht. Die Frau malt die ganze Nacht. Und weil es sich so schlecht mit dem Henna an Händen und Füßen schlafen lässt, leisten die Frauen der Malerin Gesellschaft.

Die Arbeit ist nun getan. Man darf sich ausruhen, aber nicht zu lange, denn heute, am zweiten Tag der Hochzeit, beginnt das eigentliche Fest, das Fest der Frauen! Und ab den frühen Morgenstunden kommen die Gäste an, von nah und fern, und alle wollen begrüßt und verköstigt werden. Der Tag vergeht mit Essen, mit Lachen und Trinken. Dann wird es ernst: Die Braut verschwindet ins Schminkzimmer und wird für den Abend hergerichtet. Die Männer feiern derzeit im Haus des Bräutigams.

Das Orchester kommt ins Haus der Braut. Und wiederum um 21 Uhr beginnt das Fest, wie am Abend zuvor, doch nun sind es die Frauen, die in den Genuss der Live-Musik kommen, und sie tanzen heftig mit! *Laila* ist noch immer in der Garderobe und probt den großen Auftritt, der gegen 22 Uhr beginnt: Sie und *Ahmad,* den sie an diesem Abend nun endlich heiraten wird und der in der Zwischenzeit im Haus seiner Zukünftigen angekommen ist, schreiten in herrlichster Kleidung nebeneinander durch den Raum, bis sie eine Sänfte erreichen. In diese setzt sich die Braut und wird nun unter den Freudentrillern ihrer Geschlechtsgenossinnen zur Bühne getragen, die hier aufgebaut ist. Die Männer, welche diese Sänfte tragen, singen dazu ein fröhliches Lied, und *Laila* schaukelt darin zur Bühne. Dann laufen die Sänftenträger zurück und holen den Bräutigam. Die Prozedur wiederholt sich. Nun sitzen beide strahlend auf ihrem Thron, der extra für diesen Anlass aufgebaut wurde, und sehen dem Treiben zu. Die Stimmung wird immer ausgelassener. Die Musik spielt, die Frauen tanzen und singen, das Paar schaut zu. Etwa eine Stunde lang. Dann stehen die beiden auf und schreiten feierlich nach draußen, wo eifrige Helferinnen schon darauf warten, die Braut in ein anderes Gewand zu stecken. Dann geht es wieder zurück in den Festsaal, wieder unter dem Jubel der Freundinnen. Dann beginnt einer der wichtigsten Abschnitte des Abends: Die Männer, bisher außen vor, bringen die Geschenke des Bräutigams für seine Braut vor die Bühne – Goldschmuck, Kleidung, Schminke, Henna, alles was das Herz Lailas höher schlagen lässt, und zu guter Letzt noch ein Schaf, das den Reichtum des zukünftigen Paares demonstrieren soll. Diese Geschenkeshow wird begleitet von traditionellen Folkloregesängen der Männer. Die Frauen jubeln und stecken den Musikern Geld zu! Die Stimmung steigt. Und Braut und Bräutigam sitzen weiter auf ihrem Thron und betrachten das Treiben. Gegen 1 Uhr früh wird das Essen serviert, für alle, außer für *Laila* und *Ahmad.* Diese haben keine Zeit zum essen, denn sie ziehen sich bereits für den nächsten Auftritt um – und das wird die ganze Nacht so weitergehen. Das Essen ist prächtig: wieder viel Fleisch und viele Softgetränke, an diesem Tag spielt Geld keine Rolle!

So geht das Fest weiter, bis in die frühen Morgenstunden. Die Braut wechselt insgesamt 5 oder 6 Mal die Kleidung, immer prächtiger werden die Gewänder, bis morgens um 7 oder 8 Uhr endlich das letzte, das weiße Brautkleid angezogen wird. *Laila* ist inzwischen todmüde und freut sich nur noch auf ihr Bett, ihr neues Bett wohlgemerkt, das im Haus des Bräutigams! Aber zuerst muss sie noch die Hochzeitstorte anschneiden, die zu so früher Stunde verteilt wird. Dann endlich machen sich das Brautpaar und ein paar Freunde auf den Weg. Unter lautem Getrommel erreicht *Laila* ihr neues Zuhause. Auch *Ahmad* ist nur noch erschöpft. An die Liebe denkt nun keiner, dazu haben beide keine Kraft mehr! Aber es bleiben ihnen von heute an sieben Tage, in denen sie ihr Brautgemach nicht verlassen brauchen und in denen ihnen Essen ans Bett gebracht wird. In diesen sieben Tagen werden sie feststellen, ob es sich gelohnt hat zu heiraten oder nicht!

Gar nicht so viel anderes passiert bei einer **Hochzeit auf dem Lande,** nur diese dauert selten weniger als sieben Tage. Die Feiern sind entzerrter und nicht auf zwei Tage beschränkt. Natürlich gibt es jede Menge mehr zu essen und zu trinken und mehr Musik und mehr Feiern, denn nun ist das ganze Dorf eingeladen, und alle wollen an allem teilhaben.

Auch hier gibt es einen traditionellen Umzug vom Haus der Braut in Haus des Bräutigams, eine offizielle Geschenkübergabe und auch das Hennafest, aber eindeutiger Höhepunkt der siebentägigen Feiern ist die Nacht der Entjungferung! Wäre *Laila* nicht in Casablanca geboren, sondern z.B. im Dorf Asslim, und wäre diese Hochzeit eine wirklich traditionelle, so sähe diese letzte Nacht folgendermaßen aus:

Laila kleidet sich unter dem Jubel der Freundinnen und Schwestern gegen Mitternacht in ihr schönstes, das traditionelle Hochzeitsgewand. Dann wird sie von einer alten Frau beiseite genommen: Nun endlich wird sie die Geheimnisse des Ehelebens erfahren! *Laila* ist entsetzt: Was wird der Mann, den ihre Eltern für sie ausgesucht haben und den sie heute zum ersten Mal in ihrem Leben gesehen hat, mit ihr machen? Und es wird schmerzen und bluten????? *Laila* will das alles nicht, aber schließlich mussten das alle Frauen durchmachen, die verheiratet sind, und weise wird ihr erklärt, dass sie nun das durchleben muss, was der kleine Junge bei seiner Beschneidung erfahren hat. Das ist nicht unbedingt beruhigender, denn sie erinnert sich noch gut an das Beschneidungsfest ihres kleinen Bruders und an dessen Tränen. Dann wird sie allein gelassen. *Ahmad,* der Mann, den sie nun ehelichen wird, kommt ins Zimmer.

Auch er wurde in der letzten Stunde darüber aufgeklärt, was er zu tun hat, und auch er hat Angst. Natürlich hat er schon von seinen Freunden gehört, wie das gehen soll, einige haben sogar schon ein paar sexuelle Erlebnisse mit Prostituierten oder Europäerinnen gehabt, und doch hat er Angst zu versagen. Im Zimmer nebenan wartet die alte Frau auf den Schrei der Braut.

Was nun folgt, ist wohl für beide Seiten eher unschön, und oftmals versucht die Frau sich zu weigern, was den Mann ... Nun, auch für diese Fälle gibt es eine Hilfe: nämlich Männer, die die Frau festhalten, und eine Prostituierte, die den Mann wieder stimulieren soll. Aber *Laila* ist tapfer, sie lässt es geschehen und schreit vor Schmerzen auf, als das Jungfernhäutchen zerreisst. Die Frau vor der Tür beginnt zu trillern und kommt kurz danach ins Zimmer. Sie muss überprüfen, ob *Laila* nicht nur simuliert hat: Aber nein, Glück gehabt!

Und endlich feiert die Gesellschaft befreit weiter, denn während des gesamten Aktes war Stillschweigen im Raum. Doch mit dem Trillern der Wächterin geht das Fest weiter. *Laila* weint. Sie muss sich erst noch an ihre neue Rolle als Frau gewöhnen.

Tod und Beerdigung

Der Prophet sagte: „Von meinem Herrn kam die erfreuliche Nachricht, dass alle Mitglieder meiner Gemeinde, die allein Gott dienen und ihm keine Teilhaber an seiner Göttlichkeit zuschreiben, nach ihrem Tod ins Paradies eingehen werden." Ich fragte ihn: „Auch die, die Ehebruch begangen oder gestohlen haben?" „Ja."

(*Sahih al-Bukhari:* Nachrichten von Taten und Aussprüchen des Propheten)

Da jeden gläubigen Muslim nach seinem Tod das **Paradies** erwartet, gilt der Tod als die Schwelle zum wahren Leben, dem Ziel eines Gläubigen. Bereits in der Sexualität wird auf die Freuden des Paradieses hingewiesen, also ist die Angst vor dem Sterben relativ gering. Wer zudem in der Sache Gottes, also sprich im Djihad, dem heiligen Kampf, stirbt, braucht sich um sein Seelenheil nicht mehr zu sorgen. Dennoch ist der Tod für die Angehörigen des Toten natürlich eine traurige Sache.

Die **Totenzeremonien** sind fast alle den Hadithen, d.h. den Taten und Aussprüchen des Propheten *Muhammad,* entlehnt und werden somit fast in der gesamten islamischen Welt gleich angewandt. Zunächst wird der Leichnam von Familienmitgliedern gewaschen, wobei in aller Regel Frauen Frauen waschen und Männer Männer. Dazu werden neben Wasser auch duftende Substanzen verwendet, bevorzugt Lotus, Akazien und Kampfer. Man beginnt die Waschung auf der rechten Seite und vollzieht dann die kleine Waschung, die auch vor dem Gebet zu verrichten ist. Körperöffnungen werden, allerdings nur in manchen Regionen Marokkos und der Sahara, mit duftenden Substanzen verschlossen, die garantieren sollen, dass böse Geister nicht in den verstorbenen Körper eindringen. Denn Verstorbene gelten als besonders attraktiv für böse Geister, die sich ihrer Seele bemächtigen wollen. Ist dies alles geschehen, erhält der Tote das Totengewand, bevorzugt ein gestreiftes Tuch, das nicht geknotet wird, denn so wurde auch der Leichnam des Propheten eingewickelt. Außerdem kann die Seele so leichter unter dem Tuch hervorkommen und verschwinden, ohne sich bei den lästigen Knoten aufhalten

032km Foto: mb

zu müssen. Dann wird der Verstorbene aufgebahrt, und ist er abends oder nachts dahingeschieden, kommen Freunde, Verwandte und Nachbarn, um dem Toten einen letzten Besuch abzustatten. Ist er tagsüber gestorben, beeilt man sich, den Leichnam unter die Erde zu bringen, denn solange ein Toter bei Tag nicht unter der Erde weilt, ist die Gefahr, vom bösen Blick erfasst zu werden, zu groß.

Entsprechend schnell laufen die Begräbniszeremonien ab, nicht jedoch, ohne zumindest ein Gebet in der Moschee zu einer der fünf Gebetszeiten verrichtet zu haben. Der Tote wird auf eine Bahre gelegt und von den Männern der Familie oder aber Freunden zum Friedhof getragen. Häufig vollziehen sie dabei einen seltsam anmutenden Tanz, in dem sie den Toten hin und her hüpfen lassen, so als wollten sie das Verlassen des Hauses hinauszögern. Darin symbolisiert sich der Widerstand der Seele des Toten, die ebenfalls das Haus nicht verlassen möchte. Der Tote wird in einem großen Leichenzug, begleitet von Trommelschlägen und z.T. etwas monotonen Gesängen, zum nächsten Friedhof getragen. Nach Anweisung des Propheten müssen Vorbeigehende stehenbleiben und Sitzende sich erheben.

Am Grabe angekommen, das eilig ausgehoben wurde, legt man den Toten auf die rechte Seite und bettet ihn so, dass seine Augen gen Mekka gerichtet sind. Dann spricht ein Imam den Segen aus, der Leichnam wird in die Erde gelassen, und die Männer kehren zurück.

Derzeit haben die Nachbarn das Essen für die trauernde Familie gekocht. Während der folgenden drei Tage wird dann im Haus Weihrauch verbrannt, und nachts wird ein Licht angelassen. Man möchte verhindern, dass die Seele, die nur bei Dunkelheit wandern kann, zurück ins Haus kommt. Sie soll ins Paradies einfahren, doch man hat Angst, die Sehnsucht der Seele nach der Familie, die sie durch den Tod verlassen musste, ist größer als die Lust, ins Paradies einzugehen. Also muss man der Seele helfen. Es herrscht Trauer im Haus der betroffenen Familie.

Drei Tage später ist es dann den Frauen gestattet, auf den Friedhof zu kommen, um dem Toten einen Besuch abzustatten. Sie bringen dabei Geschenke mit, die sie auf das Grab legen. Anfangs noch häufig, wird man später das Grab nur noch einmal im Jahr besuchen, vorzugsweise zum Ashura-Fest.

An dem Tag, an dem es den Frauen zum ersten Mal gestattet ist, das Grab aufzusuchen, wird ein Tier geschlachtet. Dieses Tier ist die Grundlage für das Totenessen, das man am Abend des dritten Tages zu sich nimmt. Dazu lädt man alle Freunde und Verwandte ein, und wer es sich leisten kann, macht aus diesem Essen ein Fest.

Auf 40 Tage ist die Trauerzeit festgelegt, deren Ende mit einem weiteren Schlachten gefeiert wird. Noch einmal wird der Koran für den Verstorbenen gelesen, aber nun kann man sicher sein, dass der Tote wohlbehalten im Paradies angekommen ist.

Initiationsritus: die Beschneidung

Initiation: Der Ritus, der die Veränderung des Status vom Nichtmitglied zum Mitglied einer sozialen Einheit begleitet. (...) Initiationsriten (markieren) den Übergang von der Kindheit ins Erwachsenenalter (...). Ihre charakteristischen Merkmale sind das symbolische Sterben des Individuums, seine Neuschaffung und anschließende Wiedergeburt als vollwertiger erwachsener Mensch. Der Ablöseprozess von den Eltern, gleichbedeutend mit dem „Tod" des Kindes, wird meist symbolisch durch verschiedene Formen der Deformierung (Beschneidung, Haarausreißen, Zähne einschlagen, Tätowierung) dargestellt.

(Neues Wörterbuch der Völkerkunde)

Entgegen vieler Vorstellungen werden **Frauen** in Marokko nicht beschnitten, denn die Beschneidung der Frau widerspricht voll und ganz dem Islam und ist eine altägypisch-sudanesische Unsitte, die in Marokko nicht praktiziert wird.

Hier geht es allein um die Beschneidung des Mannes oder, besser ausgedrückt, des **Knaben,** an dem dieses Ritual im Alter zwischen zwei Monaten und sechs Jahren vollzogen wird. Man sagt, ein Junge müsse noch so klein sein, dass er von dem Ritus keinen (psychischen) Schaden erleidet, aber schon so groß, dass er genau spürt, was mit ihm geschieht. Das Alter von zwei oder drei Jahren scheint aus diesem Grund für die meisten Eltern das passendste zu sein!

Die Beschneidung des Jungen, die als Initiationsritus häufig mit der Entjungferung der Frau gleichgesetzt wird, macht den Jungen zu einem vollwertigen Mitglied der Männergemeinschaft. Ist er beschnitten, darf er in die Moschee zum Freitagsgebet.

Die Beschneidung ist eine alte jüdische Sitte und wurde im 7. Jahrhundert von den Muslimen übernommen. Fast jede Gesellschaft hat einen solchen Initiationsritus, eine erste Prüfung, die das Kind in die Gesellschaft der Erwachsenen aufnimmt. Der Islam verbindet auch hier wieder einmal **Praktisches** mit Religiösem: Ein unbeschnittener Mann gilt als schmutziger Mann, da sich zwischen Eichel und Vorhaut Bakterien sammeln können. In Europa mag diese Regel in Anbetracht der guten Waschmöglichkeiten kleinlich erscheinen, man bedenke aber, wo dieser Ritus entstand und wie es da mit Wasser aussah bzw. wo heute der Islam praktiziert wird: vor allem in Ländern, in denen es nicht immer und überall Wasser gibt, um sich ständig waschen zu können.

In nur ganz wenigen Familien weicht die Beschneidung heutzutage vom traditionellen Ritus ab und wird im Krankenhaus unter Narkose vollzogen (so wie in Europa). Eine Beschneidung ist, ähnlich wie eine Hochzeit, eine **wichtige Angelegenheit.** Entsprechend würdig muss sie begangen werden. Da diese Feste aber immer relativ kostspielig sind, versucht man, mehrere Anlässe miteinander zu verbinden. Besonders beliebt sind die Tage kurz nach dem Opferfest, denn dann ist genügend Fleisch im Haus, und es muss kein Tier extra geschlachtet werden.

Das **Fest** beginnt am Tag vor dem großen Ereignis. Der Knabe wird von den Frauen an den Händen und Füßen mit Henna bemalt und erhält neue Kleidung: meist ein weißes Gewand, das Reinheit symbolisiert. Ab diesem Zeitpunkt gilt der Junge als besonders gefährdet gegenüber dem Bösen Blick, weswegen ihm zum Schutz Amulette um den Fuß gehängt werden. Ist das Henna aufgetragen, wird dem Jungen der Kopf geschoren, eine Unterwerfungsgeste, denn Haar bedeutet Selbstsicherheit. Dann wird der Junge zur Moschee begleitet. Auf dem Land reitet er häufig auf einem Esel dorthin, den sein Vater oder ein anderer Verwandter führt, in der Stadt geschieht dies zu Fuß oder mit dem Auto. In der Moschee betet der Vater für den Sohn, der nun zum ersten Mal eine Moschee betreten darf. Nach der Rückkehr beginnt ein Festessen, bei dem die Mutter Geschenke von der Familie und den engen Freunden erhält.

Das Fest dauert meistens bis tief in die Nacht, erst am nächsten Morgen findet die **eigentliche Beschneidung** statt. Der „Chirurg" ist meistens ein Barbier, der allein berechtigt ist, diese Operationen durchzuführen. In der Westsahara unter den Mauren und Sahauris übernimmt diese Aufgabe oft der Schmied, der mit seiner Segenskraft dem Kind auch gleich Schutz vor dem Bösen Blick gibt. Der Ritus findet fast immer im Haus der Eltern statt, selten nur auf öffentlichen Plätzen im Rahmen einer „Massenbeschneidung". Mit einer scharfen Schere nimmt der Chirurg die Vorhaut und zieht sie nach vorne. Damit die Eichel nicht beschädigt wird, schiebt er etwas Weiches, häufig ein Stück Leder, zwischen Haut und Penis. Dann folgt ein Schnitt, und die Haut ist entfernt. Das Kind beginnt in aller Regel spätestens jetzt fürchterlich zu schreien. In dem Moment, wo der Akt vollzogen ist, gibt der Barbier den Musikern ein Zeichen, die sofort mit der Musik anfangen, die Frauen trillern ihre schönen Triller, und man tanzt zusammen, was sonst nur bei ganz wenigen Gelegenheiten der Fall ist. Das Kind wird nun auf den Rücken seiner Mutter gebunden, der blutende Penis wird dabei auf die nackte Haut der Mutter gedrückt, und gemeinsam beginnen sie zu tanzen, bis das Kind aufhört zu schreien, das ist dann, wenn es vor Erschöpfung eingeschlafen ist. Die Gesellschaft feiert weiter. Derzeit versorgt die Mutter zusammen mit ein paar anderen Frauen die Wunde ihres Sohnes. Eiweiß und Henna werden auf die Wunde gerieben, was die Heilung fördern soll. Nun folgen ein bis drei schmerzvolle Wochen, dann ist die Wunde verheilt und der Junge zum Mann geworden. Eine schmerzvolle Aufnahme in die Erwachsenenwelt, an die sich manche Muslime nur noch mit Grauen erinnern ...

Das Hammam: Dampfbad und Nachrichtenbörse

Gott, der Erhabene sagte: „Wenn Ihr im Zustand der großen Unreinheit seid, dann wascht Euch gründlich!"
(Ausspruch des Propheten)

Gesellschaftliches Leben ist in Marokko ohne das Hammam nicht denkbar. Hier werden nicht nur die neuesten Neuigkeiten ausgetauscht, hier wird geknetet und massiert, gewaschen und poliert. Kleine Kinder werden in die mitgebrachten Eimer gestellt, meist unter lautstarkem Protest, und abgeschrubbt. Ja, im Hammam kommt alles weg: die alten

Hautschichten, die abgestorbenen Haare, die Schamhaftigkeit und – zumindest während der Frauenbadestunden – die viel gelobte weibliche Zurückhaltung.

In jeder Stadt, sogar in jedem Dorf gibt es diese öffentliche Badeanstalt. Obschon wir in der Zwischenzeit im 21. Jahrhundert angelangt sind, ist in Marokko ein Badezimmer mit heißem Wasser selten. Aber selbst diejenigen, die in ihrem Heim über eine warme Dusche verfügen, verzichten nur ungern auf das Vergnügen des Hammam-Besuches. Zum einen, da ist man sich einig: An keinem anderen Ort der Welt kann man so sauber werden wie in einem Hammam (und da haben sie auch vollkommen recht), zum anderen, und das gilt vor allem für Frauen: An welchem anderen Ort kann man sich so ungestört und frei bewegen wie in diesem geschlossenen Mikrosystem? Das Hammam ist eine jahrhundertealte **orientalische Institution.** Der Islam (auch hier erweist er sich einmal mehr als höchst pragmatische Religion) schreibt seinen Anhängern strenge Hygiene vor. Vor jedem Gebet muss sich der Gläubige waschen, weswegen sich auch in jedem Moschee-Innenhof ein Brunnen befindet. Hygiene gehört zu den Grundregeln des Glaubens und wird auch aus diesem Grund sehr ernst genommen. Es gibt fast kein arabisches Märchen ohne Badehaus und nur wenige alte Erzählungen, in denen das Hammam nicht zumindest einen Nebenrolle spielen würde: Es ist Ort der Verführung, wie in der Erzählung des schönen Halwa-Mädchens, oder öffentlicher Ort, an welchem das Gesindel sein Schindluder treibt.

Das Hammam ersetzt den Frauen das Teehaus, hier halten sie sich Stunde um Stunde auf, hier werden Geheimnisse ausgetauscht, hier werden Heiratspläne geschmiedet, hier erfahren die kleinen Jungen zum ersten Mal etwas von der weiblichen Sexualität, denn solange sie noch klein sind, dürfen sie mit den Frauen mitbaden, hier lebt - aller Moderne zum Trotz - ein Urstück orientalischer Kultur.

Wenn man allein das Wort *Hammam*, „Dampfbad", hört, drängen sich romantische **Assoziationen** auf: Vorstellungen von Marmorbecken und Messinghähnen, eine Oase der Ruhe, der Geborgenheit; Frauen, schamhaft bedeckt, die mit goldenen Bechern langsam das lauwarme Wasser über sich rieseln lassen, nachdem sie sich mit wohlduftenden Substanzen gewaschen haben.

So falsch sind diese Vorstellungen gar nicht, doch erst einmal nehmen einem die heißen Dampfschwaden und die relative Dunkelheit den Atem. Dann der Lärm! Kindergeschrei, lautes Rufen, Wasser, das rauscht. Von Ruhe ist hier nichts zu spüren, bald aber schon von Geborgenheit. Und auch die Assoziation der Marmorbecken erfüllt sich tatsächlich, zumindest in vielen der alten städtischen Hammams.

Wer in Marokko ist, sollte sich auf gar keinen Fall einen **Hammambesuch** entgehen lassen. Vielleicht ist es dabei am einfachsten, anfangs zusammen mit einem Marokkaner zu gehen, um sich nicht ganz so verloren zu fühlen, aber auch allein wird der Besuch dieses Bades ein wunderschönes Erlebnis werden.

Da die meisten Hinweisschilder auf arabisch sind, erkundigt man sich am besten im Hotel nach dem nächstgelegenen Bad und den Uhrzeiten für den Frauen- bzw. den Männerbesuch. Viele, vor allem große Hammams haben jedoch zwei Baderäume nebeneinander mit getrennten Eingängen für Männlein und Weiblein. Man betritt zuerst den Umkleideraum. Hier legt man seine Kleider (bis auf die Unterhose) ab, schnürt diese zu einem Bündel, das man an der Garderobe abgeben kann, schnappt sich mehrere Eimer, seine Seife und was sonst zum Bad braucht und betritt das erste, das „kühlste" Zimmer. Wer in Europa nicht schon über weitreichende Dampfbaderfahrung verfügt, sollte hier einige Minuten verweilen, denn auch dieser Raum ist schon so heiß, dass es manchem Europäer schlecht werden kann. Hat man sich an die Hitze gewöhnt, kann man sich weiter wagen. Im dritten, dem heißesten Raum befindet sich die Quelle: der Brunnen mit fast kochendem Wasser. Daneben ist ein Hahn mit kaltem Wasser. Nun füllt man sich seine Eimer und sucht sich ein ruhiges Plätzchen innerhalb des Bades. Das ist nicht immer einfach, denn schnell hat es sich herumgesprochen: Ein Fremder ist unter uns! Hilfreiche Hände finden sich, die beim Waschen helfen möchten. Wer sich nicht scheut, kann dies gerne annehmen, denn wenn man sich umschaut, sieht man, dass es üblich ist, einander zu waschen! Das ist kommunikativ und höchst praktisch, denn wie sollte man sonst wohl die schwierigen Stellen am Rücken erreichen?

Ein Hammambesuch beginnt mit ein paar Minuten Schwitzen. Das tut man im hintersten Raum, in dem Raum, in dem sich auch die Quelle befindet. Die Poren öffnen sich, der Schmutz kann herauskommen. Dann geht man in einen der beiden vorderen Räume und lässt sich dort nieder. In aller Regel beginnt dann das Waschen. Wasser rinnt über den Rücken, Seife wird aufgeschäumt, der Körper wird einbalsamiert. Dann beginnt die eigentliche Arbeit: das Abschrubben der alten Hautschichten. Dazu wird in ein harter Waschlappen benutzt, der kräftig auf den entsprechenden Körperpartien auf- und abgerieben wird. Schwarze Krümel bilden sich. Das ist das Ziel. Wieder wäscht man sich mit Hilfe kleiner Beche voller Wasser, die man über sich gießt. Wer möchte, kann nun eine Massage erhalten.

Die Vorgänge lassen sich beliebig wiederholen, häufig geht man zwischendurch anderer Schönheitspflege nach, Männer rasieren sich, Frauen enthaaren sich oder färben sich mit Henna die Haare. Nach dem Bad reiben sich zumindest Frauen mit wohlriechenden Substanzen, meist Rosenöl, ein. So gereinigt tritt man den Nachhauseweg an, außerdem informiert über den neuesten Dorfklatsch - sofern man Arabisch versteht.

Das Hammam ist ein **freundlicher Ort.** Hier kommt man mit den Menschen zusammen, die nicht unbedingt am Tourismusgeschäft beteiligt sind, hier trifft frau auf Frauen, die sich offen und ungezwungen mit anderen, europäischen Frauen unterhalten wollen. Und das Hammam ist ein lebendiger Ort. Gerade vor den hohen Feiertagen sind die Hammams völlig überfüllt, ein Sitzplatz ist schwer zu finden, und die Heizer machen die Räume besonders heiß, damit es niemand lange aushält. Denn die Räume würden sonst aus den Nähten platzen. Trotzdem - oder gerade deswegen - ist die Stimmung an genau diesen Tagen die beste!

Vergessen Sie jedoch nie: Überall dort, wo Wasser fließt, leben Geister, sogenannte Djinn. Will man diese nicht gegen sich aufbringen, gilt es den Namen Gottes auszusprechen: Also: Ein *„bi-smillah"* beim Eintreten - und Ihnen kann nichts passieren!

Henna: die segensreiche Paste

Henna (arab. *hinna*) besitzt **Segenskraft.** Deshalb spielt es nicht nur bei großen Festen, wie dem Opferfest oder einer Hochzeit, eine wichtige Rolle, sondern auch bei jeder religiösen Wallfahrt. Nicht selten beginnt ein Pilgerbesuch mit dem Auftragen der Hennapaste auf Hände und Füße, nicht selten werden Hände in hennagefärbtes Wasser getaucht, bevor man sie an die weißen Wände der Grabkammer eines Heiligen drückt, um dessen *baraka* zu erhalten!

In Mulay Brahim, nahe der Stadt Marrakesch beispielsweise, stehen Frauen an der Treppe, die zum Heiligtum führt, um ihren Geschlechtsgenossinnen die grüne Paste (die frische Hennapaste ist grün, erst mit dem Trocknen färbt sie sich braun) in wunderschönen Ornamenten und Blumenmustern auf die Hände zu malen. Das ist nicht unbedingt Pflicht, aber es gehört doch irgendwie zum Pilgerbesuch dazu.

Die Hennakunst ist allein **Frauen** vorbehalten. Nur in ganz seltenen Fällen werden auch Männer mit der Hennabemalung beglückt, nämlich bei den Initiationsriten der Beschneidung oder der Hochzeit.

Henna ist im ganzen Orient beliebt, man nennt es auch *Nur an-Nabi*, „Licht des Propheten", da dieser einmal diese Pflanze als sein Lieblingsgewächs bezeichnet hatte.

Das, was bei uns in der Zwischenzeit als „Mendi" vollkommen im Trend liegt, nämlich die aufwendigen Bemalungen von Händen und Füßen, ist in der arabischen und islamischen Welt eine uralte Tradition. Frauen, sogenannte **Hinnaya,** haben sich auf die Malkunst mit der grünen Paste spezialisiert, und je nach ihrer Kunstfertigkeit können sie damit ganz gut Geld verdienen. Vor allem bei Hochzeiten kommen sie voll zum Einsatz: Bereits Tage vor dem eigentlichen Fest beginnen sie, die Hände und Füße der weiblichen Familienmitglieder und von deren Freundinnen zu bemalen. Den Höhepunkt aber bildet das Hennafest, der Tag vor der eigentlichen Trauung, wenn die Hände und Füße der Braut zeremoniell bemalt werden.

Früher benutzte die Hinnaya zur **Bemalung** der Haut ein kleines Stäbchen, mit dem sie die Masse auftrug, heute verwendet sie ausgediente Spritzen oder extra dafür hergestellte Kolben. Henna wird mit heißem Wasser angerührt und in den Kolben gezogen. Dann beginnt die Malerei: Beliebt sind vor allem Blumenmuster, Punkte und Herzen. Häufig findet man in den Verzierungen auch ein Auge, das den Bösen Blick von der schönen Braut abhalten soll. Damit das Henna besser von der Haut aufgenommen werden kann, betupft man es immer wieder mit einem Gemisch aus Zitronensaft, Zucker, Knoblauch und Pfeffer. Je länger die Paste auf der Haut bleibt, desto dunkler wird sie.

Viele Frauen nutzen die Hennazeremonie zu einem Fest, auch ohne Hochzeit. Wer es sich gar leisten kann, ein **Hennafest** ganz ohne jeden Anlass zu feiern, gilt als privilegiert und beneidenswert. Solch ein Hennafest wird dann von Freundinnen genutzt, um sich wirklich verwöhnen zu lassen. Sie treffen sich nachmittags zum Tee, sie reichen Gebäck, lassen ihre Lieblingsmusik laufen und sich von oben bis unten verwöhnen. Ein Frauenfest eben!

Hennamalerin bei der Arbeit

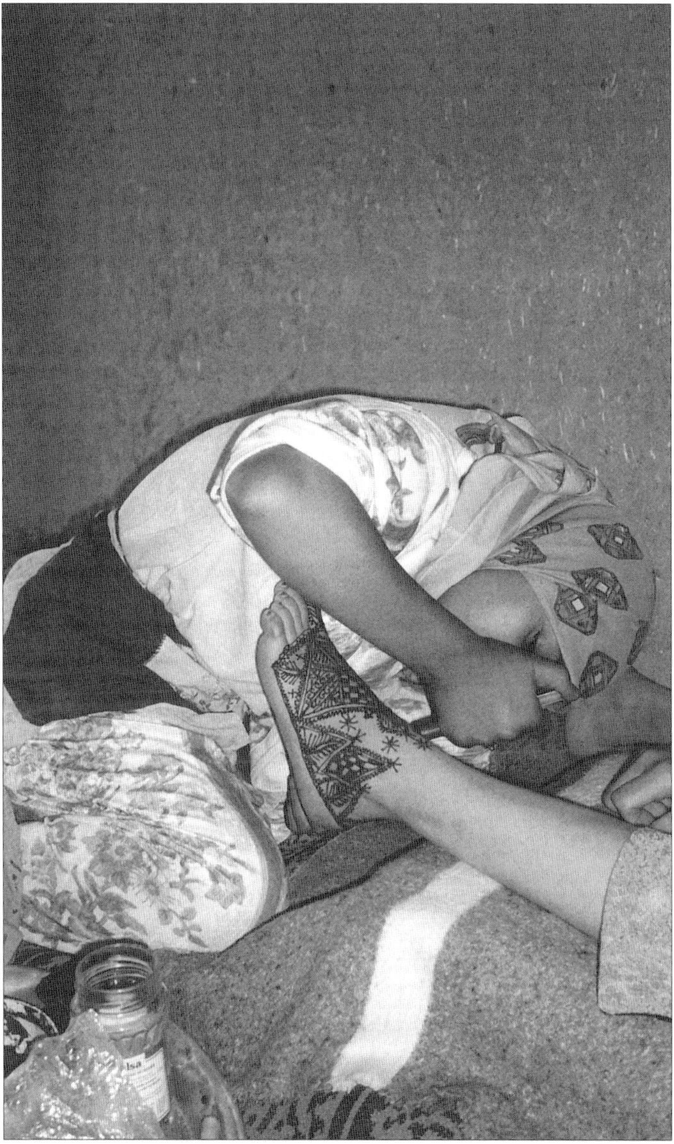

033km Foto: mb

Stadtleben

Casablanca: Slums und Villenviertel

Sozialstation Casablanca: Hier kommen alle zusammen. Die Armen, die nicht mehr weiter wissen, ledige Mütter, die einen Platz suchen, um ihr Kind zu gebären, Ausgehungerte, Ausgebrannte. Und *Munia. Munia* hat ein viel zu kurzes Kleid und viel zu große Schuhe an. Sie ist sechs oder sieben Jahre alt. Als man sie fragt, ob sie allein sei und wo ihre Eltern wären, antwortet sie: „Ich, ich habe niemanden. Ich bin die Tochter von niemandem, ich weiß nicht, wo ich wohne, und ich weiß nicht, wer ich bin." Da steht sie, mit gebrochener Nase, voller blauer Flecken und mit Verbrennungen am ganzen Körper. Die Leute von der Sozialstation bringen sie zuerst einmal zu einem Arzt, der untersucht sie und stellt lauter falsch verheilte Knochenbrüche fest. Dann beginnt die Suche nach *Munias* Zuhause. In einem Auto fahren die Leute von der Sozialstation durch die Straßen Casablancas und hoffen, dass Munia irgend etwas sagen wird, was sie weiter bringt. Die Fahrt endet bei einer Polizeistation. Hier werden die Daten von *Munia* eingegeben, und nach vielen Stunden Recherche finden die Beamten heraus, dass eine Frau ein kleines Mädchen namens *Munia* sucht. Ihre Adoptivmutter.

Man sucht die Adresse auf, die diese Frau angegeben hat, und landet in einem der **nobelsten Vorortviertel.** An besagtem Haus öffnet eine junge Frau - schick, mit perfektem Französisch, sehr gepflegt. Sie bittet ihre Besucher ins Wohnzimmer. „Ja", sagt sie „ich suche eine Kleine, die *Munia* heißt. Sie ist die Tochter unserer ehemaligen Bonne. Nachdem sie geboren war, verschwand die Frau einfach. Wir haben uns des Mädchens angenommen." Frage nach den Blessuren: Die Frau scheint entsetzt, doch nach und nach kommt die Wahrheit ans Licht: *Munia* sei so störrisch, da habe man sie eben mit Gewalt zum Arbeiten bringen müssen. Die Frauen von der Sozialstation versuchen, rechtlich dagegen vorzugehen. Ohne Erfolg. Die Reichen sind die Stärkeren. Gewalt zu Erziehungszwecken ist nicht strafbar, und da *Munia* ja wie eine Adoptivtochter in diesem schicken Haus aufwachsen durfte ...

Les Bonnes, „die Guten", wie **Hausmädchen** genannt werden, nehmen unter den berufstätigen Frauen in den Städten eine Sonderrolle ein. Lange Zeit war es nicht üblich, dass Frauen außer Haus arbeiten, heute gehören Hausmädchen zur reichen Oberschicht dazu. Die kleinsten der Bonnes sind häufig nicht älter als 5 oder 6 Jahre. Oft wachsen die Mädchen gemeinsam mit den Kindern der Familie auf, mit dem Unterschied, dass sie arbeiten müssen, nicht in die Schule gehen und selten mit der Familie essen dürfen. Ihre Bezahlung ist meist nur mäßig, oft erhalten die kleinen Mädchen nur Naturalien und manchmal gar kein Gehalt. Je älter eine Frau wird, desto schwieriger wird es für sie, eine Arbeit als Hausmädchen zu finden. Das liegt vor allen daran, dass kleine Mädchen um einiges leichter zu dirigieren sind. Zudem glauben die einstellenden Familien häufig, bei jüngeren Frauen bzw. pubertierenden Mädchen zu sehr auf deren Lebenswandel aufpassen zu müssen.

Nirgends prallen die sozialen Unterschiede so aufeinander wie in einem Arbeitsverhältnis zwischen Upperclass-Familien und Bonnes. Die Mädchen kommen fast immer aus den **Slumvierteln** der Stadt, die nicht selten in direkter Nachbarschaft zu den Villenvierteln liegen. Hier in Casablanca gibt es die größten Slumviertel Marokkos - und die reichsten Villenviertel. Die Stadt ist voller Gegensätze, doch den Gegensatz zwischen Arm und Reich spürt man deutlicher als alle anderen: Casablanca ist die Wirtschaftsmetropole Marokkos. 54% der Industrie des Landes sind in dieser Stadt konzentriert, und das lockt Arm wie Reich an. Vororte wachsen wie Geschwüre an der Rändern der Stadt, denn vor allem hier spielt sich das Bevölkerungswachstum ab. Die Stadtverwaltung hat versucht, einige der Bidonvilles, der Containerstädte, zu verkleinern oder zu vernichten, was jedoch allein dazu geführt hat, dass sie sich weiter außerhalb neu gebildet haben. Und da die Stadt kontinuierlich wächst, sind die ehemalig ausgelagerten Slumviertel bereits wieder in die Stadt integriert.

Ben Msik ist eines der größten Slumviertel Casablancas, ganz in der Nähe der neuen Medina, hinter weißen Mauern versteckt. *Carianes,* „Steinbrüche", nennen die Baidawis, die Bewohner Casablancas, diese Viertel. Denn so sehen sie aus: kleine Häuser, oft nur aus Pressspanplatten gebaut und mit Wellblech bedeckt, keine Kanalisation, keine Elektrizität und kein fließend Wasser. Häuser, wild durcheinander gewürfelt, Steinhaufen eben, Steinbrüche ... Längst schon sind Sätze wie „Du bist dreckig wie ein Kind aus den Carianes!" oder „Du bist frech wie ein Kind aus den Carianes!" zu Standardsätzen von Kindermädchen oder Müttern besser gestellter Familien geworden, die ihre Kinder ausschimpfen.

In der Tat ist es so, dass die gesellschaftlich Privilegierten arrogant auf die Armen herabsehen und davon überzeugt sind, dass diese für ihr Elend selbst verantwortlich sind. Wie schlimm es ist, aus diesen Vierteln zu kommen, beschreibt *Abdallah Zrika* in seinem packenden Essay „Der Slum lässt mich nicht los". Es geht darin um den Kampf eines Jungen, der aus diesem Milieu fliehen möchte und es doch nie schafft. Es geht darin auch um die Unterschiede, die zwischen Menschen innerhalb und außerhalb der weißen Mauern gemacht werden, und es geht darin um das Elend, das sich mit Worten kaum wiedergeben lässt: Die Leute im Bus sind für mich andere, von einer anderen Rasse. Ich weiß nicht, woher sie kommen, aber sie kommen nicht von Ben Msik. Sie sind andere, einfach andere. Und ich? Woher komme ich? Von einem seltsamen Planeten. Einem unwürdigen. Sein Name genügt, um dich zum Geringsten zu machen, was ein Mensch werden kann. Dieser Alptraum verfolgt mich ...

Als Außenstehender bekommt man davon wenig mit. Wir Europäer verbinden mit Casablanca oft noch *Humphrey Bogart* und *Ingrid Bergman,* die süße Melodie klingt uns in den Ohren, you must remember this, a kiss is still a kiss, a smile is just a smile ... Und **Casablanca heute:** Slums, Chaos auf den Straßen, Smog, Aggressivität, Autolärm und Männergeschrei, Bettler, rufende Kinder und das Drängeln in Warteschlangen, gedankenloses Wegwerfen von Müll, hektische Menschen und so gar kein hübsches Café zum Ausruhen. Das ist Casablanca. Und doch lieben es die Marokkaner, zumindest die, die davon profitieren, oder die, die vom tollen Leben in der Großstadt träumen. Denn obwohl es nahezu unmöglich ist, eine einigermaßen akzeptable Arbeit zu finden, und trotz der immens hohen Mieten ist Casa, wie es oft liebevoll genannt wird, noch immer **Landfluchtziel Nummer 1.** Noch immer zieht es Menschen aus dem ganzen Land an, die versuchen, hier ihr Glück zu machen. Denn weshalb sollten sie es nicht schaffen?

Casa weckt Träume, und Casa versteht es zu blenden. Und sieht man dann das Leben der Reichen, das sich nicht selten auf offener Straße abspielt, glaubt man, irgendwie daran teilhaben zu können. In Casablancas kleiner **Fußgängerzone** flanieren schicke Damen, treffen sich smarte Geschäftsmänner zu einem Espresso und reihen sich Boutiquen an Boutiquen. Das „Vorzeigecasa". Hier wird nichts hinter einer weißen Mauer versteckt, hier wird gezeigt, was man hat! Und ganz plötzlich vergisst man Munia und Ben Msik, so als gäbe es die Welt außerhalb des Luxus nicht ...

Straßenszene in Essaouira

Überleben in der Stadt: Bettler, Schuhputzer und andere

Asma', die Tochter des Abu Bakr berichtet: Als ich eines Tages zum Propheten kam, sagte er: „Behalte Deinen Besitz nicht für Dich, sonst wird Gott seinen Segen für sich behalten! Gib Almosen, soweit Deine Mittel es zulassen".

(*Sahih al-Bukhari:* Nachrichten von Taten und Aussprüchen des Propheten Muhammad)

Betteln ist in Marokko zu einem einträglichen Geschäft geworden. Da gibt es vor allem die durch den Islam vorgeschriebene Almosenpflicht, die es den Reichen gebietet, ihren Wohlstand mit den Ärmeren zu teilen. Natürlich gilt der Tourist als besonders wohlhabend, da er die lange und teure Reise nach Marokko zahlen konnte und nicht selten mit seinem Reichtum in Form von Videokameras u.ä. protzt. So wird es immer wieder vorkommen, dass man als Tourist um solch eine von Gott gewollte Gabe „gebeten" wird. Zum anderen gibt es in Marokko keine funktionierende Sozialversicherung, d.h. die existierende Sozialversicherung ist so gut wie wirkungslos. Knapp 20 Prozent der Menschen Marokkos leben unterhalb der Armutsgrenze, d.h. sie haben weniger als den gesetzlich festgelegten Mindestlohn zur Verfügung. Dieser ist bereits so niedrig an-

039km Foto: mb

gesetzt, dass es auch bei doppeltem Mindestlohn kaum möglich wäre, von diesem Geld eine Familie zu ernähren.

Zwar funktioniert in den meisten Fällen das soziale Netz aus Familie und Nachbarschaft sehr gut, so dass Bettelei in Marokko lange nicht so häufig anzutreffen ist wie in manch anderem Land, dennoch gibt es sie. Vor allen Dingen dort, wo Modernität und Großstadtanonymität die traditionellen sozialen Strukturen zerstört haben, ist das Betteln, neben der Prostitution, häufig der einzige Ausweg, um überleben zu können. Meist sind es alte Menschen oder alleinstehende Frauen, die zusammen mit mindestens einem Kind am Straßenrand sitzen und betteln. Während sich in Deutschland viele Bettler hinter einem selbstgemalten Schild oder auf den Boden schauend verstecken, kommen marokkanische Bettler direkt auf den potentiellen Geber zu. Sie fordern offensiv und versprechen Gottes Segen, falls man etwas geben sollte. In gewisser Weise spielen sie für die Gesellschaft der islamischen Welt sogar eine ehrenhafte Rolle, denn sie sind es, die dem Muslim die Möglichkeit geben, mit seiner Gabe ein gottgefälliges Werk zu tun. Dementsprechend ist der Dank der Bettler: *baraka llahu fik,* „Gott gebe Dir seinen Segen".

Von der Bettelei, der Bedürftigkeit, hin zum **einträglichen Geschäft** ist es jedoch ein weiter Weg. Die arabisch-internationale Zeitung „al-Alam" hat Ende 1997 in ihrer marokkanischen Ausgabe einen ausführlichen Artikel über die Bettelei von Kindern in Casablanca herausgebracht. Der Artikel beruht auf der Untersuchung von *Husain Yazi,* der sich eine Zeitlang in den Straßen von Casablanca aufhielt, um bettelnde Kinder zu beobachten und zu befragen. Das Ergebnis der Untersuchung ist erschütternd: Statt ihre Kinder zur Schule zu schicken, „vermieten" Eltern ihre Kinder an professionelle Bettler für umgerechnet 4 DM am Tag. Zwar ist es laut Gesetz verboten, mit Kindern zu betteln, die nicht die eigenen sind (das Phänomen ist so bedeutungsvoll, dass es innerhalb des Gesetzbuches einen eigenen Paragraphen dafür gibt) und wird mit immerhin 3-12 Monaten Gefängnis bestraft; das scheint aber niemanden auch nur ansatzweise zu interessieren. Polizisten kassieren ein kleines Trinkgeld dafür, dass sie die Verwandtschaftsverhältnisse nicht nachprüfen, und so geht das Bettelgeschäft seinen Gang.

Als besonders profitabel gilt hierbei auch die Invalidität. Hier wird kein Leiden versteckt, hier wird es offen demonstriert: Amputierte Beinstümpfe, großflächige Narben, ja sogar Katheter werden auf der Straße zur Schau gestellt. Sie sollen beim Vorübergehenden Mitleid erregen, sollen an die Pflicht des Muslims erinnern, Bedürftigen zu helfen.

Das Geschäft mit der Bedürftigkeit geht aber weit über diejenigen hinaus, die offen ihre Hand ausstrecken und um Gaben bitten. Zu den Bettelnden gehören letztendlich auch die sogenannten **kleinen Dienstleistenden,** wie Schuhputzer, Parkwächter, Hausmädchen und die *faux guides,* die falschen Stadtführer. Ihre Tätigkeiten sind vom Staat nicht erfasst und meist reicht das, was sie verdienen, gerade aus, um bis zum nächsten Tag zu überleben. Ein Schuhputzer beispielsweise verdient oft nicht mehr als 20 Dirham am Tag, ein Parkwächter kaum mehr. Erwischen sie mal einen Touristen, ist die Lebensmittelversorgung für die Familie für die nächsten Tage gewährleistet ... und das muss ab und zu einfach sein.

Marokko käme ohne diese kleinen Dienstleistenden gar nicht mehr aus, auch wenn die Regierung gerade ihnen den Kampf angesagt hat. Das Wirtschaftssystem hat sich auf sie eingestellt, und man tut gerade **als Tourist** gut daran, zumindest manchmal ihre Dienste anzunehmen. Denn sonst kann es passieren, dass am Auto plötzlich der Außenspiegel fehlt (und 2-5 DH können das verhindern!) oder der Suqbesuch zur Hölle wird.

Es ist auf jeden Fall angebracht, auch den offensichtlich Bettelnden hin und wieder etwas zu geben. Man sollte in Betracht ziehen, dass eine kleine Gabe den eigenen Geldbeutel nicht stark belastet, aber für den bedürftigen Menschen sehr viel sein kann. Man muss nicht viel geben, einen halben Dirham oder einen ganzen. Gibt man mehr, wird man schnell als „großkotzig“ abgestempelt, oder aber der Bettler denkt, man will eine besondere Beziehung zu ihm aufbauen, und er muss nun besonders dankbar sein. In solchen Fällen ist es nicht unbedingt leicht, ohne die Begleitung des Bettelnden weiterzugehen.

Natürlich ist es nicht möglich, jedem Bettelnden etwas zu geben, und man kann sich auch nicht 20-mal am Tag die Schuhe putzen lassen (kostet normalerweise etwa 2-3 DH). Wenn man eine Gabe ablehnt, sollte das aber nicht auf aggressive Art geschehen, denn das ließe den Bittenden das Gesicht verlieren. Ein offenes „NEIN“ klingt harsch und verletzend. Besser ist es, den Bettler daran zu erinnern, dass es ja eigentlich Allah ist, der sich um ihn sorgen wird. *Laisa hilali* drückt dies aus.

Ist man längere Zeit an einem Ort, wird man relativ schnell die Bettler des Ortes kennen. Jeder Bettler hat sein Revier. In kleineren Orten ist es meist der Hauptplatz, in großen Städten haben verschiedene Bettler verschiedene Straßenzüge oder Cafés, in welchen sie immer wieder auftauchen. Im Falle, dass man längere Zeit an einem Ort ist, werden die Bettler einen kennen. Gibt man regelmäßig ein wenig an einzelne, wird man schnell akzeptiert und nicht mehr allzu offensiv um eine „Spende“ gebeten. Lehnt man es dagegen ab, auch bei einem längerem Aufenthalt etwas zu geben, wird man garantiert – auch von den anderen, nicht bettelnden Marokkanern – als geizig und unbarmherzig eingestuft.

Frauenpower in den Städten

Frauen in Rabat oder Casablanca leben anders als Frauen auf dem Land, ohne jeden Zweifel, das heißt jedoch nicht unbedingt freier. Und dennoch: Vor allem in der intellektuellen Oberschicht der Städte wächst mehr und mehr das Bewusstsein, dass man als Frau mehr erreichen kann und mehr einfordern kann, als dies bisher der Fall war.

Ein ganz sicher städtisches Phänomen ist die **marokkanische Frauenbewegung,** die, mit *Fatima Mernissi* an ihrer Spitze, wohl zu den aktivsten Frauenbewegungen innerhalb der arabischen Welt gehört. Natürlich versuchen marokkanische Frauen mit ihren Forderungen auch auf das Land zu gehen, ein bescheidener Erfolg beginnt sich auch abzuzeichnen, dennoch bleibt die Aktivität der Frauenbewegung hauptsächlich auf die großen Städte, vorwiegend Rabat und Casablanca, beschränkt. Für die Frauen Marokkos ist der Gleichberechtigungskampf gleichzeitig ein Kampf um Demokratie, denn „man kann nicht für Freiheit und Gerechtigkeit kämpfen, wenn man gleichzeitig duldet, dass Frauen in einer Gesellschaft unterdrückt werden. Frauenrechte sind Menschenrechte, überall auf der Welt" (*Fatima Mernissi* in einem Interview mit der Frankfurter Rundschau vom 5.6.1993).

Die **arabische Frauenbewegung** entwickelte sich Mitte des letzten Jahrhunderts im Kampf gegen die europäischen Kolonialmächte: Frauen und Männer organisierten sich, um den europäischen Okkupanten entgegentreten zu können. Alte Werte und Traditionen wurden dabei in Frage gestellt, da diese offensichtlich nicht hatten verhindern können, dass die „Macht des Islams" geschwächt worden war. Innerhalb dieses Reformbestrebens beschäftigte man sich auch mit Frauenfragen, und so waren die ersten Frauenorganisationen in Marokko, wie auch in anderen Ländern der islamischen Welt, vor allem politische Organisationen zur Befreiung von der Kolonialherrschaft. Mit Beginn des 20. Jahrhunderts wandelten sich diese Organisationen zu Nationalbewegungen. Zusammen mit dem Thema eines neuen Staates musste nun auch die Rolle der Frau neu überdacht werden. Bisher war ihre Funktion vor allem die Fortpflanzung und die Erziehung der Kinder. Ein moderner Staat aber brauchte moderne Frauen, die mehr und mehr auch die Rolle der Staatsbürgerin einnahmen, eine Rolle, die von den Frauen auch politische Aktivität und Teilnahme an der wirtschaftlichen und gesellschaftlichen Entwicklung der neuen Nation verlangte.

In den 40er Jahren des 20. Jahrhunderts begannen in Marokko die ersten Frauenverbände mit ihrer Arbeit. Anfangs eher unbedeutend, wurde die Frauenfrage Ende der 80er Jahre immer wichtiger: Sie stand in direktem Zusammenhang mit dem beginnenden Demokratisierungsprozess in Marokko. Zum ersten Mal nahmen die bis dahin eher gemäßigten **Forderungen der Frauenverbände** feministischen Charakter an. Gefordert werden bis heute neben der politischen Gleichstellung vor allem die Beteiligung der Frauen an der Entwicklung und der Politik des Landes, die Verbesserung der Position der Frauen sowohl innerhalb der Gesellschaft als auch im Berufsleben und die Beseitigung jeglicher Form von Diskriminierung und Gewalt gegen Frauen. Auch fordern Frauen die Errichtung von mehr Schulen, da die Zahl der Analphabetinnen in Marokko noch immer erschreckend hoch ist, die Erweiterung der Ausbildungsmöglichkeiten für Frauen sowie Kindertagesstätten, die es Müttern erlauben, ökonomisch unabhängig zu sein. Die Frauen treten mit ihren Forderungen an die Öffentlichkeit, u.a., um die Bewusstseinsbildung unter der weiblichen Bevölkerung Marokkos zu fördern. „Sprecht! Schreibt! Drückt Euch aus!" fordert *Fatima Mernissi* die Frauen auf, denn ihrer Meinung nach ist das Allerschlimmste das Schweigen – das Schweigen ist der „moderne Schleier".

Für manch' **europäischen Betrachter** scheint der Kampf marokkanischer Frauenrechtlerinnen ein Kampf gegen Windmühlenflügel zu sein, der es nicht wert ist, dass man darüber berichtet. Viele Frauenverbände klagen, dass westliche Medien sich meist darauf beschränken, Bilder des fundamentalistischen Terrors, von Gewaltbereitschaft und Starrsinn zu zeigen. In der Tat finden sich in der deutschen Medienlandschaft nur wenige Berichte über die arabische, respektive die marokkanische Frauenbewegung. Dabei wäre die Unterstützung der Frauenbewegung durch den Westen für den Demokratisierungsprozess durchaus von Bedeutung. Denn der Kampf der Frauen um Gleichberechtigung ist eng mit dem Kampf um Demokratie verknüpft, der noch in vielen Ländern der arabischen Welt gefochten werden muss.

In Marokko gibt es heute weit über 30 Frauenverbände, die sich für die Gleichberechtigung der Frauen einsetzen. Sie initiieren (auch für die ärmere Bevölkerung bezahlbare) Bücherserien, die aufklären sollen, haben Frauenprojekte, fordern neue Denkstrukturen innerhalb der **Wissenschaft.** Langsam, aber sicher schaffen es die Frauen Marokkos, sich auch in die oberen Etagen in Wirtschaft und Wissenschaft emporzuarbeiten, wobei es innerhalb der Wissenschaft schon sehr rosig aussieht. Hier haben marokkanische Frauen weit mehr erreicht als ihre europäischen Schwestern: Während in Deutschland noch nicht einmal 5% aller Lehrstühle von Frauen besetzt sind, sind es in Marokko, ebenso wie in den meisten anderen arabischen Ländern, knapp 35%. Dieser Erfolg bleibt jedoch auf die Universitäten beschränkt.

Nur wenige Frauen haben es bisher geschafft, sich innerhalb der marokkanischen **Wirtschaft** durchzusetzen. Eine davon ist *Layla Chaouni,* die einzige Verlegerin Marokkos. Sie veröffentlicht vorwiegend Literatur zu frauenspezifischen Themen. Ihr Verlag, Le Fennec, ist dabei führend in Marokko. *Layla Chaouni* „hat es geschafft". Viele andere Frauen müssen noch kämpfen. Wie zum Beispiel *Djamila Salhi* in Marrakesch. Sie hat die Buchhandlung ihres Vaters geerbt und gedacht, dass es nicht allzu schwer sein müsste, dieses Geschäft auch allein weiterzuführen. Nun aber stellt sie fest, dass ihr ihre männlichen Kollegen jede Menge Steine in den Weg legen. Noch hat sie nicht aufgegeben. Auch *Farah Scharif,* eine Schulleiterin in Rabat, weiß, wie schwer es ist, sich in der Männerwelt durchzusetzen. Aber ihre Sprachschule läuft gut, und sie gehört, wie die eben Vorgestellten, zu denjenigen Frauen, die sich trotz aller Schwierigkeiten in hohen beruflichen Positionen bewegen.

Frauen sind in den öffentlichen Raum vorgedrungen. Lange haben sie dafür kämpfen müssen. Und bis heute haben sich die Männer von diesem Schock, dieser Provokation nicht erholt. Aber die Entwicklung schreitet stetig voran, und irgendwann werden auch die marokkanischen Männer begreifen, dass sie die alleinige Kontrolle der Öffentlichkeit abgeben müssen.

Der städtische Suq

Der Besuch eines städtischen Suqs gehört wohl zu den schönsten und buntesten Erlebnissen einer Marokkoreise. Es ist wie ein Bummel durch 1001 Nacht und eine **Wallfahrt für die Sinne:** ein Labyrinth malerischer Marktgassen, in dem man sich als Fremder so leicht verirrt, kleine Läden und Werkstätten, die man nur selten ohne ein Souvenir verlässt ... Im Goldsuq glitzern und funkeln die Waren mit den Augen der Frauen, die sie betrachten, um die Wette, der Gewürzbazar betört durch seine Düfte, und die Handwerkergasse betäubt durch ihr monotones Klopfen und Sägen.

Ein Grund, weshalb die meisten Touristen diese Stimmung lieben, ist sicher der, dass der Suq nicht für Touristen gemacht ist, sondern **eine der ältesten noch existierenden orientalischen Institutionen** ist. Ganz gleich, ob es sich um einen ländlichen Wochenmarkt oder den städtischen Bazar dreht, der Markt, wie die deutsche Übersetzung des Wortes *Suq* lautet, ist für die Marokkaner (und alle anderen Bewohner Nordafrikas und des Vorderen Orients) eine sehr wichtige und höchst soziale Angelegenheit! Hier begegnen sich „reine" und „unreine" Gewerbe, hier treffen Handel und Handwerk aufeinander, hier werden Tag für Tag neue

Kontakte geknüpft und alte gepflegt. Der Suq ist das Leben. Und wer zur engen und eingeschworenen Gemeinschaft der Bazaristen gehört, schätzt sich glücklich!

Allein außenstehend sind die Gerber. Ihr Gewerbe gehört zu den niedrigsten der Gesellschaft, und da die Stoffe, mit denen sie arbeiten, bestialisch stinken, befindet sich ihr Arbeitsplatz auch außerhalb des Suqs. Das hält jedoch die wenigsten Touristen davon ab, auch die Gerber zu besuchen, zu malerisch sind die Färbebecken!

Im Suq kennen sich alle und sind irgendwie miteinander verbunden. Denn hinter den Geschäftsfronten verbirgt sich ein **kompliziertes Sozialgefüge.** Der Suq ist fast immer gleich aufgebaut: Er befindet sich meist in der Nähe der Hauptmoschee und besteht aus festen Läden, aus Handwerkerzentren und vielen Kleinstunternehmen, getrennt nach den einzelnen Gewerben. So gibt es die Töpfersuqs, die Teppichsuqs, die Kupferwarensuqs, die Schmucksuqs, die Gewürzsuqs etc. ... Da die Mehrzahl dieser Betriebe sehr klein ist (es herrschen Einmannbetriebe vor), ist die Zahl der Händler und Handwerker im Verhältnis zur Gesamtbevölkerung sehr groß. Und doch kann man die zahlreichen Tätigkeiten auf einem solchen Markt in gewisse Kategorien einordnen. Da ist zunächst der

041km Foto: mb

046km Foto: mb

Hauptunterschied zwischen Handwerkern (Schmieden) und Händlern. Es gibt kaum Handwerker, die ihre Produkte direkt auf dem Markt vertreiben. Entweder arbeiten sie auf Bestellung einzelner Kunden, oder aber sie verkaufen ihre Waren an die Händler, die sie dann an die Konsumenten weitergeben.

Schmiede (arab. *ma'allem)*, wie die meisten Handwerker genannt werden, nehmen innerhalb der traditionellen marokkanischen Gesellschaft und somit auch in den Suqs eine Sonderrolle ein. Sie behaupten von sich, ihre Kenntnisse durch den Propheten erhalten zu haben und zugleich Magier und fromme Muslime zu sein. „Älter als die Erinnerung, stolz wie die Krähe, von boshafter Gesinnung", so bezeichnet sie die Legende, und obwohl sie als unrein gelten und von der Bevölkerung gemieden werden, sind sie stolz auf ihr Handwerk. Schmiede leben am Rand der Gesellschaft sowohl im übertragenen Sinn als auch in der Realität; sie sind notwendig, gefürchtet ob der magischen Kräfte, die man ihnen zuschreibt, aber unbeliebt.

Bei den Nomaden in der Sahara geht ihre Rolle sogar noch weit über die Herstellung von Gegenständen hinaus: Vornehme suchen die Schmiede auf, um sich zum Beispiel bei Eheschließung oder dem Kauf von wertvollen Gegenständen einen Rat zu holen. Weitere Aufgaben können darin bestehen, bei Tieren Brandzeichen einzubrennen und Nasenringe anzulegen. Des Weiteren stechen sie bei Menschen Ohrlöcher und übernehmen die Beschneidung. Sogar Zahnarztersatzfunktion können sie, ist kein Arzt zur Stelle, übernehmen.

Ihre Fähigkeiten und die soziale Stellung gaben sie traditionell innerhalb der Familie weiter. Heute jedoch, im Zuge der Aufhebung der alten sozialen Strukturen, stellen die Schmiede nur noch selten eine „eigene Kaste" dar. Mehr und mehr vermischen sich die Handwerksgruppen, und immer häufiger werden kleine Jungen in die Lehre der Handwerker geschickt, auch wenn sie keine Kinder von Schmieden sind und somit einer anderen Gesellschaftsschicht angehören.

Bis zum Ende der Protektoratszeit (1956) organisierten sich Händler und Handwerker eines Suqs in sogenannten **Hentas,** was man wohl am ehesten mit „frommer Gesellschaft" übersetzen könnte. Vergleichbar mit unseren mittelalterlichen Zünften, gab es in jedem Gewerbe eine Interessenvertretung, die innerhalb und außerhalb des Suqs auftrat und nicht selten über einen beträchtlichen Einfluss verfügte. Der Hauptunterschied zu unseren Zünften jedoch war die Verbindung einer Henta mit einer religiösen Bruderschaft. Wie auch Bruderschaften sich bis heute in „reine" und „unreine" Orden aufteilen, so gibt es, wie oben erwähnt, auch in den Bazaren diese Aufteilung. Entsprechend ordneten sich zu Zeiten der

Hentas die verschiedenen Handwerker und Händler den einzelnen Bruderschaften zu. Metzger, Schmiede, Gemüsehändler, alles unreine Berufe, schlossen sich den volkstümlichen Bruderschaften, wie zum Beispiel den Aissawa, den Feuerschluckern, oder den Hamadscha an. „Ehrenwerte" Händlergruppen wie die Schneider, Stoffhändler oder Lebensmittelhändler schlossen sich den eher klassischen Bruderschaften, wie der Tidjaniya, an (Näheres dazu siehe Kapitel: „Mystische Bruderschaften"). Die Hauptaktivitäten einer Henta waren die Förderung der allgemeinen Kommunikation unter ihren Mitgliedern, die gegenseitige Hilfe und die gemeinsame Organisation religiöser Feste.

Heute existieren diese Hentas nur noch selten, denn das moderne Marktwesen bedarf dieser Institution nicht mehr. Der Suq ist dadurch jedoch nicht aller Institutionen mit Kontrollfunktion verlustig gegangen. Eine solche stellt zum Beispiel bis heute der **Amin,** der „Wächter" des Marktes, dar. Der Amin ist ein gewähltes Mitglied eines Berufszweiges mit der Aufgabe, Konflikte, die sich auf dem Suqgelände ereignen, zu schlichten. Ob es sich dabei um Konflikte innerhalb einzelner Berufsgruppen handelt oder um Unstimmigkeiten zwischen Käufern und Verkäufern, ist einerlei. Meist ist es ein älterer, frommer und wohlhabender Mann, der sowohl Vertrauen von Staatsseite als auch unter den Bazaristen genießt. Bricht im Suq ein heftiger Konflikt aus, wird der Fall vor den Amin gebracht, der zwar keine richterlichen Befugnisse hat, aber offizieller Vermittler ist. Dieser Mann ist quasi „Herr" im Suq, kann aber jederzeit abgesetzt werden.

Der Suq ist mehr als nur ein Herstellungs- und Verkaufsort. Er ist ein gesellschaftliches Territorium, mit allem, was zum alltäglichen Leben in Marokko dazugehört: Banken und Wechselstuben, Büros und Stiftungshäuser, Moscheen, Heiligengräber und Hammams, Garküchen und Teehäuser, Armenküchen und Obdachlosenheime, Krankenstationen und Polizeiwachen. Und all dies ist notwendig, um einen geregelten Marktablauf zu garantieren und natürlich um die Geister zu beruhigen.

Landleben

Von Berghirten, Oasenbauern und Nomaden

Im Frühling ziehen sie mit ihren Schaf- und Kamelherden – oft entlang der Straße – ins Gebirge. Ganze Dörfer sieht man dann in Bewegung, immer auf dem Weg nach oben, wo die Menschen die Sommermonate verbringen werden. Im Herbst dann, kurz bevor es in den Bergen zu kalt wird, um mehr oder minder unter freiem Himmel zu leben, ziehen die Familien wieder ins Tal, in ein Dorf, weiter unten in der Ebene, wo es wärmer ist.

Transhumanz ist der Fachausdruck für diese Lebensweise, die in unseren Gefilden auch als Almauftrieb bzw. -abtrieb bekannt ist. Es ist eine bäuerliche Wirtschaftsweise, deren Grundlage ein sesshafter Bodenbau im Winter in Tallagen ist, der im Sommer durch Viehzucht in den Bergen ergänzt wird. Reiche Familien stellen häufig Lohnhirten ein, die ihre Herden in die Berge treiben, die meisten jedoch, die von dieser Form der Viehwirtschaft leben, ziehen selbst in die Berge, um dort den Sommer zu verbringen. Diese Wirtschaftsweise ist in Marokkos Bergregionen die am häufigsten anzutreffende Form. Die Menschen betreiben dabei im Winter Regenfeldbau, sind also von Mutter Natur abhängig – die unter den Berbern am meisten verbreitete Methode, ihr (ländliches) Leben zu finanzieren.

Daneben gibt es Bauern, die mit Anbau von Obst und anderen agrarischen Produkten versuchen, sich über Wasser zu halten, sowie Oasenbauern und in nur verschwindend geringer Anzahl auch Nomaden. Etwa die Hälfte der Marokkaner lebt heute noch von und in der **Landwirtschaft.** Das ist vergleichsweise viel! Die meisten darunter betreiben sowohl Viehzucht als auch Ackerbau, die in Nordafrika die beiden Haupttypen der ländlichen Wirtschaftsweise ausmachen.

Das **Vollnomadentum** ist die naturgegebene Wirtschaftsweise in Gegenden, wo die pflanzlichen Ressourcen allein nicht zur Ernährung der Menschen ausreichen. Die spärliche Vegetation erlaubt gerade noch die Viehzucht, auf die sich Vollnomaden stützen. Gezüchtet werden Kamele, Ziegen und Schafe. Die Viehzucht ist allerdings nur dann möglich, wenn man durch weiträumige Wanderungen das knappe Vegetationsangebot ausgleichen kann. Das ist heute kaum noch möglich. Die wenigen noch existierenden Vollnomaden Marokkos leben am Rand der Sahara. Sie weiden ihre Tiere den Winter über auf dem jeweiligen Kollektivland ihres Stammes, genauer gesagt ist das kein Stamm im eigentlichen Sinn, sondern mehr eine Interessenvertretung mehrerer Familien. Da die Weiden nicht ausgedehnt genug sind, um dem Vieh das ganze Jahr über Nahrung zu bieten, sehen sich die Hirten gezwungen, ihre Tiere im Sommer auf die Weiden des Hohen Atlas zu treiben. Damit betreten sie Land der Nachbarstämme, mit denen sie sich verständigen und Abkommen über Wege- und Weiderecht schließen müssen. Oft kommt es dabei zu aufreibenden Streitereien, die viele der Nomaden zum Aufgeben zwingen. Das ist auch ein Grund, weshalb der Vollnomadismus in Marokko langsam ausstirbt.

049km Foto: mb

In Marokko haben sich aus diesem Grund viele der ehemaligen Vollnomaden zu **„sesshaften Nomaden"** entwickelt: Der Tourismus machte es möglich! So leben die einstigen Söhne der Wüste heute in ihren Zelten, nicht allzufern der großen Straßen, und bewirten dort ausländische Gäste, die auf ihren Kameltouren vorbeikommen. Diese Kameltouren, die einem vor allem in Zagora und M'hamid angeboten werden, bedeuten neue „Arbeitsmöglichkeiten" für Nomaden. Kameltreiber sind plötzlich gefragt, Wüstensöhne, die sich mit ihrer Heimat auskennen, Köche, die auch in der kargen Wüste noch eine wunderbare Tajine zubereiten können und bei Not immer einen Brunnen finden. Sie selbst nennen sich nicht selten *hommes bleus*, „blaue Männer", und wollen dabei an ihre großen Helden, die Tuareg, erinnern, mehr noch, sich mit ihnen gleichstellen.

Weidewechselwirtschaft oder die Arbeit im Tourismus haben das ständige Umherziehen abgelöst. Die ehemaligen Nomaden wechseln ihre Futterplätze und ziehen im Winter in ihre Dörfer. Mehr und mehr siedeln sie sich dabei an und haben dann auch feste Sommerweiden. Nicht selten haben sie dabei vor allem in der Vergangenheit siedelnde Bauern verdrängt. Aus den Wüstenregionen drangen sie im Laufe der vergangenen Jahrhunderte in den Atlas vor, um sich der dortigen Weiden zu bemächtigen. Die bereits ansässigen Gruppen, auf die sie trafen, waren so gezwungen, in Richtung auf die dem Atlas zur Atlantikküste hin vorgelagerten Ebenen auszuweichen. Es entstand eine Art Kettenreaktion, in der ein Stamm den anderen gleichsam vor sich her schob. So konnte es kommen, dass ehemalige Saharagruppen sich heute in der Nähe des Meeres befinden, fern ihrer eigentlichen Lebensweise. Die meisten haben sich jedoch erstaunlich gut den neuen Gegebenheiten anpassen können.

Die meisten Nomaden besitzen, wenn sie nicht zum Verkauf desselben gezwungen waren, neben ihren Viehherden auch Oasenland, dass sie früher von Sklaven, heute von Pächtern bewirtschaften lassen. Früher standen **Oasen** generell unter der als „Schutz" deklarierten Herrschaft der Nomadenstämme, die sie vor Überfällen anderer Nomadenstämme schützten. Bis heute gehören die meisten Pächter der nomadischen Oasenländer zur Bevölkerungsgruppe der Haratin (siehe Kapitel Die Nachkommen früherer Sklaven: die Haratin). Nomaden empfinden Feldbau als entwürdigend und sehen entsprechend auf die Pächter herab. Dies ist bis zum heutigen Tag zu spüren: Gerade im südlichen Drâatal herrschen noch die überkommenen Gesellschaftsstrukturen, eine Heirat zwischen Schwarz (Haratin) und Weiß (ehemaligen Nomaden) ist noch immer undenkbar.

Die Pächter der Oasengärten werden bis heute *Khâmis* genannt, was in der Übersetzung bedeutet: „einer, der ein Fünftel hat", da in den Oasen noch immer das **Khamasat-System** herrscht. Dieses System beruht auf einer Fünfteilung der landwirtschaftlichen Produktionsfaktoren: Ein Fünftel ist das Land, ein Fünftel das Saatgut, ein Fünftel das Arbeitsgerät, ein Fünftel das Wasser und ein Fünftel die Arbeitskraft. Letztere stellt der Pächter. Aus diesem Grund steht ihm ein Fünftel der Ernte zu. Je mehr ein Pächter zur Arbeit beisteuern kann, also beispielsweise Arbeitsgerät (ein Esel) oder Saatgut, desto mehr erhält er auch von der Ernte, vorausgesetzt, der Besitzer des Gartens ist damit einverstanden.

Ein ähnliches System existiert auch in Bergregionen, wobei es da sich um eine Zweiteilung und nicht um eine Fünfteilung handelt. Um die Risiken des Anbaus zu teilen, vereinbaren ein Bergbauer und ein Talbauer, dass sie sich gegenseitig bei der Arbeit helfen. Da aufgrund der unterschiedlichen Höhenlagen eine zeitliche Verschiebung gegeben ist, funktioniert das auch ganz gut. Die Ernteerträge beider Partner werden dann gerecht aufgeteilt. So sind beide Partner abgesichert.

In den Oasen herrscht **Bewässerungsfeldbau** vor. Offenen Bewässerungskanälen wird durch Brunnen oder durch Abzweigungen aus Flüssen Wasser zugeführt. Ähnlich wie in den Bergregionen ist Bewässerungsland in den Oasen auch Privateigentum. Jeder Familie steht dabei die gleiche Menge Wasser zu, gleich, wieviel Land sie besitzt. Viele Großgrundbesitzer sind so darauf angewiesen, Wasser von denen zu kaufen, die weniger Land besitzen. Da Wasser aber nun einmal aufgrund seines Aggregatzustandes nicht individuell gehandhabt werden kann, sind Kollektivnutzungen notwendig. So haben „Wasserbesitzer" das Recht, Wasser während eines bestimmen Zyklus auf die von ihnen bestimmte Fläche laufen zu lassen. Doch das System verkompliziert sich noch: Denn durch Erbschaftsregelungen kann es dazu kommen, dass einer nur im Besitz von Land ist, der andere aber nur im Besitz von Wasser. Hier muss wieder das Khamasat-System greifen.

Neben den Haratin sind vor allem Berber Oasenbauern. Auch sie haben sich, wie die Nomaden, ihren Besitz meistens kriegerisch angeeignet. Im Zuge der von Norden einfallenden Araberscharen wurden die meisten der bis dahin sesshaften Bergbauern in den Süden des Landes abgedrängt. Hier nahmen sie sich das Land, das sie bebauen konnten. Viele Familien erwarben Land aber auch durch politische Tätigkeiten: So übergab der Sultan seinen treuen Qa'ids wertvolles Oasenland, das sie von nun an bewirtschafteten.

Nach der Unabhängigkeit verloren die meisten Großgrundbesitzer ihr Oasenland. Nicht, weil man es ihnen weggenommen hatte. Nein, Not zwang sie dazu, es zu verkaufen. Heute gibt es nur noch wenige Großgrundbesitzer in den Flussoasen des Südens. Die meisten Gärten sind in Familienbesitz. Haratin arbeiten weiter als Pächter, und einige wenige besitzen sogar eigene Gärten - Geschenke ihrer ehemaligen Herren oder aber Geschenke der Regierung, die ihnen die Gärten der emigrierten Juden gab.

Frauen auf dem Land

Aischa ist schwanger. Und sie hofft, dass das **Kind** diesmal ein Mädchen wird. Zwei Jungen reichen ihr. *Muhammad* ist sechs Jahre alt und geht seit diesem Jahr in die Schule, *Sa'id* ist vier und der Teufel in Person. Ständig klettert er aufs Dach, ständig wirft er alles um, ständig ist er dreckig, ständig lebt *Aischa* mit der Angst, dass *Sa'id* schon wieder etwas ausgeheckt hat, was sie ausbaden muss. Denn eine Mutter ist für das verantwortlich, was ihre Kinder machen, und ihre zwei sind wirklich anstrengend. Mit einem Mädchen wäre alles einfacher. Nicht nur, dass dieses ihr schon in wenigen Jahren bei der Hausarbeit helfen könnte, nein, sie hätte einfach einen Ausgleich zu der Wildheit ihrer beiden Jungen. Außerdem soll dieses dritte Kind das letzte werden, drei sind genug, findet sie, und auch ihr Mann *Abdallah* ist dieser Meinung.

Dabei hat es *Aischa* vergleichsweise gut. Sie hat ein großes Haus, und sie ist relativ wohlhabend, denn ihre Familie kann sich einen Fernseher leisten und sogar ein Telefon. *Aischa* hat in ihrer Kindheit schreiben und lesen gelernt, so dass sie nun ihrem ältesten Sohn bei den Hausaufgaben behilflich sein kann. Auch das ist die Ausnahme.

Noch immer liegt die **Analphabetenrate** unter den Frauen in den ländlichen Gebieten Marokkos mit 90% erschreckend hoch (auf Gesamtmarokko bezogen, liegt diese Zahl bei 68%). Die Regierung hat das erkannt und entsprechende Maßnahmen getroffen. In fast jeder kleinen Gemeinde findet aus diesem Grund an zwei Nachmittagen pro Woche Unterricht für Frauen statt, in denen sie nicht nur Lesen und Schreiben lernen, sondern auch Rechnen, Malen und Handarbeiten. Finanziert werden diese Schulen v.a. durch den Staat, die UNICEF und Helen Keller International, eine amerikanischen Organisation, die sich weltweit für Bildungsprogramme und Krankheitsbekämpfung einsetzt (nähere Infos unter http://www.hki.org oder bei HIK direkt in Marokko: 10, Rue Jamal Tazzaka, App. 5, Agdal, Rabat, Tel: 07-68.16.04).

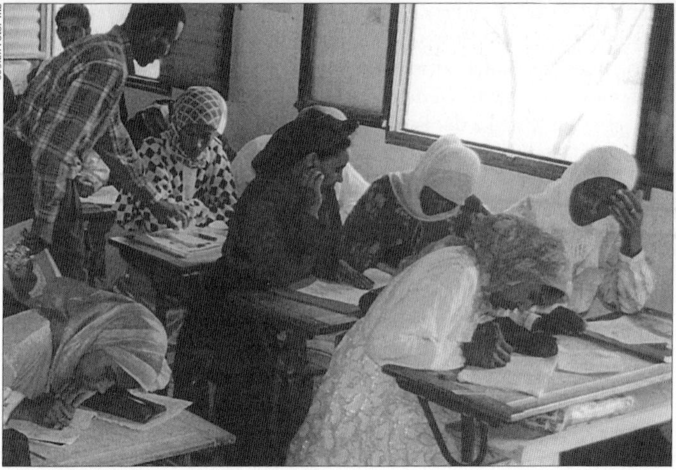

053km Foto: mb

Khadidja, die Lehrerin der Nachmittagsschule, führt mich durch ihre Räume und macht mich mit den Schülerinnen der Klasse bekannt. Durch sie erfahre ich mehr über die Situation der Frauen auf dem Land: So gut wie *Aischa* haben es beileibe nicht alle Frauen. *Abdallah* ist ein verständnisvoller Ehemann, der möchte, dass seine Frau sich weiterbildet, der ihr Nähkurse bezahlt und den Französischunterricht. Viele **Männer** sehen es jedoch noch immer als einen Angriff auf ihre Männlichkeit, wenn ihre Frauen eine ähnliche oder gar bessere Ausbildung erhalten als sie. Dabei, das haben in der Zwischenzeit auch Entwicklungshilfeorganisationen erkannt und handeln entsprechend, arbeiten Frauen meist verantwortungsbewusster und besser als Männer. Genau davor scheinen die Herren jedoch Angst zu haben, weswegen viele ihren Frauen auch die Teilnahme an kostenlosen Ausbildungsprogrammen verweigern.

Nicht selten begründen sie diese Haltung mit dem Schutz der Frau vor **Doppelbelastung,** da keiner der Männer gewillt ist, im Haushalt zu helfen. Und in der Tat: Bei 4,9 Kindern durchschnittlich, die eine Frau auf dem Land noch immer bekommt (im Vergleich dazu sind es in der Stadt gerade einmal 2,2 Kinder), der Arbeit auf dem Feld und im Garten, der Haushaltsführung und der Versorgung der älteren Familienmitglieder, kann man in der Tat von einer „Doppelbelastung" sprechen.

Abdallah hat diese Situation ganz pragmatisch geregelt: Er hat seine beiden Nichten ins Haus beordert, damit sie seiner Frau bei der Arbeit mehrere Stunden täglich helfen. So weit gehen die meisten Männer je-

Alphabetisierungskurse für Landfrauen,
hier eine von Helen Keller International unterstützte Schule.

doch nicht oder springen erst dann ein und organisieren Hilfe, wenn ihre Frauen kurz vor dem Zusammenbruch stehen.

Am Tag meines Besuches in der Schule müssen die Frauen einen Test bestehen. Der Titel des Aufsatzes, den sie schreiben müssen, lautet: „Die Umwelt und ihr Einfluss auf unser Leben und unsere Gesundheit". Auf diese Weise hofft man, zwei Fliegen mit einer Klappe zu schlagen: die Frauen nämlich nicht nur Lesen und Schreiben zu lehren, sondern ihnen auch die große Bedeutung von Sauberkeit und **Umweltschutz** nahe zu bringen. Den Frauen fällt die Aufgabe leicht. Denn sie müssen nicht nur schreiben, sie sollen ihre Gedanken zum Thema auch malen. Beim Betrachten der Bilder fällt vor allem eines auf: Tiere fressen Pflanzen, Pflanzen sind umgeben von Plastiktüten, Autoabgase zerstören die Häuser. Die Frauen sind bereits sensibilisiert. Und da ihre Hauptaufgabe noch immer die Erziehung der Kinder ist, gleichgültig, ob sie daneben berufstätig sind oder nicht, hofft man, über die Frauen ökologische Inhalte an die kommende Generation weitergeben zu können. Umweltschutz wird gerade hier, wo die Menschen noch immer mit und von der Natur leben, immer wichtiger. Das haben Frauen längst erkannt und handeln mehr und mehr danach.

Die Arbeiten werden eingesammelt. Ein zentrales Prüfungskomitee in der Provinzhauptstadt wird sie korrigieren, die Frauen, die die besten Arbeiten abgeliefert haben, werden anschließend mit einem Geschenk belohnt. Meist sind das nur Kleinigkeiten, neue Stifte, ein neuer Block, doch es reicht, um den Ehrgeiz anzustacheln.

Während fünfzehn Frauen die Schulbank drücken, sammeln sich draußen zehn andere Frauen des Dorfes. Denn heute ist **Waschtag.** An langen Seilen werden mit Wasser gefüllte Plastikeimer aus der Tiefe des Brunnens nach oben befördert. *Aischa* stöhnt. Hochschwanger wie sie ist, muss sie mal wieder einen ganzen Berg voller Wäsche waschen. Ihre beiden Söhne lieben es, sich im Lehm zu wälzen. Ihr Mann versucht ständig, das ölleckende Moped zu reparieren und ihre Schwiegermutter, die auch noch im Haus lebt, kann sich kaum bücken, um ihr bei der Wäsche zu helfen. Also hockt *Aischa* am Brunnen mit einem Waschbrett, Seife, einem Berg von dreckigen Kleidungsstücken und einer Bürste. Sie stöhnt. Wenn sie doch eine Tochter hätte. Die anderen Frauen teilen ihr Leid. Sie sitzen zusammen, und das einzig Schöne daran ist, dass sie zusammen arbeiten. Nur, die anderen haben Töchter, die ihnen helfen können, *Aischa* nicht. Die Nichten ihres Mannes sind gerade bei ihrer Mutter, Wäsche waschen ...

Ich frage sie, ob sie **mit ihrem Leben zufrieden** ist oder ob sie sich ein anderes Leben wünscht. Sie schaut mich seltsam an. Überlegt kurz. Dann sagt sie, sie habe sich nie Gedanken darüber gemacht, ob sie zufrieden ist, aber sie glaubt, sie ist es. Sie lebt in einem großen wunderschönen Haus, hier sind ihr Mann und ihre Kinder. Es ist ruhig, kein Autolärm, draußen ist dieser üppige Garten, in dem sie sich so gern aufhält, ohne dabei das private Grundstück verlassen zu müssen. Wenn sie sich vorstellt, in einer Stadt leben zu müssen, in einer Wohnung mit Schlüssel, dann wäre sie unglücklich, aber so?! Das einzige, was ihr fehlt, ist diese Tochter, die sie *Raschida* nennen möchte. Ich frage sie, was sie machen wird, wenn es dann doch ein Junge wird. Sie lächelt und sagt: Dann war es Allahs Wille, denn weißt du, alles steht geschrieben.

PS: Es wurde ein Mädchen, ein wunderschönes Mädchen mit dem Namen *Iman!*

Der Wochenmarkt

Oh Käufer, denke an den Tag, an dem du verkaufen wirst!
(marokkanisches Sprichwort)

Von fern reisen sie an, auf Eseln oder Mulis, in Autos oder auf LKW-Pritschen. Donnerstag ist **Markttag in Taounate,** und alle wollen dorthin. Die einen, um das Obst und Gemüse für die ganze Woche einzukaufen, die anderen, weil sie dringend neues Geschirr brauchen, das man nur hier auf dem Wochenmarkt findet, denn die normalen Geschäfte im Dorf bieten zuwenig Auswahl. Andere wiederum kommen, weil sie ein paar Schafe kaufen möchten, der Sohn heiratet schließlich nächste Woche, und man möchte das beste Fleisch der Region für diesen Festtag. Ja, und dann sind da noch diejenigen, die ihre Waren verkaufen wollen – seien es Überschüsse aus der eigenen Produktion oder selbst erstandene Waren aus den Städten bzw. Europa, die hier für einen Aufpreis weiterverkauft werden sollen. Und alle, so unterschiedlich ihre Interessen auch sind, haben an diesem Tag einen gemeinsamen Namen: *Suwwaq,* „Marktgänger".

Der Markt (arab. *suq)* spielt im Leben der Marokkaner eine wichtige Rolle. Seine Funktion ist überall dieselbe, alleine lokale Umstände verändern seinen Aufbau. Das **Gelände** des Wochenmarktes liegt fast immer außerhalb des Ortes, oft an größeren Ausfallstraßen, auf neutralem Boden. Dabei wechseln sich die Ortschaften mit ihren **Markttagen** ab, so wird eine unnötige Konkurrenz vermieden und den Händlern wird es ermöglicht, viele verschiedene Märkte zu besuchen.

Am Suqtag werden Streitereien unter den Dörfern beiseite gelegt, und es wird friedlich gehandelt. Markttage sind friedliche Tage, müssen es sein! Waffentragen ist verboten, verfeindete Gruppierungen dürfen an diesem Tag nicht über ihre **Konflikte** verhandeln, und sollte je ein Mord auf einem Markt geschehen, muss der Markt für mindestens ein Jahr lang geschlossen werden! Das wäre eine Katastrophe für alle, die von den Markttagen leben. Die Angst, dass ein Konflikt sich zu einem Flächenbrand ausbreiten könnte, dass aus einem ursprünglich kleinen Streit ein Drama werden könnte, weil immer größere Menschengruppen hineingezogen werden, ist groß und tief im Bewusstsein der Marktgänger verwurzelt. So gelten an diesem Tag besondere Gesetze, die Unruhe und Störungen vermeiden sollen. Dazu aber braucht es Hilfe, und aus diesem Grund legt man einen Marktplatz häufig in die Nähe eines Heiligengrabes, das dem Markt seinen Segen spenden und somit die Konfliktbereitschaft dämpfen soll. Denn wer an so einem heiligen Ort Unruhe stiften möchte, muss mit einer überirdischen Strafe rechnen. Dieses Risiko geht natürlich niemand leichtfertig ein ...

Auf dem Gelände selbst sind die Händler räumlich nach Gewerben und Warenarten getrennt. Im Zentrum des Marktes ist der „ehrenhafte" Handel mit Gegenständen für den Haushalt und Tuch angesiedelt. Am Rand hingegen finden sich die Schlachter und Schmiede, beides Gewerbe, die als unrein gelten, aber notwendig sind!

Es gibt vor allem zwei **Kategorien von Händlern,** nämlich die, die jeden Markttag da sind, und diejenigen, die gelegentlich - auch von weiter weg - kommen. Vor allem letztere sind oft keine Händler im eigentlichen Sinne. Sie suchen dann die Märkte auf, wenn sie Überschüsse haben, seien es Tiere, Teppiche oder andere Waren. Mit dem so erzielten Erlös werden dann die Dinge erworben, die man selbst nicht herstellen kann, vor allem Tee und Zucker, die zusammen etwa 25% der Gesamtausgaben der Familien in ländlichen Regionen ausmachen. Die professionellen Händler dagegen kaufen woanders Waren auf, um sie dann mit einem geringen Gewinn weiter zu verkaufen.

Der Hauptsinn eines Marktes besteht jedoch im Fluss von **Informationen!** Informationen, vor allem über Waren, Preise und Personen, sind die Hauptaustauschgüter an diesem Tag. Während man unter Nachbarn, Freunden und Familie immer sicher sein kann, dass das Preis-Leistungs-Verhältnis stimmt, denn das gebietet der gegenseitige Respekt, kennt

055km Foto: mb

man sich auf einem Wochenmarkt nicht unbedingt. Waren und Preise müssen verglichen werden, denn der Ehrenkodex eines Fremden zählt nicht. Deshalb ist der Informationsfluss um so wichtiger. Aber - richtige Informationen sind rar. Der Grad der Unkenntnis von Warenqualität, Preisen, Maßen und Gewichten ist hoch, und so ist die Suche nach reellen Preisen und qualitativ guten Waren schwierig.

Als Auswege bieten sich nur folgende an: 1. Man versucht zu feilschen und hofft auf die eigene Fähigkeit. 2. Man versucht eine **Beziehung zum Verkäufer aufzubauen,** die dauerhaft werden sollte. Denn ist man erst einmal vertraut miteinander, erlaubt es der Ehrenkodex dem Verkäufer nicht, dem Käufer schlechte Ware zu einem teuren Preis zu verkaufen. Dies jedoch braucht Zeit, denn nun sucht man nicht nach Waren, sondern nach einem vertrauenswürdigen Verkäufer. In Kaufgesprächen versucht man dabei, neben Informationen über die Ware auch Informationen über den Verkäufer zu erhalten, indem man ihn über seinen Beruf, die Herkunft, vor allem aber über gemeinsame Bekannte befragt. Ein solches Gespräch kann zum Beispiel folgendermaßen ablaufen:

Käufer: Gott sei mit dir, mein Bruder, wie geht es dir?

Verkäufer: Danke mir geht es gut und dir, mein Bruder, wie laufen deine Geschäfte?

Käufer: Danke, ich kann nicht klagen. Sag, woher kommst du?

Verkäufer: Ich komme aus Lezghira, kennst du das etwa?

Käufer: Gott der Gnädige schenkte mir einen Tag in diesem wunderschönen Dorf, ja, ich kenne es.

Verkäufer: Ah, dann weißt du ja auch, dass wir die beste Wolle in ganz Marokko herstellen. Sieh nur, wie schön dieses Tuch gewoben ist, wie fein sich die Wolle über die Schnüre legt

Käufer: Ja, das sehe ich wohl! Aber sage du mir, mein Bruder, kennst du Muhammad, der den kleinen Milchladen besitzt? Als ich in Lezghira war, lernte ich ihn kennen. Wahrlich, er ist ein netter Mensch

Verkäufer: Nein, tut mir leid, den kenne ich nicht. Aber sieh dir mein Tuch an, gefällt es dir nicht?

Käufer: Doch, ich sehe, es ist wunderschön. Wer hat es gewebt, Ahmad, der Weber? Weißt du, ich habe Ahmad kennengelernt!

Nun muss der Verkäufer zugeben, dass er Ahmad kennt. Bereits jetzt kann er den Käufer nicht mehr voll und ganz über den Tisch ziehen. Aber er versucht es weiter.

Verkäufer: Natürlich kenne ich Ahmad, aber er macht ein schlechtes Tuch, sieh nur, wenn du Ahmad kennst, wirst du ja auch wissen, dass er nicht besonders gut weben kann.

Käufer: Aber das stimmt doch gar nicht, Ahmad erzählte mir, er sei Weblehrer ...

Nun ist es raus. Man hat eine gemeinsame Basis gefunden, auf der das Verkaufsgespräch beginnt. Nach vielen Runden Tee wird der Kauf geregelt sein und wenn der Käufer das nächste Mal auf den Markt kommt, wird der Verkäufer ihm einen noch besseren Preis geben müssen. So funktionieren die Marktgesetze.

Ksur und Kasbahs – Lebensformen im Süden

Im Süden Marokkos, vor allem aber im Drâa- und Dadestal sowie im Tafilalt, haben sich opulente Lehmburgen *(Kasbahs)* und befestigte Dörfer (Plural *Ksur,* Singular *Ksar)* aus Lehm gehalten. Die wenigsten davon sind wirklich alt. Meist stammen sie aus dem 19. oder aus dem 20. Jahrhundert und wurden im Machtkampf zwischen den beiden großen Berberklanen der Qa'id und der Glawi errichtet (s.u.).

Kasbahs dienten vor allem Regierungszwecken. Sie waren die Wohn- und Wirkungsstätten der vom Sultan entsandten Gouverneure (arab. *Qa'id* = Führer), die die Region quasi beherrschten, Zölle einzogen und Karawanenreisenden Schutz gewährten. Man errichtete sie an strategisch wichtigen Punkten entlang der Handelskarawanenstraßen südlich des Atlasgebirges, wo man den Reisenden eine sichere Unterkunft gewähren konnte.

Die erste Kasbahs Südmarokkos war die **Kasbah Tamnougalt,** 6 km südlich von Agdz gelegen. Mitte des 17. Jahrhunderts unter der Herrschaft *Mulay Rashids,* dem Begründer der Alawidendynastie, erbaut, war sie jahrhundertelang Herrschaftssitz und Schutzburg für die umliegenden Dörfer. *Mulay Rashid* hatte aus den Fehlern seiner Vorgänger gelernt. Ein zentral geführter Staat, das hatte die Geschichte bewiesen, ließ sich nicht regieren. Also setzte er Verwalter ein, Gouverneure, die in seinem Namen das Land regierten.

Kasbah in Agdz

060km Foto: mb

Ali Mansur, ein enger Vertrauter des Sultans, dessen Nachfahren die Burg bis zum heutigen Tag bewohnen, wurde der **erste Qa'id** des Südens und errichtete in Tamnougalt, was in der Übersetzung so viel bedeutet wie „Ort des Zusammentreffens", die erste Kasbah. Der Ort war seit ewigen Zeiten ein wichtiger Marktflecken auf der langen Handelskarawanenstraße von Fes nach Timbuktu: die erste Oase, wenn man – von Marrakesch kommend – die Berge des Hohen Atlas und des Tinififft hinter sich gelassen hatte; die letzte für die Karawanen, die Gold, Elfenbein, Sklaven und Salz vom Süden nach Marrakesch transportierten.

Die Kasbahs des Drâa-Tales nördlich Zagoras blieben in den Händen der **Nachkommen Alis.** Starb ein Qa'id, übernahm der älteste Bruder dessen Funktion. Nur unter der Bedingung, daß es keinen Bruder mehr gab, durfte das Amt an den ältesten Sohn übergeben werden oder – falls es diesen nicht gab – an den Neffen. Auf diese Weise wurde es bis Mitte der 40er Jahre des 20. Jahrhunderts gehandhabt, als die Familie ihren Titel abgeben mußte. Nicht nur das, sie verlor ihren Besitz, ihr Land, ihre Kasbahs und somit ihre Ehre. Schuld daran war das französische Kolonialsystem, oder genauer gesagt, der mit den Franzosen kollaborierende Berberfürst *Tami ibn Muhammad al-Maswari al-Glawi.*

Schon im 19. Jahrhundert schaffte es der **Berberklan der Glawa,** sich durch skrupellose Kämpfe als größter Großgrundbesitzer des Südens zu etablieren. Seine Herrschaft war gefürchtet, seine Brutalität bekannt. Während die Berber erbittert gegen die französische Vorherrschaft kämpften, nutzte jener berüchtigte *Tami ibn Muhammad* die Gunst der Stunde und schloss sich den Franzosen an, die seit 1912 das Land zu ihrem Protektorat erklärt hatten. Spätestens damit begann sein Verrat. Seite an Seite mit den Franzosen erkämpfte sich der „Sultan des Südens", wie er zu dieser Zeit genannt wurde, die Vorherrschaft im Drâa-Tal. Bis Mitte der vierziger Jahre konnten sich die Qa'ids mit Hilfe der Bevölkerung noch halten, dann wurde der letzte Widerstand gebrochen. *Sidi Ali,* der letzte Qa'id von Tamnougalt (welche Ironie des Schicksals, daß der letzte Qa'id denselben Namen trug wie der erste), musste ins Exil, seine Familienmitglieder wurden aus der Region verbannt, einige kamen ins Gefängnis.

Blick auf eine Kasbah

058km Foto: mb

Heute noch sichtbares Zeugnis dieser Zeit der großen **Konkurrenz zwischen den sultanfreundlichen Qa'ids und den franzosentreuen Glawis** sind die zahlreichen Kasbahs, die seit Beginn des 20. Jahrhunderts in der Region entstanden. Jede Familie versuchte, mit dem Bau einer Kasbah die andere Familie zu übertrumpfen. Wo eine Qa'id-Kasbah stand, wurde in direkter Nachbarschaft eine Glawi-Kasbah errichtet, exponierte Orte, wie der Hügel bei Tamnougalt, wurden durch den Bau einer Kasbah „besetzt". Nicht nur die wunderschöne Kasbah Taouirt bei Tamnougalt besteht fast nur aus den Außenmauern, viele Kasbahs wurden nie vollendet, waren wie Taouirt auch nur „Lückenfüller" im Konkurrenzkampf. Mit Ende der Kolonialherrschaft mussten die Glawis das Land verlassen, die sultanstreuen Qa'id-Familien hingegen erhielten ihre Kasbahs zurück. Heute zerfallen die Glawi-Kasbahs mehr und mehr, nur wenige werden – im Zeichen eines zunehmenden Tourismus – zögernd restauriert.

Die wenigsten Kasbahs stehen wirklich allein. Meist findet man sie in ein befestigtes Dorf (arab. *Ksar)* integriert oder direkt daneben. So gehören Ksar und Kasbah als feste Einheit fast immer zusammen.

Die **ersten Ksur** (Plural von *Ksar)* entstanden wahrscheinlich aus den alten Speicherburgen, den Agadiren. Mit den eindringenden (meist arabischen) Nomadenscharen war den Berbern ein weiträumiges Siedeln nicht mehr möglich. Anfangs errichtete man Speicherburgen, die sich leichter verteidigen ließen. In diesen wurde Getreide, andere agrarische Produkte, Waffen, Schmuck, Geld, Kleidung, Urkunden, kurz: alles Wertvolle, aufbewahrt. Die Gesamtanlage wurde in Gemeinschaftsarbeit eines Klans errichtet, die einzelnen Parzellen dann von den Familien selbst. Jeder Agadir hatte einen Wächter und gute Wälle und Dornenhecken. Die Verteidigung in einer solchen Festung war wesentlich einfacher als in verstreuten Höfen und wurde mit den häufig einfallenden Nomadenscharen auch immer notwendiger. Aus den reinen Speicherburgen entstanden bald schon kombinierte Wohnburgen mit Speicherfunktion, aus denen sich die reine Wohnburg, das Ksar, entwickelte.

Früher standen die Dörfer in engem Zusammenhang mit der sozio-kulturellen und sozio-ökonomischen **Lebensweise der Oasenbewohner,** die sich seit der Unabhängigkeit jedoch stark gewandelt hat. Gab es früher das Gelehrtenviertel, das Judenviertel, das Adelsviertel und das des „einfachen" Volkes, so haben sich heute diese Strukturen aufgelöst. Sklaven lebten bis in die 60er Jahre bei ihren Herren im Erdgeschoss bei den Tieren. Heute sind die in der Zwischenzeit Freigelassenen in die ehemaligen Häuser der Juden eingezogen, die seit 1948, vor allem aber 1967 nach dem 6-Tage-Krieg nach Israel emigriert sind. So haben auch die Ksur, ausgelöst durch den gesellschaftlichen Wandel, ihre ursprünglichen Funktionen verloren.

Mit der Modernisierung des Lebens in Marokko ändern sich aber auch andere Lebensformen. So entwickelt sich die Familienstruktur mehr und mehr von der Großfamilie hin zur Kleinfamilie, und man wohnt heute lieber mit mehr Platz als verschachtelt in Sackgassen. Fast jede Familie möchte Strom haben und fließend Wasser. In den alten Lehmdörfern ist beides jedoch kaum möglich ohne massive Zerstörung der alten Mauern. So kommt es, dass viele Ksur verlassen werden. Landflucht und Arbeitslosigkeit tun das Ihre, um diesen Prozess voranzutreiben. Ksur und Kasbahs überdauern meist nur noch dort, wo sie als pittoreske Architekturdenkmäler erhalten werden. Viele der Ksur wirken heute wie Geisterdörfer, und die alte Bausubstanz verrottet mehr und mehr. Denn Lehm ist kein zeitloses Material, Lehmbauten zerfallen, wenn man sie nicht immer und immer wieder restauriert und erneuert. Diesen Verfallsprozess aufzuhalten wäre nur mit einer Stärkung der Wirtschaft in den entsprechenden Regionen zu schaffen.

(Wer Einblicke in das Leben einer Kasbah gestern und heute gewinnen möchte, wer Interesse daran hat zu sehen, wie man diese Lehmburgen restaurieren kann, um sie zu erhalten, der sei auf den sehr guten Film „Kasbah Asslim: Lehmburg unter heißer Sonne“ von *Karl-Heinz Grote* und *Linda Janssen* hingewiesen. Der Film ist bei der AG Medienpädagogik e.V., Tiroler Ring 283, 24143 Kiel, e-mail: info@videomobil.de zu beziehen.)

Es scheint mir,
als hättet ihr Europäer
Milch in euren Adern;
Nitriol ist es, Feuer ist es,
was durch die Adern
der Bewohner des Atlas
und der benachbarten
Regionen fließt.

(Voltaire, *Candide*)

001km Foto: mb

DER FREMDE IN MAROKKO

Es reicht nicht, theoretisch alles zu wissen: Man muss es erfahren, muss es erleben, muss es auch erlernen. Aber wenn es irgend geht, dann sollte man die Hilfestellungen annehmen, die sich einem bieten. Folgendes Kapitel ist so eine Hilfestellung. Denn mit ein paar Grundkenntnissen und ein paar ganz einfachen Tricks ist das Reisen in Marokko noch schöner und um einiges einfacher!

Das Bild deutscher Touristen in Marokko

Marokkanische Touristenführer in Fes sehen das so: „Ein deutscher Tourist ist groß, hellhäutig und dick. Meist hat er blonde Haare und blaue, braune oder grüne Augen. Deutsche haben auch ein Buch dabei als Reiseführer. Wenn auf dem Reiseführer Marokko mit doppeltem K und mit O geschrieben ist, weiß man sofort: Dies ist ein deutschsprachiger Tourist. Die Birkenstockschuhe unterscheiden den Deutschen vom

Österreicher und Schweizer. Meistens haben sie auch Socken an (...). Die Deutschen sind in der Regel mit guten und modernen Kameras ausgerüstet. Sie tragen funktionale, zweckmäßige und einfache Kleidung, oftmals spezielle sportliche Winterjacken. Sie sind nicht elegant gekleidet, dennoch sind ihre Taschen voller Geld."

Deutsche Touristen fallen auf. Zum Teil durch Äußerlichkeiten, wie das Anfangszitat zeigt, aber auch durch ihr Verhalten. Man lobt ihr **Interesse** am Land, ist aber gleichzeitig entnervt ob ihrer **Penetranz,** alles, wirklich alles wissen zu wollen. „Die Deutschen werden nie müde, und die Stadtführung durch Fes dauert manchmal von 8.30 Uhr bis 13 Uhr. Am Nachmittag geht es mit der Führung weiter, von 14. 30 Uhr bis 18.30 Uhr, und nachher sind die Leute immer noch fit und begierig, mehr zu sehen ...."

Besonders unbeliebt sind diejenigen, die glauben, alles besser zu wissen. Nicht nur, dass sie dem Marokkaner zu verstehen geben, er sei als Afrikaner weniger wert als der Deutsche, nein, der Deutsche glaubt, sich alles mit seinem vielen Geld erkaufen zu können. Schließlich zahlt er ja eine Menge dafür, das Land zu sehen.

Die **Korrektheit** der Deutschen manifestiert sich, nach Meinung der Marokkaner, vor allem darin, alles zu überprüfen, ob es sich dabei um das Funktionieren der Heizung (im Sommer) oder der Klimaanlage (im Winter) handelt. Man findet solch Verhalten wunderlich!

Viele Marokkaner glauben, dass deutsche Urlauber sich in Marokko Dinge herausnehmen, die sie sich in ihrer Heimat niemals erlauben könnten. Sie denken, dass viele der Touristen **gegen Verhaltensregeln verstoßen,** weil sie dafür bezahlen. Marokkaner empfinden dies als unangemessene und verletzende Zurschaustellung von Reichtum. Nicht selten werden dabei Verhaltensweisen, die in Deutschland durchaus üblich, für Marokkaner allerdings unverständlich sind, auf diese Art interpretiert. Eine Frau zum Beispiel, die allein mit mehr als einem Mann unterwegs ist, erlaubt sich dies nur in Marokko – so unvorstellbar scheint es, dass eine Frau so etwas in Europa darf. Marokkaner glauben, dass europäische Frauen in Marokko häufig Freiheiten ausleben wollen, die sie in Europa nicht haben. Hinzu kommt der fest verankerte Glauben, deutsche Männer seien „kalt", weswegen sich eine deutsche Frau nach einem „heißblütigen" Marokkaner sehnt. Ganz besonders gilt dies natürlich für die alleinreisende Touristin, die – so scheint es – nur aus diesem Grund nach Marokko kommt.

Marokkaner, die im Tourismusgeschäft arbeiten, nach ihrer Meinung zu den Deutschen befragt, teilen Deutsche in vier grobe **Kategorien** ein:

1. **Rucksacktouristen:** Sie reisen mit geringem Budget und allein zum Zweck des Drogenerwerbs und -verbrauchs. Sie gelten als jung und un-

erfahren, weswegen man sie leicht über den Tisch ziehen kann. Man mag sie nicht. Sie bringen a) kein Geld ins Land, bzw. nur wenige Marokkaner profitieren von ihrem Geld, b) sie respektieren die Kultur des Gastlandes nicht, indem sie offen gegen jegliches marokkanisches Feingefühl verstoßen, c) sie verhöhnen marokkanische Armut, indem sie sich trotz des deutschen Reichtums wie Bettler kleiden.

2. **Studienreisende** (in privaten Kleingruppen oder mit Reiseorganisationen): Man bezeichnet sie gern als „Forscher", die jeden Stein umdrehen und stundenlang über Kunst diskutieren. Sie gelten als spießig, sauber, sehr reich, korrekt und meist nett, da sie zumindest ein Interesse an der Kultur des Landes haben und nicht nur vom Land profitieren wollen, ohne etwas dafür zu geben. Sie akzeptieren im Großen und Ganzen die Traditionen und Sitten des Landes, sind aber häufig rechthaberisch.

3. **Individualreisende:** Sind sie reich und fahren mit dem Mietwagen umher, sind sie geschätzt. Das Land profitiert von ihnen, und ihre individuelle Reise zeigt, dass sie keine Berührungsängste haben. Ihr Interesse am Land wird sehr hoch gelobt. Sie gelten als höflich, korrekt und unbedingt respektvoll dem Land und seinen Regeln gegenüber.

4. **Rentner:** Sie sind weder an Land noch Leuten interessiert. Sie kommen zum Überwintern nach Agadir, sie trinken Bier und grillen und haben ansonsten kein Interesse am Land. Man kann an ihnen verdienen, aber nicht viel. Besonders auffallend ist bei ihnen, dass sie sich weder bemühen, Kontakt zu Marokkanern aufzunehmen, noch versuchen, auch nur das Geringste von dieser Kultur kennenzulernen.

Nicht viel anders als bei den Touristenführern ist die **Meinung der marokkanischen Bevölkerung über die Deutschen.** Allgemein gelten die Deutschen als korrekt, ordentlich, ernsthaft und leistungsorientiert, aber auch als überheblich und rechthaberisch. Der Reichtum, der von deutschen Touristen in Marokko zur Schau gestellt wird, beweist, dass die Deutschen „es geschafft" haben. In Deutschland herrschen paradiesische Zustände, jeder kann einen Mercedes fahren, jeder kann lange Reisen unternehmen und muss dafür kaum arbeiten. Ausgehend von der marokkanischen Arbeitssituation sehen sie einen 8-Stunden-Tag als großen Luxus, zumal er offensichtlich so einträglich ist, dass jeder Deutsche wohlhabend ist. Deutsche Urlauber prägen dieses Bild. Deutsches Fernsehen bestätigt es, denn längst ist Deutschland oder präziser ausgedrückt RTL und Sat 1 via Satellit in Marokko präsent und zeichnet ein Bild, dass selbst in der akademischen Oberschicht nicht unbedingt hinterfragt wird.

Jeder Reisende wird immer wieder den Vorurteilen der marokkanischen Bevölkerung entgegenzutreten haben. Aber auch auf unserer Seite bestehen schließlich gängige Klischees, die sich nicht mit einem Wisch wegfegen lassen.

Die Deutschen sind nicht unbeliebt in Marokko. Sie bezahlen immer ihre Rechnungen, weswegen man sie schätzt, sie sind respektvoll und ausgesprochen höflich. Wer zudem noch Interesse am Land zeigt und sich einigermaßen nach den Regeln verhält, kann das Bild der Deutschen nur noch verbessern!

Ein Kapitel über die Gastfreundschaft

Der Gast ist ehrenvoll aufzunehmen und auf beste Weise zu bewirten. Gott der Erhabene sagte: Hast Du nicht die Geschichten von den ehrenvoll aufgenommenen Gästen Ibrahims gehört?

(Koran Sure 51, Vers 24)

Bei den Recherchen zu diesem Buch kam mir der **Brief der 18jährigen Schülerin Vera Fleig** in die Hände. Sie berichtete darin von ihrer Reise durch Marokko, die vor allem durch ein Erlebnis geprägt wurde: die Einladung in eine Familie und das Erleben der marokkanischen Gastfreundschaft. Ich dachte mir, weshalb soll in der Theorie beschrieben werden, was auf so lebendige Weise erzählt werden kann, und so fragte ich die junge Frau, ob ich einen Ausschnitt veröffentlichen dürfte. Sie gab mir ihr Einverständnis, und so kann der Leser nun in den Genuss dieser schönen Geschichte kommen:

„... in Oujda angekommen, fragten wir ein Mädchen nach der Jugendherberge, aber es gab keine. Deshalb brachte uns das Mädchen zu einem billigen Hotel. Etwa eine halbe Stunde später klopfte es plötzlich an der Tür, und das Mädchen stand in Begleitung ihres großen Bruders vor der Tür. Die beiden luden uns zu sich nach Hause ein! Zuerst dachten wir, es sei eine Einladung zum Tee, und wir packten nur das Nötigste ein. Da machten sie deutlich, dass sie uns gern für mehrere Tage bei sich zu Hause aufnehmen wollten. Zuerst waren wir total überrascht und auch etwas skeptisch – wann passiert einem so was in Deutschland? Die Gelegenheit, das Leben einer marokkanischen Familie so hautnah mitzuerleben, reizte uns jedoch so sehr, dass wir uns auf unsere Menschenkenntnis verließen und mit den beiden Jugendlichen, die sehr vertrauenerweckend und herzlich waren, mitgingen. Sie führten uns in ein Viertel, in dem es garantiert keine Touristen gibt, die Häuser waren klein, die Gassen ungeteert – wir waren begeistert! Und gespannt auf das, was uns erwarten würde. Wir unterhielten uns den ganzen Weg über auf Englisch und Französisch, und die zwei wurden uns immer sympathischer. Als wir in dem winzigen Häuschen ankamen, war schon die ganze Großfamilie versammelt, um uns willkommen zu heißen. Wir waren überwältigt von der warmherzigen Gastfreundschaft, und es war eine sehr große Ehre für uns, am Familienleben teilhaben zu dürfen. Unsere neue Gastmama verwöhnte uns mit marokkanischen Leckereien und zeigte uns, wie man am besten mit der rechten Hand Kuskus isst.

Das Leben in Oujda unterschied sich in jeglicher Hinsicht von unserem Leben zu Hause. Besonders als die Familie uns Kaftane zum Anziehen gab und wir so durch die Medina liefen, fühlten wir uns wie in einem Märchen aus 1001 Nacht. Die Familie nahm uns gleich am ersten Abend mit zu einem Fest, wo sich die gesamte Verwandtschaft traf. Frauen und Männer feierten getrennt, und wir mussten mit dem Essen so lange warten, bis die Männer fertig waren. Für uns war das ungewöhnlich, aber für die Frauen dort ist es eben einfach eine von Allah gegebene Tatsache.

Bevor wir nach Marokko reisten, habe ich mir immer vorgestellt, die Frauen dort seien unterdrückte Wesen, die dem Manne völlig unterlegen seien. Dies trifft im gesellschaftlichen Leben wohl oft auch zu. Aber in unserer Familie hatte im häuslichen Bereich die Frau das Sagen. Sie verteilte das Essen, probierte den Tee und bildete den Mittelpunkt der Familie. Überhaupt war das ganze Familienleben ganz anders als in der deutschen Kleinfamilie. In dem winzigen 3-Zimmer-Haus schliefen mit uns 8 bis 12 Personen: Cousinen, die zu Gast waren, die Kinder der Familie, die Eltern, die Tante und der Onkel. Die gemeinsamen Mahlzeiten, die man am Boden sitzend einnimmt, bildeten die Höhepunkte des Tages – es wurde viel geredet und gelacht.

Außer auf dem Stehklo war man nie allein, und wir wurden gleich wie Familienmitglieder akzeptiert: vom Zähneputzen bis zum Kleiderwaschen – wir taten alles gemeinsam.

(...) Der Aufenthalt in Oujda ermöglichte uns wirklich einzigartige Einblicke in das Leben einer marokkanischen Großfamilie, und es war die wohl wertvollste Erfahrung auf unserer Reise. Beim Abschied ließen sie es sich nicht nehmen, uns die Kaftane zu schenken und uns mit Proviant zu versorgen. Wir mussten versprechen, sie wieder zu besuchen ..."

Gastfreundschaft wird im gesamten Orient groß geschrieben. Marokko bildet darin keine Ausnahme. Der Gast ist König, hier bedeutet dieser Satz noch immer etwas: Oft stürzt sich die Familie in Großausgaben, um dem Gast Fleisch zu kredenzen, man fährt alles auf, was das Haus zu bieten hat.

Der **Gast** sollte sich dementsprechend verhalten, ernstgemeinte Einladungen unbedingt annehmen (eine Ablehnung ist beleidigend) und (bei einem längeren Aufenthalt) ein Gastgeschenk parat haben. Es ist die Pflicht jedes Muslimen, seinen Gast für drei Tage aufzunehmen. In diesen darf er nicht arbeiten und wird bewirtet. Bleibt der Gast länger, muss er sich finanziell oder durch Arbeit am Haushalt beteiligen.

Gastfreundschaft beginnt aber schon früher: das Winken der Kinder, das Lächeln der Frauen, die offenen Blicke. Die **Freundlichkeit** und Freundschaft, die dem Reisenden entgegengebracht wird, wird dabei nicht als Pflicht gesehen, sondern ist mehr eine „Herzensangelegenheit". In der Wüste war Gastfreundschaft überlebenswichtig und der Reisende immer Überbringer der neuesten Nachrichten. Bis heute hat sich diese Tradition bewahrt.

Das bedeutet jedoch nicht, dass man jede **Einladung** auch annehmen sollte. Spontane Einladungen, zum Beispiel zu einem Essen, sind häufig reine Höflichkeitsfloskeln – man tritt diesen Einladungen gegenüber, indem man sie ablehnt. Ernstgemeinte Einladungen werden in aller Regel mehrmals wiederholt.

Potentiell gilt jeder Tourist als Gast. Bei den hohen Touristenzahlen in Marokko würde Gastfreundschaft gegenüber jedem Touristen allerdings eine Massenverarmung hervorrufen. In Orten und Gegenden, wo sehr viele Touristen hinkommen, kann sich diese **„Gastfreundschaft" oft ins Gegenteil wandeln** und zur penetranten Verkaufsaktion verkommen. Aufforderungen wie *„Entrez, profitez de notre hospitalité!"* („Kommen Sie herein, genießen Sie unsere Gastfreundschaft!", gemeint ist: „Kommen Sie rein und kaufen Sie was oder geben Sie mir Geld!") sind an manchen Orten oft anzutreffen.

Viele Einladungen, vor allem in Regionen, die sich außerhalb der Touristenzentren befinden, sind jedoch ernst gemeint, und wer bereit ist, sich ein wenig auf die Menschen einzulassen, sollte einer solchen Einladung auch nachkommen. Aber man hat **als Gast auch gewisse Pflichten:** Respekt gegenüber der Gastfamilie, Interesse und vor allem Offenheit: Man wird über alle möglichen (und z.T. auch unmöglichen) Dinge ausgefragt, und man sollte dann nicht ungehalten ob dieser „Neugierde" reagieren (Näheres dazu siehe Kapitel: „Reden ist Silber ...", weitere Regeln zum Verhalten als Gast bei einer Familie siehe im Kapitel: „Kleider machen Leute ...").

Immer wird ein Tee gereicht werden und fast immer auch Gebäck. Bisweilen geht der Besuch über einen Tee hinaus, und die Töchter werden zum Kochen in die Küche geschickt. Man wird bemüht sein, es dem Gast so recht wie möglich zu machen.

Die vermeintliche Modernität, auf die man in Marokko immer wieder stößt, ist mehr äußerlich als wirklich gelebt. Die Bevölkerung lebt noch immer mehr oder minder streng nach den Regeln des Islams und der Tradition. Macht man sich dieses bewusst und respektiert das Fremde, wird man feststellen können, was den eigentlichen Reichtum des Landes ausmacht: die Menschen, die darin leben, die Menschen, mit denen man täglich auf seiner Reise zu tun hat.

Dass es unter diesen auch schwarze Schafe gibt, dass es immer wieder „Nepper" gibt, die vor allem da, wo Touristen in Massen auftreten, versuchen, diese zu übervorteilen, versteht sich von selbst. Wer aber offen auf die Menschen zugeht, wird seinerseits mit **Offenheit** belohnt werden, denn letztendlich gilt hier wie überall: Das Verhalten anderer ist meist nur ein Spiegel des eigenen Verhaltens. Angst und Abwehr führen zu Angriffslust, Arroganz zu Aggressionen und Desinteresse zu Frust. Machen Sie etwas aus Ihrer Reise, indem Sie den Menschen mit Gelassenheit begegnen – zugegeben: Das ist gerade in Marokko nicht immer einfach!

Der Marokkaner und der Fremde: Wie vermeide ich grobe Patzer?

Marokkaner sind kontaktfreudige Menschen, die stets am Fremden interessiert sind, aber leider trifft man unter ihnen viel zu häufig auf Menschen, die weniger am Gespräch als vielmehr am Verkauf einer Ware oder einer Dienstleistung interessiert sind. Mancher Reisende fühlt sich durch dieses offensive Verhalten „überrumpelt" und hat bald schon keine Lust mehr, überhaupt noch ein Wort mit den Einwohnern des Reiselandes zu wechseln. Das ist nachvollziehbar, aber sehr schade, denn wenn man sich erst einmal auf die Menschen hier eingelassen hat, kann man wirklich viele Dinge erfahren und man wird sich bald nicht mehr so fremd fühlen in diesem Land. Marokkaner sind in aller Regel sehr tolerant und akzeptieren ihnen „fremdes" Verhalten als fremde Sitten. Mancher Fehltritt im Verhalten des Touristen wird höflich und mit einem Lächeln umgangen, da allein die Tatsache wichtig ist, dass der Gast sich wohl fühlt.

Folgendes Kapitel will nun ein paar Verhaltenshinweise geben, ein paar Grundregeln, die helfen sollen, nicht aus Versehen von einem Fettnäpfchen ins andere zu tappen. Außerdem werden hier ein paar ganz grundsätzlich Dinge im alltäglichen Umgang zwischen Marokkanern und Europäern geklärt.

063km Foto: mb

Andere Länder, andere Sitten! Wundern Sie sich nicht ständig oder ärgern Sie sich nicht über für Sie Unverständliches. Es kann nicht immer Antworten auf alle Fragen geben!

Ein paar Grundregeln

Wer durch eine Stadt läuft oder durch ein Dorf, wird immer wieder mit einem freundlichen *„La'bas?"*, „Wie geht es dir?", begrüßt werden. Antworten Sie mit einem *„La'bas al-hamdulillah"*, „Mir geht es gut, dank sei Gott". Eine persönliche Begegnung beginnt fast immer mit einem Handschlag, wobei man die Hand anschließend als Geste des Respektes zum Herzen führt. Die **Begrüßung** unter Frauen oder Männern, die einander besser kennen, erfolgt mit einem Begrüßungskuss, den man nicht auf den Mund gibt, sondern auf eine der Wangen, erst links, dann rechts. Diesem Küssen werden dann nicht aufhören wollende Formeln angehängt, mit denen man sich letztendlich nach dem Wohlbefinden erkundigt und Allah für dieses preist. Älteren Frauen küsst man die Hand, oder aber man gibt ihnen die Hand und führt die eigene dann zum Mund, um sie symbolisch selbst zu küssen. Männer dürfen Frauen nie die Hand geben, und Küssen ist schon ganz und gar tabu, selbst innerhalb der Familie! Küsst eine Frau einen Mann auf die Wangen, wird sie als „leichtes Mädchen" abgestempelt, und die Ehre der Familie wird in Frage gestellt. Das gilt übrigens auch für Küsse oder Zärtlichkeiten unter Touristen.

Während die Begrüßung also zeremoniell geregelt ist, läuft die **Verabschiedung** vollkommen formlos. Man verlässt einfach die Runde, hebt allenfalls kurz die Hand und wünscht gegebenenfalls eine gute Nacht: *„Laila sa'ida"*. Nur wer für längere Zeit verreist, verabschiedet sich aufwendiger. Dann wünscht man eine gute Reise und ein wohlbehaltenes Wiederkommen.

Nehmen Sie sich **Zeit.** Geduld ist im Orient eine ausgesprochene Tugend, und Ungeduld wird eher missbilligend betrachtet. *„As-Sabr djamil"*, „Geduld ist schön" sagt man – und daran sollte sich auch der Reisende halten. Verspätungen sollten nicht mit „deutscher" Pünktlichkeit gemessen werden, denn hier gelten andere Zeitbegriffe.

Grundsätzlich gilt es, sich ordentlich anzuziehen. Jede Form abgerissener **Kleidung** ist eine Beleidigung, nach dem Motto: Denen sind wir es noch nicht einmal wert, sich für uns anständig anzuziehen. Für Frauen gilt diese Regel noch viel ausgeprägter. Wer in Flatterhemdchen daherkommt, wird damit rechnen müssen, auch für ein „Flattermädchen" gehalten zu werden. Lange Hose oder Rock, Jacke oder Bluse, die über den Po geht und die Schultern bedeckt, kein allzu tiefes Dekolleté und vor allem immer ein BH sind angemessene Kleidung. Je ordentlicher man auftritt, desto höher wird man in der gesellschaftlichen Hierarchie eingestuft werden, und um so respektvoller wird man behandelt. Kopftücher sind übrigens nicht nötig. Auch viele Marokkanerinnen laufen mittlerweile „oben ohne" herum! Gegen die heiße Sonne und den Staub schützt es jedoch enorm!

Und apropos Höflichkeit: Man sollte in einem **Gespräch** immer wieder sein Gegenüber loben! Wer raucht, sollte sich nie eine **Zigarette** anstecken, ohne dem anderen eine anzubieten, und wer etwas **zu essen oder zu trinken** auspackt, darf das nie allein zu sich nehmen: Selbst in Zugabteilen wird alles geteilt, in Bussen mit den Leuten rundum und bei jedem Teehausbesuch sowieso!

Auch wer wild campt oder auf freier Strecke ein **Picknick** veranstaltet, muss damit rechnen, dass Menschen aus der näheren Umgebung auftauchen, um sich den Fremden anzusehen. Laden Sie sie zu einem Tee ein oder falls Sie gerade esssen, laden Sie sie ein mitzuessen. Es wäre sehr unhöflich, es nicht zu tun, so wie es unhöflich wäre, diese Einladung abzulehnen. Zumindest einen Bissen sollten zum Essen gebetene Gäste zu sich nehmen, es sei denn, die Dazugekommen sind Bettler. Dann lässt man ihnen etwas von dem Essen übrig, das man ihnen reicht, wenn man selbst die Mahlzeit beendet hat.

Ein letzter kleiner Hinweis sei noch gegeben: **Mann pinkelt** nicht im Stehen. Er hockt sich dazu hin und pinkelt unter seiner Djellaba hervor!

Zu Gast bei einer Familie

Eine „Einladung" ist nicht immer eine **Einladung!** Es entspricht der arabischen Höflichkeit, jeden Fremden einzuladen. Das bedeutet jedoch nicht, dass dies immer ernst gemeint ist. Sie müssen sich mehrmals bitten lassen (in aller Regel drei Mal), dann erst können Sie mit gutem Gewissen die Einladung annehmen.

Es ist gut, ein paar Süßigkeiten **mitzubringen,** die Kinder des Hauses freuen sich und es ist Usus, sie damit zu beglücken.

Wird **Essen** oder Gebäck aufgetischt: Greifen Sie zu, aber nur mit der rechten Hand, die linke ist unrein! Nichts ist beleidigender als ein Gast, der nicht isst. Es bedeutet, dass es ihm nicht schmeckt oder dass er sich zu fein ist, um mit der Gastfamilie von einem Teller zu essen. Auch ist es angebracht, langsam zu essen. Denn wenn man aufhört zu essen, könnte sich die Familie genötigt fühlen, auch aufzuhören.

Bleibt man über Nacht oder ist länger als einen Tag bei einer Familie zu Gast, sollte man auf jeden Fall neben den Süßigkeiten für die Kinder **Gastgeschenke** mitbringen. Das muss nicht unbedingt etwas „aus der Heimat" sein, wobei ein paar Fotos oder Postkarten von dort sicherlich sehr beliebt sind. Ein Geschenk aus Deutschland ist etwas Besonderes, und wer die Möglichkeit dazu hat, wird mit so einem Geschenk natürlich gut ankommen. Da es aber ziemlich umständlich wäre, auf Eventualitäten hin massenweise Gastgeschenke aus Europa anzuschleppen, sind in Marokko gekaufte Gaben durchaus angebracht. Der Fantasie sind dabei keine Grenzen gesetzt. Wer sich dennoch etwas schwer tut, es ist nie falsch, Folgendes mitzubringen: Zigaretten, Obst, Kuchen, Kassetten, Spielzeug, Tücher, Seife ... Gastgeschenke sollten nicht am Anfang gereicht werden, es sieht sonst so aus, als wollte man die Gastfamilie bestechen. Man sollte sie aber auch nicht erst zum Schluß geben, denn dann würden sie einer Bezahlung gleichkommen.

Heilige Orte und Wohnungen dürfen nicht mit **Schuhen** betreten werden. Ziehen Sie diese deshalb bitte immer aus, auch wenn man Sie darauf hinweist, das sei nicht nötig. Das gebietet die marokkanische Höflichkeit.

Reden ist Silber, Schweigen nichts wert

„Âllo, Bonjour la Gazelle, la-bas. Ça va la Gazelle?" „Hallo, guten Tag, Gazelle. Geht es dir gut?"

Da läuft man nichts Böses ahnend durch die Stadt und schwups, ist man **in ein Gespräch verwickelt!** Meist fängt es ganz banal mit der Frage nach Feuer oder der Uhrzeit an.

Sei es in einem Café, im Bus, im Suq oder einfach so auf offener Straße, Fragen wie „Woher kommen Sie? Wie gefällt Ihnen Marokko, wie die Marokkaner, finden Sie sie nett?" begegnen jedem, der offen durchs Land reist. Dabei verfügen die meisten Marokkaner über einen unglaublichen Sprachenreichtum. Neben Arabisch und Französisch sprechen viele, die zumindest ein paar Jahre auf der Schule waren und/oder im Tourismusbereich arbeiten, auch Englisch, Spanisch und z.T. sogar Deutsch. Das gilt natürlich besonders für Touristenzentren.

Diese Kontaktfreudigkeit, die häufig darauf hinausläuft, den Touristen in ein Gespräch zu verwickeln, um dann hinterher mit ihm, dem neuen Freund, ein „Geschäft" zu machen, ist auf Dauer anstrengend und spätestens nach dem zwanzigsten „Bonjour, ça va?" hat man keine Lust mehr zu antworten.

Warum kommt es zu solchen Begegnungen? Zuerst einmal muss man natürlich zwischen denjenigen unterscheiden, die Fremde aus Lust an der Kommunikation ansprechen und denjenigen, die Menschen ansprechen, weil sie eine Möglichkeit wittern, **vom Fremden zu profitieren:** Häufig bieten sie Dienste als sogenannte „Guides" oder aber als „Schlepper" an, die den Touristen in das Teppichgeschäft des (vermeintlichen) Onkels/Cousins/Bruders/Vaters führen wollen, damit dieser durch die „Freundschaft" mit dem Neffen/Cousin/Bruder/Sohn einen besonders guten Preis erhält. In diese Gruppe fallen auch diejenigen, die sich durch ein Gespräch mit deutschen Touristen Chancen auf ein deutsches Visum oder eine Arbeitsmöglichkeit in Deutschland erhoffen. Diese Art von Gesprächspartnern findet sich vor allem in Touristenzentren und großen Städten.

Die anderen, die den Reisenden nicht aus diesen Gründen ansprechen, wollen **tatsächlich nur reden,** meist weil sie neugierig und an der fremden Kultur interessiert sind. Viele kennen Europa von Aufenthalten als Gastarbeiter (vor allem natürlich in Frankreich) und wollen über diese Zeit reden. Die Tatsache, dass es - vor allem in den Städten - irgendwie „schick" ist, mit Ausländern zu sprechen, spielt sicherlich auch eine wichtige Rolle, genauso wie die Langeweile vieler Arbeitsloser, die sich von einem Gespräch Abwechslung erhoffen. Letzteres ist gar nicht so selten, die Arbeitslosigkeit, vor allem unter den jüngeren Leuten, ist immens hoch - und ein Tag ohne Arbeit ist sehr lang.

Gespräche haben **unter Marokkanern** einen völlig anderen Stellenwert als bei uns, sie gehören zum alltäglichen Zeitvertreib dazu. Ein Mensch, der sich nicht unterhält, ist einsam, und der Wunsch, allein in einem Café sitzen oder spazierengehen zu wollen, ist den meisten Marokkanern fremd und unverständlich. Selbiges gilt für die europäische Art, sich irgendwo allein an einen Tisch zu setzen oder sich im Zugabteil anzuschweigen. Wann immer sich mehrere Menschen in einem Raum befinden oder aufeinandertreffen, beginnen die Gespräche. Man tauscht sich über das Woher und das Wohin aus, redet über das Wetter und die Familie und versucht, gemeinsame Bekannte ausfindig zu machen. Es wäre für die meisten Marokkaner befremdlich, sich nicht miteinander zu unterhalten, wenn man eine bestimmte Zeit miteinander verbringt.

Und wer bietet sich als interessantester Gesprächspartner an? Natürlich der Fremde. Was hat er zu sagen? Was denkt er? Warum soll der Arme auch allein in einem Café sitzen müssen ... Ganz gleich, aus welchem Grund ein **Marokkaner uns anspricht,** Gespräche gehören zum marokkanischen (Reise-)Alltag dazu und können im schönsten Fall sogar der Beginn einer Freundschaft sein. Auch sogenannte Schlepper, die die

Kommunikation anfangs nur aus finanziellen Interessen begonnen haben, entwickeln sich häufig zu interessanten Gesprächspartnern.

Dabei kommt es letztendlich natürlich auch immer auf einen selbst an. Ich habe zum Beispiel festgestellt: Je mehr ich versuche, mich innerlich gegen ein Gespräch zu wehren, um so penetranter wird mein Gegenüber. Gehe ich locker und entspannt mit dem x-ten Versuch um, ein Gespräch zu führen, werde ich eher **in Ruhe gelassen.** Ein höfliches *„A'tini et-tisa' baraka llahu fik"* – „Lassen Sie mich bitte in Ruhe" – wird dann fast immer akzeptiert. Die meisten Marokkaner haben ein Gespür dafür, wie weit sie gehen können, und akzeptieren abgesteckte Grenzen, wenn man sicher genug auftritt.

Dabei können Gespräche mit der einheimischen Bevölkerung ausgesprochen bereichernd sein. Denn merkt das Gegenüber, dass man sich für sein Land interessiert, sprudeln die Informationen nur so aus ihm heraus. Der Gesprächspartner wird sich bemühen, die Fragen des Reisenden zu beantworten. Die meisten Gespräche werden **schnell sehr persönlich.** Fragen nach Familienstand, Kindern, Verdienst und Religion sind innerhalb der ersten Viertelstunde Standard. Dabei geht es nicht darum, die Privatsphäre des Reisenden zu verletzen, sondern vielmehr darum, den Fremden einschätzen zu können. Auch Marokkaner fragen untereinander dasselbe. Man will sich ein Bild des anderen machen, akzeptiert aber in den meisten Fällen, wenn der Befragte auf diese Fragen nicht antworten möchte. Ein lächelndes „Maschi schrulik" - „Das geht Dich nichts an" – ist in diesem Fall angebracht. Man vergibt sich aber nichts, wenn man auf derartige Fragen antwortet, wenn auch die Antworten nicht immer auf Verständnis stoßen (vor allem Kinder- oder Trauscheinlosigkeit). Man selber hat dann die Möglichkeit, seinerseits nach diesen persönlichen Dingen zu fragen, und bekommt als Antwort nicht selten Fotos der Familie gezeigt und stolze Erzählungen zu hören wie „Der Sohn ist in Casablanca, die Tochter hat drei Kinder" oder Ähnliches.

Auch gegenseitige Fragen über das Herkunftsland helfen beiden Seiten, Einblicke in die fremde Welt zu erhalten und werden aus diesem Grund gern gestellt. Dabei sollte man **einige Themen meiden,** z.B. direkte Fragen nach *Muhammad VI.* Auch Kritik am marokkanischen Staat und der Königsfamilie sind nicht angebracht. Ähnliches gilt für Kritik an der Religion (und die damit zum Teil verbundenen Vorstellungen über die Rolle der Frau). Das Bekenntnis, selbst unreligiös zu sein, führt zu völligem Unverständnis, weshalb sich auch nicht religiöse Menschen immer als Christen bezeichnen sollten. Ein weiteres Thema, dem man besser aus dem Weg geht, ist die marokkanische/arabische Politik. Dazu gehören neben Fragen nach der Westsahara vor allem auch die politische Situation in Israel und Palästina. Meidet man diese Themen jedoch und versucht, sich ein wenig auf den anderen einzustellen, steht dem Austausch nichts mehr im Wege.

Am liebsten und häufigsten wird natürlich über die Familie geredet. Die Familie ist der zentrale Bezugspunkt eines Menschen. Die meisten Marokkaner lieben es außerdem, über ihr Land zu sprechen und über ihre Kultur. Eine Frage, die bei längeren Gesprächen fast immer wieder aufkommt, ist ist die nach dem **Islam:** „Was halten Sie vom Islam?" Die meisten Menschen in Marokko definieren sich über den Islam, und es liegt im Wesen vieler Religionen, die eigene Doktrin den anderen gegenüber als die einzig richtige anzusehen. So kann ein frommer Muslim nicht verstehen, dass ein Mensch nicht muslimisch sein kann. Für ihn ist der Islam der vollkommene Glaube. Man sollte dem nicht widersprechen, da dies leicht zu Komplikationen führen kann. Sinnvoller ist es, die Menschen über ihren Glauben, den Islam, zu befragen. Denn nur Kritik am Islam, nicht Interesse sollte tabu sein. Die meisten freuen sich sogar sehr, wenn man Interesse an ihrer Religion zeigt, und es ist interessant, was dabei alles zutage kommen kann, was von uns bisher falsch oder anders gesehen wurde. Wenn der Gegenüber feststellt, dass Sie sich schon einmal mit der Thematik auseinandergesetzt haben und Wissen darüber besitzen, wird er offen und begeistert darüber sprechen wollen.

Neben der eingangs erwähnten Neugier gibt es noch ein paar weitere „Eigenarten", die dem westlichen Beobachter im Verlauf eines Gespräches auffallen. Dazu gehört im besonderen die bisweilen überrumpelnde **Offenheit.** Das gilt für Positives wie für Negatives. Man bekommt Sätze an den Kopf geknallt, die man in Deutschland selbst guten Freunden nie sagen würde, wie zum Beispiel: „Sie sind ja dick. Ich dachte, in Deutschland sind alle schlank. Aber Sie sind richtig fett", oder: „Sie lernen schon seit zwei Jahren Französisch und sind immer noch so schlecht?". Diese – im Deutschen geradezu beleidigenden – Aussagen sind gar nicht böse gemeint. Fettsein ist kein Makel, eher im Gegenteil, und die Frage nach der Dummheit ist quasi rhetorisch. Es sind wertfreie Feststellungen, sie sind nicht als Kritik oder gar als Beleidigungen gemeint. Häufig steckt hinter solchen Fragen nichts weiter als Unverständnis. Man möchte die Dinge erläutert bekommen, die man sich nicht erklären kann.

Ganz im Gegensatz dazu steht das **„Ausweichen"** in dem Fall, wenn man etwas vom anderen möchte. Es wäre ein Ding der Unmöglichkeit, mit einer Bitte einfach so ins Haus zu fallen. Man startet eine Konversation, fragt nach dem Befinden der Familie, plaudert über das Wetter und kommt dann irgendwann zu dem Punkt, um den es eigentlich geht, und lässt seine Bitte so unauffällig wie möglich fallen. Bei uns würde ein solches Verhalten als „Um den heißen Brei reden" bezeichnet werden, in Marokko ist es ein Muss, welches im Falle wirklicher Not und Dringlichkeit natürlich aufgehoben wird.

Ein weiteres, für den europäischen Beobachter verblüffendes Merkmal marokkanischer Konversation ist der Umgang mit der **Wahrheit.** Oft wird man im Verlauf eines Gespräches feststellen, dass das Erzählte äußerst unglaubwürdig klingt oder dass man ein und dieselbe Geschichte nun schon vom zehnten Gesprächspartner als selbst Erlebtes erzählt bekommt. Nicht alles, was uns als Lüge erscheint, muss aber auch wirklich eine sein. Lüge ist ein hartes Wort und berücksichtigt meist nicht den Kontext, in dem sie ausgesprochen wurde. Das Wort „Beschönigung" kommt der Tatsache da schon näher. Der Grund für diese Beschönigung ist die Angst, das Gesicht zu verlieren. Ein Gesichtsverlust ist immer auch ein Ehrverlust, und dieser ist sehr schlimm, da in Marokko, wie in vielen anderen Ländern, Ehre noch immer sehr hoch gehalten wird.

Hinzu kommt, dass man Tatsachen gern mit Geschichten ausschmückt, die charakteristisch für eine Situation sein sollen oder ein Wunschdenken ausdrücken. Ein typisches Beispiel dafür ist die Geschichte, dass eigentlich jeder Marokkaner, mit dem man spricht, Freunde in Deutschland hat, die er demnächst einmal besuchen wird. Das kann natürlich stimmen. Aber da wird plötzlich ein Mensch, mit dem er vor drei Wochen einen Tee getrunken hat, zum besten Freund, und das „demnächst" bedeutet in diesem Zusammenhang: „vielleicht irgendwann einmal, wenn ich je das Geld zusammenkriegen kann". Die wenigsten Marokkaner werden je dazu in der Lage sein, das Geld für eine Reise nach Europa zusammenkratzen zu können. Das zugeben zu müssen, wäre aber dem Fremden gegenüber, der offensichtlich dieses Geld besitzt, ein Ehrverlust.

Ein anderes häufig auftretendes Beispiel für solche Unwahrheiten ist ein berühmter Mensch in der Bekanntschaft. „Kennst Du etwa nicht XY? Der ist doch einer der bekanntesten ... !". So etwas kommt nicht nur im privaten Gespräch vor, sondern sogar in wissenschaftlichen Abhandlungen. Irgendein Gelehrter XY wird dann zur Koryphäe erklärt, nicht weil er es ist, sondern nur, weil er sinnbildlich als Vertreter für eine Meinung steht. Häufig werden zu diesem Zweck sogar fiktive Personen zu Berühmtheiten erklärt.

Kommt man im Verlauf eines Gespräches einer derartigen „Lüge" auf die Spur, so sollte man sich vor Augen halten, dass das keine böse Absicht oder Lust an der Unwahrheit ist. Es ist lediglich eine etwas andere Art, die Wahrheit zu sehen. Dennoch: Nicht alles ist unwahr, was unwahrscheinlich klingt.

Einen letzten Punkt möchte ich an dieser Stelle anbringen: den Hang zur **Emotionalität** und zur Übertreibung. Häufig werden Erzählungen mit ausdrucksvollen Gesten, theatralischer Mimik und heftigen Gefühlsbeschreibungen geschmückt – von Arabern im allgemeinen, die diese Theatralik, vor allem die Beschreibung von Gefühlen lieben. Nüchternheit passt allenfalls in die Fernsehnachrichten (wobei es bei schlimmen Nachrichten auch schon einmal vorkommen kann, dass die Sprecher beim Verlesen der Katastrophe anfangen zu weinen!), alles was darüber hinaus geht, gehört in das alltägliche (sehr gefühlsbetonte) Leben.

Wie schon erwähnt: Zu Gesprächen kann es überall kommen, in Bussen, beim Spazierengehen, im Café oder beim Einkaufen. Man bekommt relativ schnell ein Gespür dafür, wer wirklich an einem Gespräch interessiert ist und wer nur auf Profit aus ist. Dennoch wird man immer wieder negative Erfahrungen machen. Das ist meines Erachtens aber nicht weiter schlimm, denn durch Erfahrungen wird man ja bekanntlich klug. Und wenn sich aus einem Gespräch eine Einladung oder ein näherer Kontakt entwickelt – um so schöner.

Ein Kapitel über die Moral

Ein **europäisches Pärchen, unverheiratet,** ist bei einer marokkanischen Familie zu Besuch. Man trinkt Tee zusammen, man lacht, man wird aufgefordert, zum Abendessen zu bleiben, und ehe man sich versieht, wird es Nacht. Ganz klar: Es ist zu spät, um ins Hotel zurückzukehren, außerdem ist es für die Familie eine Sache der Ehre, dass die Gäste nun auch über Nacht bleiben.

Nun aber hat das Pärchen erzählt, dass es unverheiratet ist. Verlobt zwar, aber das gewisse Papier fehlt eben. Die Familie berät sich: Darf das Paar in einem Zimmer zusammen schlafen, was es zweifelsohne ja auch im Hotel machen würde, oder aber schickt man die Frau in das Zimmer, in dem die Töchter des Hauses schlafen, während der Mann bei den Söhnen schläft? Wie soll man es mit der Ehre halten, die sonst beschmutzt werden könnte? Aber andererseits fordert die Gastfreundschaft, dass man es den Gästen so angenehm wie möglich machen soll. Man entscheidet sich, den beiden Gästen ein gemeinsames Zimmer zu geben, wobei das gastgebende Paar zusammen mit ihnen in diesem Raum schläft. Eine elegante Lösung. Wenn in dieser Nacht nichts Unzüchtiges passiert ist, darf das Paar in der nächsten Nacht dann allein schlafen.

Auf die Frage, ob dies denn nun nicht aufgrund der Tradition verboten sei oder die Familie stören würde, kommt die Antwort: „Nein". Das Pärchen wird so, wie es ist, akzeptiert und gemocht. Der Hinweis, in anderen Ländern des islamischen Kulturraumes sei dies nicht möglich, wird mit folgenden Worten weggewischt: „In Marokko ist das so: Es gibt Regeln, Verbote, Gebote. Zum Beispiel darf ein unverheiratetes Paar nicht vor der Ehe zusammen in einem Zimmer schlafen. Alkohol und Rauschmittel sind verboten, und ein jüngerer Bruder heiratet nicht, bevor auch der ältere sich verheiratet hat. Trotzdem ist all dies möglich". Warum? „Nun, der Islam ist eine Sache des Herzens. Gott hat den Menschen mit Herz und Verstand ausgestattet. So ist jeder für sein eigenes Tun verantwortlich. Keiner hat das Recht, auf den anderen herabzusehen. Natürlich gibt es Regeln des Respektes, an die man sich halten muss. Man sollte zum Beispiel nicht erzählen, dass man gerade von einem gemütlichen Schäferstündchen mit der Freundin kommt oder erst noch die Flasche Bier austrinken musste, bevor man kommen konnte, aber ansonsten? Letztendlich ist jeder ausschließlich für sich selbst verantwortlich und jeder muss selbst mit Allah ausmachen, was er macht oder auch nicht. Hier in Marokko ist das eben so."

Natürlich kamen solche Worte von einem Mann. **Frauen** dürfen sich diese Freiheiten nicht herausnehmen. *Ahmad* zum Beispiel trinkt Schnaps. Er sagt, es sei Tradition. Seine Familie stört das nicht, oder wenn, lässt sie es sich nicht anmerken. Aber was wäre, wenn seine Schwester *Zainab* das Zeug tränke? *Ahmads* Antwort: „Auch sie muss es natürlich nur vor Allah verantworten, nur, bei Frauen ist es eine Frage des Respektes, es nicht zu tun." ... Nun denn!

Praktische Hilfe für alle Fälle

Reisen in öffentlichen Verkehrsmitteln

Marokko hat ein hervorragendes, wenn auch nicht immer ganz leicht zu durchschauendes **öffentliches Verkehrsnetz.** Je schneller und moderner Verkehrsmittel sind, desto leichter funktioniert das Reisen in ihnen. Angefangen bei einem durchaus dichten Inlandsflugnetz bis hin zur Pferdedroschke findet sich für so ziemlich jeden Weg ein passendes Gefährt.

Obwohl jedes öffentliche Verkehrsmittel zumindest tagsüber feste **Preise** für feste Strecken hat, bleibt es dem Reisenden nur selten erspart zu verhandeln. Allein bei Inlandsflügen und Zugfahrten bleiben Preisverhandlungen auf jeden Fall aus, und lässt man das Gepäck außer Acht, gilt das auch für die staatliche Busgesellschaft CTM (Compagnie du transport marocaine), zumindest dann, wenn man die Tickets in einem offiziellen CTM-Büro und nicht im Bus kauft.

Reisen mit dem Flugzeug

Royal Air Maroc bietet den Reisenden ein weites **Streckennetz** an. Die großen Städte werden (zum Teil mehrmals) täglich angeflogen. Die **Preise** sind dabei äußerst moderat, mit internationalem Studentenausweis gibt es sogar noch mindestens 50% Rabatt. So kostet zum Beispiel ein Flug von Casablanca nach Ouarzazate nicht mehr als 100 DM, ermäßigt gerade mal 45 DM. Wer keine Lust hat, weite Strecken mit dem Bus zu fahren, kann sich diese Alternative überlegen. Der **Flugplan** ändert sich halbjährlich, kann aber bei jedem Büro der Royal Air Maroc erfragt werden. In ganz seltenen Fällen gibt es sogar Flugpläne zum Mitnehmen, meist aber sind diese ausgegangen, veraltet o.ä. Angeflogen werden die Flughäfen Agadir, Al-Hoceima, Casablanca, Dakhla, Fez, Laayoune, Marrakesch, Ouarzazate, Oujda, Rabat, Tanger und Tetouan.

Reisen mit der Eisenbahn

Während der Zeit des französischen Protektorats wurde das **Eisenbahnnetz** errichtet und seitdem nur unwesentlich erweitert. Es gibt eine große Ost-West-Verbindung (von Oujda über Fez nach Sidi Kacem) und eine große Nord-Süd-Verbindung (von Tanger nach Marrakesch). Im Bemühen, die Westsahara noch enger an Marokko zu binden, gibt es Pläne, das Eisenbahnnetz bis nach Dakhla auszubauen, bisher aber existieren dorthin nur Bahnbusse, die allerdings recht bequem sind. Die Büros der die Bahnbusse betreibenden „Supratours" findet man direkt am Bahnhof oder, falls es den nicht gibt, beim Busbahnhof.

Die **Züge** sind pünktlich, bequem und sehr zuverlässig. Die meisten Züge sind Schnellzüge, die zuschlagspflichtig sind, ähnlich den französischen TGV. Es gibt zwei Klassen, wobei die erste Klasse nur unwesentlich teurer ist als die zweite und zu Stoßzeiten deswegen zu empfehlen ist. Aber auch die zweite Klasse ist noch immer sehr komfortabel, nur eben enger. Man kann einen Sitzplatz reservieren, was aber eine etwas langwierige Prozedur ist, und die Garantie, dass es dann auch wirklich klappt, ist nicht immer gegeben.

Reisen mit Bussen

Abenteuerlicher wird es, wenn man von der Bahn auf den Bus umsteigt. Die meisten Reisenden werden den Bus wohl als Hauptverkehrsmittel benutzen, weswegen das Bussystem hier näher erläutert werden soll. Der große Vorteil der Busse ist, dass sie häufig, regelmäßig und fast überallhin fahren.

Sieht man von den Stadtbussen ab, gibt es zwei Kategorien von Bussen: die staatlichen CTM-Busse und die Privaten.

CTM (Companie de transport marocain)

Es gibt wahrscheinlich nicht einen Marokkaner, der nicht CTM jeder privaten Buslinie vorziehen würde. CTM hat den Ruf, schneller, komfortabler und sicherer zu sein. Schneller: manchmal. Komfortabler: nur auf kurzen Strecken. Sicherer: nein. Woher dieser **gute Ruf** dennoch stammt, wird relativ schnell klar, wenn man den Aufwand sieht, den CTM betreibt, um seriös und „staatlich" zu wirken. Es ist wahrscheinlich die einzige Buslinie, deren Mitarbeiter Uniformen tragen (denn das macht einen seriösen Eindruck) und ganz definitiv die einzige, die ein Gepäckaufgabesystem, ähnlich dem „check in" beim Fliegen, hat.

Das **Gepäck** der Reisenden wird – nach Kauf eines Tickets – an einen Extraplatz gebracht und gewogen. Auf das bereits gekaufte Ticket werden eine Reihe unverständlicher Zahlen geschrieben. Mit diesen begibt

065 km Foto: mb

man sich wieder an den Ticketschalter, bezahlt zwischen 5 und 10 DH (1-2 DM) und erhält dafür a) einen Gepäckschein und b) einen Aufkleber, auf welchem der Zielort eingetragen ist. Mit beidem begibt man sich wieder dorthin, an welchem das Gepäck gewogen wurde, der Beamte klebt den Aufkleber auf das Gepäck, während man den Gepäckschein behält. Nun kann sich der Reisende „unbeschwert" vergnügen, bis die Reise losgeht. Dieser Aufwand hat einen entsprechenden Preis: Auf manchen Strecken kann das CTM-Ticket bis zu 70% mehr kosten als die Tickets der privaten Linien. Im Durchschnitt liegt der Preis um 30% höher. Die durch diese Prozedur versprochene Sicherheit des Gepäcktransports kommt jedoch dann nicht zum Tragen, wenn man unterwegs zusteigt und ein solcher Aufwand nicht möglich ist, oder wenn – was nicht häufig der Fall ist – das Gepäck separat von den Reisenden transportiert wird. In den allermeisten Fällen kommt das Gepäck sicher mit den Reisenden an, was allerdings auf die privaten Linien in gleichem Maße zutrifft.

Ein wirklicher **Nachteil der CTM** ist die mangelnde Organisation in den großen Städten: Eine halbe Stunde vor Abfahrt des Busses drängen sich Unmengen von Menschen am Gepäckschalter - schließlich fahren die meisten Busse zur selben Zeit ab - und wollen ihr Gepäck aufgeben, während andere an eben jenem Schalter ihr aufgegebenes Gepäck wieder abholen möchten. Casablanca (und das obwohl der CTM-Bahnhof erst im Frühjahr 1999 völlig neu konzipiert und umgebaut wurde) oder Agadir sind hier exemplarisch. Wichtig tuende Beamte rennen herum und geben Befehle, während Reisende auf ihre Taschen zeigend und, den Gepäckschein wedelnd, auf die viel zu wenigen Angestellten einbrüllen. Hier gilt: Mitdrängeln und nach seinem Gepäck suchen. Wer am lautesten schreit, hat die besten Chancen.

Ein weiterer Nachteil ist, dass CTM in den meisten Städten einen eigenen Busbahnhof hat. Da das CTM-Netz allerdings nicht besonders eng ist, muss man auf weiten Strecken manchmal umsteigen. Entweder muss der Reisende auf einen CTM-Anschluss warten, was viele Stunden (bis zu einem Tag) dauern kann, oder ein Taxi zum anderen Busbahnhof nehmen, um mit einer privaten Gesellschaft weiterzufahren.

Nach all diesen Nachteilen bleibt die Frage offen, was die **Qualitäten von CTM** sind: Auf kurzen Strecken (d.h. bis 200 km) setzt CTM meist komfortablere Busse ein als die privaten Linien. Auf vielen weiteren Strecken stehen die privaten Gesellschaften in Sachen Komfort der CTM in nichts nach. Es gibt gerade unter den Privaten Super-Luxus-Busse (zum Beispiel Pullmann du Sud), die weit bequemer sind als CTM. Ein wichtiger - nicht zu unterschätzender - Vorteil von CTM sind die Platzkarten. Das erspart Drängeln, und wer zwei oder drei Tage zuvor die Tickets kauft (was dringend zu empfehlen ist), hat gute Chancen, ganz vorn im Bus zu sitzen, was gerade im Süden des Landes oft spektakuläre Blicke zulässt. Positiv ist auch die meist pünktliche Abfahrt (plus/minus 20 Minuten). Zwar starten auch die privaten Busse meist pünktlich am Busbahnhof, in den allermeisten Fällen jedoch fahren sie dann aber erst einmal die Stadt ab, um potentielle Mitfahrer aufzulesen. Im schlimmsten Fall dauert es zwei Stunden, die Stadt zu verlassen – da nützt die pünktliche Abfahrt reichlich wenig ...

Die privaten Busgesellschaften

Die Variationsbreite der privaten Buslinien ist unendlich groß. Es gibt **Busse,** bei denen sich der Europäer wundert, dass diese klapprigen Gefährte sich noch bewegen können. Busse, voll mit Menschen und Tieren, Busse, die nach Benzin stinken, deren Sitze kaum noch tragen und deren Schaltknüppel bei jeder Unebenheit der Straße aus dem Gang hüpfen. Die Fenster sind kaputt, und der Motor ist undicht. Und dennoch fahren sie, und kein Marokkaner würde das je in Frage stellen. Auf der anderen

Seite gibt es die Superluxusbusse, mit Klimaanlage, vollständig funktionierender Videoausrüstung, hochmodernem Equipment und viel Beinfreiheit.

Goldene Regel Nummer 1 beim Kauf eines Tickets für einen privaten Bus lautet: Schaue Dir den Bus an, bevor Du das Ticket kaufst. Obwohl ..., es ist durchaus spannend, mit diesen alten, **völlig überfüllten Klapperbussen** zu fahren. Hier drinnen befindet sich ein Stück Marokko, wie man es als Tourist purer wohl nicht erleben kann. Und kommt man 30-40 Minuten vor der Abfahrt an, kann man auf einen prima Sitzplatz zählen. Ab ca. 10 Minuten vor Abfahrt werden Sitzgelegenheiten allerdings knapp. Aber jeder Kunde zahlt, und so werden auch Stehplätze verkauft, obwohl das verboten ist. Dementsprechend ruft der Fahrer dann auch bei Sicht eines Polizeipostens den stehenden Fahrgästen zu, sie sollen sich bücken. Wenn die Busse bei der Abfahrt nicht voll sind, beginnt die oben beschriebene Auflesefahrt durch die Städte.

Aber ganz gleich, ob eine private Buslinie Luxusschlitten fährt oder Klapperbusse, es gibt doch einige Gemeinsamkeiten: zum Beispiel die **Gepäckaufgabe.** Diese funktioniert bei Privatbussen wesentlich einfacher als bei der staatlichen Linie. Man geht mit seinem Gepäck zum Bus und lässt es verstauen, sei es im Gepäckraum, sei es auf dem Dach. Dafür muss man zahlen: in der Regel 5 DH pro Gepäckstück. Einheimische zahlen für diesen Service in der Regel nichts, sich darüber aufzuregen, lohnt nicht! 5 DH haben sich eingespielt, es ist in der Regel auch der Preis, den CTM verlangt. Ärgerlich wird es, wenn versucht wird, fürs Ausladen bzw. das Abladen vom Dach noch einmal Geld zu verlangen. Hier lohnt die Diskussion, denn das ist noch nicht einmal ansatzweise üblich.

Eine ganz andere Sache ist den privaten Bussen auch gemein: **fliegende Händler und Bettler,** die vor Abfahrt und auf jedem großen Busbahnhof die Busse bestürmen. Sie steigen vorn ein, bieten Schokolade, Eiersandwiches, falschen Schmuck, Uhren, Sonnenbrillen, Erdnussriegel usw. an. All diese Verkäufer sind harmlos, wenn auch manchmal hartnäckig. Gewarnt sei lediglich vor Jungen oder Männern, die Wasserflaschen verkaufen. Darin befindet sich selten das, was auf der Flasche steht, sondern meist nicht mehr als Leitungswasser. Nur wer mit dem Magen keine Probleme und das auch schon definitiv ausprobiert hat, sollte dieses Wasser trinken. Allerdings sollte man für solch eine Flasche niemals den geforderten Preis zahlen: 2 Dirham sind genug!

Viele verkaufen auch die Heiligen Worte, den **Segen für die Reise.** Das geschieht in Form von kleinen Heftchen, die Koranverse enthalten, in Form von Koranrezitationskasetten, die mit batteriegespeistem Kassettenrecorder vorgespielt werden oder aber in der üblichsten Form: Ein(e) Bettler(in) steigt ein, erzählt von der heiligen Pflicht des Almosengebens, berichtet von seinem/ihrem Leid und davon, dass der Reisende Allahs Segen erfahren wird, wenn er dieser Almosenpflicht nachkommt.

Vom Busbahnhof und dem Ticketkauf

Manch Reisender weiß von den Strapazen des Busticketskaufs zu berichten. Da kommt man, nichts Böses ahnend, mit schwerem Gepäck an den Busbahnhof, um in den nächsten Bus Richtung xy zu steigen; und kaum nähert man sich dem Gebäude, kommen schon die ersten Männer und fragen „Agadir?", „Marrakesch?" In den allermeisten Fällen hat man keine Lust zu antworten, man will lieber selber nachsehen, wann Busse fahren und welche Gesellschaft. Aber dann werden sie schon penetranter: Agadir? Marrakesch? Es gehört eine gute Portion Nerven dazu, an den **Zielortrufern** vorbei das Gebäude zu betreten. Aber es lohnt, denn jeder dieser Rufer arbeitet für eine Busgesellschaft mit dem Ziel, deren Tickets zu verkaufen. Natürlich könnte man sagen, „Ja, ich will nach Agadir", aber das hätte mehrere Nachteile: a) Man weiß nicht, ob eine andere Gesellschaft vielleicht eher fährt und das mit einem besseren Bus. b) Man umgeht den offiziellen Ticketschalter und weiß somit nicht, ob der verlangte Preis der korrekte ist. c) Auf die Frage „Wann fährt der Bus" wird grundsätzlich mit *„daba"*, „jetzt", geantwortet – das bedeutet aber nicht mehr als „innerhalb der nächsten Stunden".

Bis man all dem auf den Grund gegangen ist, hat man bereits ein offizielles Ticket gekauft. Denn aufgrund der großen Konkurrenz unter der privaten Buslinien versuchen Busschlepper wirklich anhand allerlei Geschichten, Passagiere, an Land, oh Pardon, in den Bus zu ziehen. Da heißt es z.B., dass andere Busgesellschaften eben gewünschtes Ziel nicht anfahren, dass es keinen früheren oder besseren Bus gibt. Die meisten der Schlepper sind dabei so geschickt, dass man gar nicht merkt, dass man hereingelegt wurde.

Grundsätzlich besser und einfacher ist es, **ein oder zwei Tage vor dem gewünschten Reisetag ohne Gepäck** zu erscheinen, in aller Ruhe sich Gesellschaften und Abfahrtszeiten auszusuchen und gegebenenfalls sogar schon ein Ticket zu kaufen, was allerdings nicht bei allen Gesellschaften möglich ist. So umgeht man falsche Infos, die aus dem Konkurrenzkampf heraus entstanden sind, wird aufgrund fehlenden Gepäcks auch nicht umlagert und kann mehr oder weniger bequem seine Reise antreten. Denn man kann dann an den lästigen Zielortrufern zielstrebig zur gewünschten Gesellschaft vorbeigehen oder ihnen das bereits gekaufte Ticket unter die Nase halten.

038km Foto: mb

Reisen mit Taxis

In Marokko gibt es zwei Sorten von Taxis: die großen Taxis (Sammeltaxis) für Überlandfahrten und die kleinen Taxis für den Stadtverkehr.

Sammeltaxis

Das Sammeltaxi bzw. Grand Taxi ist neben dem privaten Auto wohl die **schnellste Möglichkeit,** von einer Stadt in die andere zu kommen. Das macht das Sammeltaxi bis zu einem Drittel teurer als die privaten Busse. Der erhöhte Preis lässt jedoch allein Rückschlüsse auf die Geschwindigkeit zu, nicht auf die **Bequemlichkeit.** Ganz im Gegenteil: Ein großes Taxi (in der Mehrzahl etwas altersschwache Mercedes Benz) befördert mindestens sechs Personen. Zwei auf dem Beifahrersitz und vier auf der Rückbank. An Tagen vor großen Festen kann sich die Anzahl der Reisenden sogar auf neun Personen erhöhen. Dann sitzen zusätzlich zu den sechs Passagieren drei auf einer Holzbank im Kofferraum.

Jeder Ort hat zentrale **Abfahrtsplätze** für Sammeltaxis. Meist befinden sie sich in der Nähe der Busbahnhöfe. Schlepper und Fahrer rufen die Zielorte. Es gibt festgesetzte **Preise,** was aber nicht bedeuten muss, dass diese auch von ausländischen Reisenden verlangt werden. Auch hier gilt überall: herausfinden, was Einheimische zahlen (vielleicht kann man sich ja vorher im Hotel erkundigen oder den Buspreis erfragen, um eine Orientierung zu haben) und gegebenenfalls handeln. Haben sich sechs Passagiere gefunden, fährt der Fahrer, nachdem er das Geld kassiert hat, ab.

Wem das Reisen auf diese Art zu eng ist, kann zwei Plätze für sich kaufen oder dementsprechend mehr. Vor allem Frauen, marokkanische oder europäische, bevorzugen es, mehr zu zahlen und dafür bequemer zu fahren.

Kleine Taxis

Kleine Taxis dürfen nur innerhalb der Städte fahren. Taxifahren funktioniert in Marokko wie überall auf der Welt. Die allermeisten Taxis haben ein **Taxameter,** welches sie zumindest tagsüber anschalten müssen. Häufig behaupten Taxifahrer, das Taxameter funktioniere nicht, dann kann man handeln (als Richtwert gilt: kurze Strecke 5 DH, längere Strecke 10 DH, lange Strecke 15 DH) oder aber ein anderes Taxi aufsuchen. Wie schnell in diesem Fall das Taxameter dann doch arbeitet, grenzt an Wunder, aber Marokko ist ja ein Land voller Wunder ...

Üblicherweise gibt man dem Taxifahrer ein **Trinkgeld.** Nachts und sehr früh morgens müssen Preise immer ausgehandelt werden. Nachts sind die Preise weit höher.

Der Suqbesuch: Tipps zum Handeln und Überleben

Selbst wirkliche Kaufmuffel, Menschen, die so gar keine Freude am Handeln und Feilschen haben und für die jeder Besitz auch eine Last bedeutet, werden schwach, wenn sie durch die Bazare von Marrakesch oder Fes laufen. Was auch immer man sich vorstellen kann, **hier kann man alles kaufen:** Von der Zahnpasta bis zum Spitzen-BH, von Windeln bis zum Pilgergewand, von der Seife bis zu Ziegenköpfen ... Die meisten Reisenden streben jedoch weniger die profanen Alltagsdinge an. Töpferwaren, Lederarbeiten, filigrane Lampenschirme, Schmuck und Teppiche sind es, die des Touristen Herz erfreuen. Auch diese findet man in den Läden der Suqs, doch gute Qualität hat ihren Preis, und dieser will erfeilscht sein!

Der Suqbesuch ist ein besonderes Erlebnis – wären da nur nicht die *faux guides,* die falschen Stadtführer, die bisweilen wie Kletten an einem hängen, Kinder, die glauben, dass für sie bei einem Marktbesuch auch etwas abfiele, und die Händler, die mit Fantasiepreisen anfangen und dann den potentiellen Käufer wüst beschimpfen, wenn er unverrichteter Dinge von dannen zieht. Für viele Touristen ist der **erste Suqbesuch** ihres Lebens ein wahrer Horrortrip, denn die marokkanischen Händler merken sehr schnell, ob sie es mit einem „Profi" zu tun haben oder aber mit jemandem, der staunend mit offenem Mund das erste Mal in seinem Leben das orientalische Flair einatmet. Geschäftstüchtige Bazaristen hängen sich dann an einen potentiellen Käufer und versuchen bisweilen auf sehr penetrante Art und Weise, ihre Waren zu absolut überhöhten Preisen anzubieten. Der Tourist, der sich damit zum ersten Mal in seinem Leben konfrontiert sieht, wird sich schnell einschüchtern lassen und ist somit ziemlich hilflos. Das wird gern ausgenutzt, aber trösten Sie sich: Jeder Marokkoreisende muss dieses Lehrgeld zahlen, und es wird niemanden geben, der je von dieser Erfahrung verschont geblieben ist. Aber davon sollte man sich nicht abschrecken lassen! Mit einer großen Portion Humor und Handelslust wird jeder Suqbesuch zu einem Erlebnis.

Und sollte ein Händler Sie wirklich beschimpfen, weil Sie nicht bereit sind, seinen Preis zu zahlen bzw. sofort wieder gehen, weil der Preis so unglaublich ist, dann lassen Sie ihn links liegen. Es gibt in der Regel nichts, was es auf dem Suq nicht noch einmal gäbe, und der nächste Händler wird nicht so dreist sein! Das heißt jedoch nicht, dass der genannte Preis je angemessen wäre. Nein, jede Ware will erfeilscht sein!

Und dieses **Feilschen** folgt ganz bestimmten Regeln:

Es sollte in aller Regel damit beginnen, dass man versucht, sich einen **Überblick über die Preise** im Allgemeinen zu schaffen. Das geschieht, indem man mehrere Händler nach den Preisen für die Ware fragt, die man haben möchte. Selbst, wenn diese Preise stark überzogen sind, kann man doch so einen allgemeinen Preisrahmen feststecken und eine ungefähre Vorstellung vom aktuellen Preisniveau und den verschiedenen Qualitäten bekommen.

Dann geht es an das eigentliche Handelsgespräch. Am besten, man sucht sich dafür den Händler aus, der am sympathischsten erscheint, so macht das Gespräch auch viel mehr Spaß! Gibt es das gewünschte Stück nur bei einem einzigen Verkäufer, muss man eben auf oben beschriebenen Orientierungsprozess verzichten und sich auf die eigene Einschätzung verlassen.

Denn wenn es etwas nicht gibt, dann sind es **Richtlinien, um wieviel ein Händler den Preis überzieht.** In vielen Reiseführern ist die Rede von 30%, die man vom erstgenannten Preis abziehen kann; ich habe die Erfahrung gemacht, dass sich dies pauschal nicht sagen lässt. Es kann sein, dass man letztendlich nur noch 5% des erstgenannten Preises bezahlt, manchmal aber auch 90%. Das hängt ganz allein davon ab, bei welcher Höhe der Verkäufer angefangen hat. Besser ist es, man kennt ungefähr die Preise, die man auch bei vertrauten Personen, zum Beispiel im Hotel, erfragen kann.

040km Foto: mb

Ein Verkaufsgespräch, vor allem wenn es sich um eine wertvolle Ware handelt, dauert immer einige Zeit, auch unter Marokkanern (das gilt jedoch nicht für einen Warentausch zwischen Verkäufer und Stammkunde, da entfällt das Feilschen ganz und gar). Ein klassisches und sicherlich erfolgreiches **Verkaufsgespräch unter Marokkanern** über einen wertvollen Gegenstand verläuft in etwa so:

Käufer (K): Guten Tag, wie geht es dir?

Verkäufer (V): Danke gut, komm doch rein und setze dich, möchtest du einen Tee?

K: Ja, gern, Gott segne dich.

V: Geht es dir auch gut? Setze dich doch!

K: Vielen Dank. Ah, der Tee tut gut, wie gut du ihn doch zubereiten kannst!

(Es folgen Formeln des gegenseitigen Respektes und der Achtung! Es wird weiter Tee getrunken und über alles mögliche gesprochen. All das dient jedoch nur dem Aufwärmen und dem gegenseitigen Einschätzen und wird vom Touristen nicht unbedingt erwartet!)

K: Sage mir, mein Bruder, dieser Teppich, der hier liegt, was soll der kosten?

V: Bruder, unter uns herrscht doch Einigkeit, was soll ich dir diesen Teppich verkaufen, nimm ihn, ich schenke ihn dir!

047km Foto: mb

K: Nein, nein, nie würde ich ein so großzügiges Geschenk von dir annehmen, sage mir mein Bruder, was soll er kosten?

V: Nun, wenn du mich so fragst, also, dir gebe ich ihn für 7000 Dirham, aber nur, weil du zu meiner Familie gehörst ... und siehe nur, wie schön er ist, reine Seide, und hast du dieses Stück hier gesehen, sind diese Farben nicht eine Pracht ...

K: Ja, er ist königlich, aber 7000 Dirham? Schau, Muhammad hat mir dich als einen Händler empfohlen, der sehr gute Preise macht, aber 7000 Dirham, bei Gott, das ist kein guter Preis.

Das eigentliche Verkaufsgespräch beginnt nun. Es wird hin und her diskutiert, die Qualitäten werden mit anderen Produkten verglichen, der Verkäufer wird sagen, dass allein der Materialpreis so und so hoch ist und er aus diesem Grund unmöglich noch weiter im Preis runtergehen kann. Der marokkanische Käufer weiß jedoch, dass dies nicht stimmt und verhandelt weiter. Dabei geht auch er ein wenig mit dem Preis nach oben, so dass man sich, *insha'allah,* irgendwann in der Mitte treffen kann. Dann wird der Verkäufer versuchen, dem Käufer noch andere Waren anzudrehen. Ist der Handel perfekt, werden sich beide mit vielen Lobpreisungen und Freundschaftsbekundungen voneinander verabschieden.

Ein **Verkaufsgespräch zwischen Touristen und marokkanischen Händlern** ist in aller Regel nicht so förmlich, und doch ist es hilfreich zu wissen, wie es unter Marokkanern abläuft, denn viele Aspekte ähneln sich: die Preisdiskussion, die Versicherung von Seiten des Verkäufers, allein der Materialpreis liege so und so hoch, und er wolle doch schließlich auch einen kleinen Gewinn machen etc. ... Der europäische Käufer kann sich so ein wenig darauf einstellen und besser mit der Situation umgehen.

Schmied bei der Arbeit

044km Foto: mb

Findet man keine Einigung, hilft es oft, den **Laden zu verlassen.** Hat man den reellen Preis tatsächlich unterschritten, wird der Verkäufer den Kunden ziehen lassen. Das jedoch ist auch für den Käufer hilfreich, denn nun kennt er den Preis. In aller Regel jedoch wird der Verkäufer den Kunden zurückrufen und ihm ein neues Angebot machen. Das läuft so lange, bis man sich endlich auf einen Preis geeinigt hat. Er sollte zwischen dem erstgenannten des Verkäufers und dem erstgenannten des Käufers liegen, so dass beide Seiten nicht das Gesicht verlieren.

Man sollte sich beim Kauf eines Gegenstandes **Zeit nehmen,** eventuell ein Glas Tee trinken und mit dem Verkäufer plaudern. Nie sollte man allerdings davon ausgehen, dass dieser freundliche Plauderton sich auf den Preis auswirken könnte. Es macht nur mehr Spaß zu verhandeln, wenn man die Diskussion „unter Freunden" führt. Je wertloser übrigens ein Gegenstand, desto kürzer ist auch die Verhandlungszeit!

Vom Umgang mit bettelnden Kindern

„Bonjour Madame, Bonjour. Donnez moi un stylo, donnez moi un Dirham, donnez moi un Bonbon ..."

Wo immer man auftaucht und Kinder in der Nähe sind, wird man angesprochen. Nicht immer unbedingt angebettelt, aber doch bestaunt, umringt und begleitet. Im Pulk folgen sie den Touristen, wollen sie durch die Suqs oder das Dorf führen, um sich so etwas zu verdienen, oder sie verlangen einfach nur ein Bonbon, einen Kugelschreiber oder einen Dirham. Dies glauben sie offensiv einfordern zu können. Unter den Kindern ist es eine Art Volkssport geworden, **Touristen hinterherzujagen und dabei etwas zu ergattern.** Der *stylo,* der Kugelschreiber, hat sich dabei zu einem besonders beliebten Jagdobjekt entwickelt. Ein Kuli gehört innerhalb des marokkanischen Kinderfreundeskreises eindeutig zu den wichtigsten Statussymbolen. Wahrscheinlich hat vor vielen Jahren mal ein Reiseführer veröffentlicht, dass Kugelschreiber ein willkommenes Gastgeschenk sind, und andere Reiseführer nahmen sich daran ein Beispiel. Diese anfänglich bestimmt richtige Empfehlung hat eine Eigendynamik ausgelöst, so dass Reisende heute weltweit um Kugelschreiber angebettelt werden.

Grundsätzlich halte ich es für wenig angebracht, Kindern einfach so etwas zu **schenken.** Leider gibt es, solange es Touristen gibt, immer wieder Menschen, die ohne Grund Kugelschreiber oder Geld verschenken, einfach so, weil die Kinder „soo süß", sind oder weil sie nicht wissen, wie sie die Kinder sonst wieder loswerden. Dieses Verhalten führt dazu, dass

062km Foto: ed

Kinder von Fremden erwarten, dass sie ihnen etwas schenken. Tun die Fremden das dann nicht, werden die Kinder sehr schnell aggressiv, was in den extremsten Fällen zu Steinewerfen oder Ähnlichem führen kann. Gibt man Kindern Geschenke – und seien sie noch so klein –, werden sie schnell merken, dass Betteln ein recht einträgliches Geschäft sein kann, ist der Atem nur lang genug. Besser ist es deswegen, den Kindern etwas **abzukaufen,** wenn man ihnen partout etwas geben möchte, das kann ein geflochtenes Palmtierchen sein oder im Notfall auch ein Lächeln für die Kamera.

Anders verhält es sich mit **Süßigkeiten.** Wie alle Kinder der Welt lieben auch marokkanische Kinder süße Sachen. Und sie betteln nicht nur Touristen, sondern auch so ziemlich jeden ihnen fremden Marokkaner um Leckereien an. Beliebt sind die Leute aus Casablanca oder Rabat, die nicht nur anders, sondern meist auch reicher als die Landbevölkerung aussehen. Da Kinder als Segen betrachtet werden, ist es für die meisten

Marokkaner deswegen selbstverständlich, immer ein paar Bonbons oder ähnliches bei sich zu haben, die sie bei Bedarf verteilen. Als Tourist ist ein solches Verhalten nicht immer möglich, zumal man um ein Vielfaches häufiger als städtische Marokkaner angebettelt wird .

Wer Kindern grundsätzlich nichts geben möchte, der muss schon sehr gewitzt sein, um diese schnell wieder loszuwerden. Ein einfaches „Nein, Du kriegst nichts" reicht da nicht aus. Nur die häufige Wiederholung dieses Satzes kann helfen. Besser ist die Gegenforderung: „Gib mir Dein Fahrrad, gib mir 10 Dirham ..." oder die Frage nach dem Warum. Das Interesse an den Fremden erlischt dann sehr schnell. Je spielerischer man mit dieser Situation umgeht, desto schneller wird man lernen, dass es auch ganz lustig sein kann, auf diese Weise mit den Kindern zu kommunizieren.

Sollte es jedoch wirklich einmal soweit kommen, dass Kinder mit Steinen werfen, ist es durchaus angebracht, deren Eltern zu suchen und ihnen zu erzählen, was passiert ist. Reagiert man nicht, wird Steinewerfen vielleicht der nächste Volkssport unter den Kindern ...

Ein Kapitel für allein reisende Frauen

Sich als blonde Frau in der arabischen/nordafrikanischen Männerwelt zurechtzufinden, ist sicherlich nicht ganz einfach. Dennoch gehört es zu den am weitesten verbreiteten **Vorurteilen,** dass Frauen das allein nicht schaffen könnten.

Als ich in meinem Freundes- und Bekanntenkreis (fast alles „orienterfahrene" Menschen) verlauten ließ, dass ich mich allein nach Marokko aufmachen würde, stieß ich (gerade auch seitens der Frauen, die selbst für längere Zeit im Orient waren) auf Unverständnis und Sorge. Marokko – für die meisten Frauen ein rotes Tuch.

Dabei gibt es für Marokko, wie für jedes andere Land, einen ganz wichtigen Grundsatz: Wer **sicher auftritt,** wird sich auch sehr schnell und leicht zurechtfinden. Unsicherheit ruft Unsicherheit hervor, und gerade in Marokko verhält es sich so, dass die Menschen auf jede Schwäche reagieren.

Ich habe innerhalb dieses Buches bewusst versucht, meine Person im Hintergrund zu halten, in diesem Kapitel aber scheint es mir unerlässlich, verstärkt auf meine persönlichen Erfahrungen als Frau, die immer wieder allein in Marokko unterwegs ist, zurückzugreifen. Natürlich hatte ich anfangs ziemliche Bedenken. Ich kannte Marokko nur in Begleitung eines

Mannes. Und dann die Schreckensberichte von allen Seiten: Anmache, Belästigung ... Aber mitnichten! Wenn eine Frau sich an **Grundregeln** hält, wird ihr in den seltensten Fällen wirklich etwas passieren.

- **Reagieren Sie nie auf ein „Bonjour Madame"** oder schlimmer noch „Bonjour Mademoiselle". Kein Marokkaner würde dies je zu einer Frau seines Kulturkreises, die er nicht kennt, sagen. Es ist nicht unhöflich, auf derartige „Willkommensgrüße" nicht zu reagieren, auch wenn es eine marokkanische Unsitte ist, nicht reagierende Frauen mit den Worten *„Eh, Madame, vous n'êtes pas gentille"* (He Sie, Sie sind ganz schön unfreundlich) oder schlimmer noch *„Eh, tu ne parle pas avec des Marocains? Alors, pourquoi tu es là?"* (He, sprichst du nicht mit Marokkanern? Also, warum bist du dann da?) u.ä. zu beschimpfen.
- Lassen Sie den Blick lieber schweifen, als **Männer direkt anzusehen.** Sonnenbrillen – auch sonst von großem Nutzen – tun hier Wunder.
- Reagieren Sie laut und empört, **wenn ein Mann Sie anfasst,** sei es auch nur am Ärmel oder der Schulter. Die Umstehenden können ruhig hören, dass ein Mann Unsittliches tut. Im Falle ernsthafter Belästigung greifen die Umstehenden dann meist ein. Ein *„Ne me touche pas"* oder auf arabisch: *„La talmisi"* können Wunder wirken. Man darf ein Berühren auf keinen Fall dulden, sonst signalisiert man, dass man auch für mehr offen ist! Allah sei's gedankt, dass es selten passiert, dass Männer „grapschen". Wenn es dennoch einmal vorkommt, dann deswegen, weil viele Marokkaner tatsächlich in dem Glauben sind, europäische Frauen wollten das. Eine Europäerin besitzt in ihren Augen keine Moral. Deswegen mag sie so etwas, oder schlimmer noch, es ist egal, ob sie es mag oder nicht. Sich darüber aufzuregen macht wenig Sinn. Vielmehr sollte man sich fragen, wie es zu diesem Bild kommt. Und wenn man es sich dann deutlich macht, dass Marokko zu einem der bedeutendsten „Sex-Urlaubsländer" für Frauen zählt (es gibt tatsächlich eine recht große Männerprostitution) und man manch westliche Frau beobachtet, wie sie sich auf der Straße verhält (offenes Flirten, knappe Shorts etc), mag man den Gedankengang der Marokkaner doch zumindest im Ansatz nachvollziehen können – zumindest dann, wenn man bedenkt, wie sehr eine Frau mit diesem Verhalten gegen die guten Sitten des Landes verstößt. Das bedeutet nicht, dass diese Reaktionen der Marokkaner zu entschuldigen seien. Grapschen lässt sich nie und nimmer rechtfertigen, aber letztendlich passiert es auch nur, weil sich die wenigsten Frauen wirklich wehren. Jede Berührung, die akzeptiert wird, macht auch den anderen Männern Mut, damit anzufangen.
- Oberster Grundsatz: Eine **alleinreisende Frau ist nicht ledig!** Man sollte immer einen Ehemann haben, am besten auch Kinder und das alles

089km Foto: mb

dokumentarisch aufzeigen können (Fotos, Ehering etc.). Natürlich kennen viele Marokkaner diesen Trick, aber auch wenn sie es nicht unbedingt glauben, so werden sie doch zumindest verunsichert - das mit dem Ehemann könnte ja stimmen. Eine Geschichte, die ich gern erzähle, ist, dass mein Mann in Casablanca arbeitet und ich mir derzeit Marokko ansehe. Oder aber ich erzähle, dass ich in Marokko arbeite oder aber auf der Suche nach einem passenden Ort für eine Reisegruppe sei etc.

- **Beobachten Sie die Marokkanerinnen.** Letztendlich gilt auch hier: *„Do in Rome like the Romans do"* („Mache es in Rom so wie die Römer"). Natürlich gibt es da diesen wesentlichen Unterschied, dass marokkanische Frauen selten allein reisen, beobachtet man sie aber auf der Straße, kann man so einiges von ihnen lernen.

Wer als Frau allein nach Marokko reist - und ich rede hier vor allem von Frauen, die ganz allein reisen, d.h. auch nicht zu zweit -, sollte sich darüber im Klaren sein, was es bedeutet, **wirklich allein zu sein.** Zumindest außerhalb des Hauses dominiert eine Männergesellschaft. D.h. in den Cafés, den Restaurants und den Hotels finden sich nur ganz selten Frauen, die ohne männliche Begleitung unterwegs sind. Hinzu kommt, dass außerhalb der Städte auch kaum eine Frau etwas anderes spricht als Arabisch oder eine der Berbersprachen. Insofern fallen sie als richtige Kommunikationspartnerinnen aus. Übrig bleiben: Paare, Touristen und Männer. Von den seltsamen Vorstellungen abgesehen, die Marokkaner von alleinreisenden Frauen haben (Frauen kommen nur nach Marokko, weil sie einen Mann suchen, siehe oben), kommt das hinzu, was ich den „Kümmertrieb" nenne, nämlich die Sorge um die mögliche Vereinsamung der Frau. In Anbetracht dieser Umstände ist es also auch wenig ratsam, sich auf marokkanische Männer einzulassen, die die „arme Frau" vor der Einsamkeit beschützen wollen. Eine lapidare Einladung in die Familie zum Tee kann sich dann sehr schnell als Ausflug ins Schlafzimmer herausstellen ...

Die **Begegnung mit Familien** ist das, was der Reisenden Marokko am nächsten bringt. Natürlich sei auch hier ein wenig zur Vorsicht gemahnt, aber im Großen und Ganzen kann man davon ausgehen, dass Einladungen dann, wenn sie von Frauen oder Paaren ausgesprochen wurden, ernst gemeint sind. Hier liegt die „Kontaktstelle" für eine alleinreisende Frau, wo sie wirklich Kontakt zur Bevölkerung findet. Meist sind die Erzählungen alleinreisender Frauen von solchen Besuchen geprägt (siehe auch Kapitel Gastfreundschaft), die das unvergleichliche Erlebnis einer Marokko-Reise ausmachen!

Frauen zu zweit haben es wesentlich einfacher, was Kontakte anbelangt. Zu zweit kann man schneller reagieren, zu zweit fühlt man sich nicht so leicht ausgeliefert. Mehr und mehr scheint sich auch unter Marokkanern das Bild durchzusetzen, dass manche europäischen Frauen wirklich nur reisen wollen, und mehr und mehr scheint es akzeptiert zu werden. Man muss mit Pfiffen rechnen, mit mehr oder minder eindeutigen Einladungen, wird aber letztendlich nicht mehr traktiert als gemischte Paare oder alleinreisende Männer.

Natürlich haben nicht alle marokkanischen Männer so eindeutige Absichten wie oben beschrieben. Viele Männer leben tatsächlich nur ihren „Beschützerinstinkt“ aus, viele moderne Männer, vor allem in den Städten, suchen tatsächlich nicht mehr als ein Gespräch. Aber gerade Frauen, die noch wenig durch orientalische Länder gereist sind, können anfangs nur schwer unterscheiden, welche Absichten ein Mann tatsächlich hat, und in diesem Falle ist eine **gesunde Portion Misstrauen** in jedem Fall angebracht.

Wer sich damit abfinden kann, wird auch allein als Frau eine wunderschöne Reise haben, denn einen riesengroßen Vorteil hat es, allein als Frau unterwegs zu sein: Man wird häufig von Frauen oder Paaren mit nach Hause genommen, **darf in die Frauenwelt eintauchen,** wenn man die Töchter ins Hammam begleitet, und lernt etwas über die hier im ganz Großen gelebte Frauensolidarität untereinander, und das ist so manchen Pfiff auf der Straße allemal wert!

048km Foto: mb

054km Foto: kj

Ausklang

Dies Buch ist ein sehr persönliches Buch geworden. Es beinhaltet alle meine Erlebnisse und Erfahrungen, zusammen mit Informationen, die ich auf Sekundärbasis erworben habe.

Der schon im Vorwort zitierte *Tahar Ben Jelloun* schrieb einmal: „Marokko liefert man sich nicht aus, man muss es sich suchen." Dieser Satz ist so wahr wie nur wenige, die je über das Land geschrieben wurden. Er beinhaltet aber auch, dass jeder ein anderes Marokko entdecken kann. Das Marokko, das in diesem Buch eingefangen wurde, ist das Marokko, wie ich es in vielen Monaten erleben durfte, wie ich es mir persönlich gesucht habe. Aus diesem Grund kann und will ich es nicht als allgemeingültige Wahrheit darstellen. Jedes Dorf, jeder Stamm und jede Familie hat eigene Traditionen, eine eigene Geschichte, die sich von den hier erzählten gewaltig unterscheiden können. (Und so ist es ja schließlich auch bei uns: Nicht jede Familie lebt nach ein- und denselben Regeln, oder?)

Aus diesem Grund bitte ich den Leser, die hier vorgebrachten Ansichten als meine persönlichen Erfahrungen zu betrachten. Jeder Mensch macht eigene Erfahrungen. Finden Sie nun Realitäten, die sich von den hier beschriebenen unterscheiden, dann zweifeln Sie bitte weder an mir noch an sich selbst. Marokko ist eben auf vielen Ebenen zu erleben und wartet somit auf Ihre ganz eigenen Entdeckungen. Mein Buch soll Ihnen dabei helfen, jedoch nicht die ultimative und endgültige Erklärung für alles Verwunderliche bieten. Marokko hat viele Gesichter, nicht nur eines. So steht es geschrieben: *Kul shi bi-l-maktub*, denn so will es Allah.

066km Foto: mb

ANHANG

Glossar

•**Abu:** Vater des ...
•**Adrar:** (berb.) Berg, Gebirge.
•**Agadir:** (berb.) Speicherburg.
•**Agdal:** (berb.) Wiese.
•**Aid:** Fest.
•**Ain:** Quelle.
•**Ait:** (berb.) Stamm, Leute von ...
•**Alawi:** Ein Familienzweig der Familie des Propheten.
•**Alim,** Plural *Ulama:* Religiöser Gelehrter.
•**Amazighin/Imazighin:** (berb.) „Freie Menschen", so nennen sich die Berber selbst.
•**Bab:** Tor.
•**Banu:** Arabisches Pendant zu Ait.
•**Baraka:** Segensreiche Kraft, die von einem Heiligen ausgeht.
•**Ben/Ibn:** Sohn des ...
•**Chleuh:** Untergruppe der Masmuda-Berber.
•**Dhikr:** Rituelles Gottgedenken, oft durch eine permanente Wiederholung des Glaubensbekenntnisses
•**Djabal:** Berg.
•**Djahiliya:** Die Zeit der Unwissenheit, d.h. die Zeit vor dem Islam.
•**Djamaa:** Platz.
•**Djihad:** arab. „Anstrengung", speziell: „Heiliger Krieg".
•**Djinn,** Plural *Djunun:* Geist.
•**Duwar:** Dorf.
•**Erg:** Sandwüste.
•**Fantasia:** Reiterspiele.
•**Fatimiden:** Islamische Dynastie, die sich im 9. Jahrhundert in Nordafrika etablierte.
•**Gnawa:** Mystische Bruderschaft von Schwarzen in Marokko. Vor allem für ihre besondere Musik bekannt.
•**Hadith:** Die Worte des Propheten, Berichte über seine Handlungen.
•**Hadj:** Pilgerreise nach Mekka. Der Hadj gehört zu den fünf Säulen des Islams. Jeder Gläubige sollte einmal in seinem Leben nach Mekka gepilgert sein.
•**Haratin:** Volksgruppe in Marokko, nachkommen ehemaliger Sklaven.
•**Hidjab:** Der Schleier der Frau.
•**Hidjra:** Die Auswanderung des Propheten *Muhammad* von Mekka nach Medina. Die islamische Zeitrechnung beginnt mit dieser Hidjra im Jahre 622.

•**Igherm:** (berb.) Ummauerte Stadt.
•**Imam,** Plural *A'imma:* arab. „Vorbeter" in der Moschee. Unter den Schiiten sind mit A'imma die Nachfolger des Propheten *Muhammad* gemeint. Ein Imam kann auch ein politischer oder religiöser Anführer sein.
•**Kasbah:** Lehmburg. Arabischer Name von ⇗Timghrent.
•**Kharidjiya:** Islamische Lehre, die den vererbbaren Adel ablehnt.
•**Ksar,** Plural *Ksur:* Befestigtes Lehmdorf.
•**Madhab:** Sunnitische islamische Rechtsschule. Ihrer gibt es vier: Die Hanafiten (nach *Abu Hanifa,* gest. 767), die Malikiten (nach *Malik ibn Anas,* gest. 795), die Schafiiten (nach *Shafi,* gest. 820) und die Hanbaliten (nach *Ahmad ibn Hanbal,* gest. 855).
•**Madrasa:** Schule.
•**Marabut** *(Marabout):* Heiliger Mann oder dessen Grab.
•**Mausim:** Religiöses, jahrmarktsähnliches Fest zu Ehren eines Lokalheiligen.
•**Mellah:** Das jüdische Viertel einer Stadt.
•**Mulay:** Titulierung für Heilige oder ⇗Scherifen.
•**Muwallad,** Plural *Muwalladun:* Araber gemischter Herkunft.
•**Oued:** Tal/Oase.
•**Ouled:** Söhne von ...
•**Qadi:** Titel für einen islamischen Richter.
•**Qa'id:** (hist.) Gouverneur des Sultans, heute lokaler Amtsvorsteher, der etwa unserem Bürgermeister entspricht.
•**Qibla:** Gebetsrichtung.
•**Ramadan:** Der neunte islamische Monat ist der Fastenmonat.
•**Ribat:** Wehrkloster.
•**Salafiya:** Die Salafiya ist eine religiöse modernistische Bewegung, die sich Ende des 19. Jahrhunderts v.a. in Ägypten formiert hat und aus der der moderne Fundamentalismus entstanden ist. Ziele der Salafiya waren eine Rückbesinnung auf die Wurzeln des Islams *(salaf* = Vorväter), ohne dabei auf moderne Bildung oder Technik zu verzichten. Ausgangspunkt war die Idee, dass die Unterdrückung der islamischen Welt durch europäische Kolonialmächte nur möglich war, weil sich die Muslime vom wahren Glauben entfernt hatten. *Muhammad Abduh* und *Rashid Rida* gelten als „Gründerväter" dieser Bewegung.
•**Saum:** Das Fasten im Monat ⇗Ramadan.
•**Scherif:** Die direkten Nachfahren des Propheten *Muhammad.*
•**Scheich:** Religiöser Lehrer.
•**Scharia:** Die islamische Rechtsprechung.
•**Sidi/Lalla:** Bezeichnungen für ältere Menschen und andere ehrwürdige Menschen oder Heilige.

- **Sufismus:** Die islamische Mystik.
- **Sunna:** Die „Gewohnheiten" des Propheten.
- **Suq:** Markt oder (persisch) *Bazar.*
- **Sure:** Kapitel des Korans.
- **Timghrent:** (berb.) Burg, befestigte Anlage aus Lehm. Findet sich nur im Süden des Landes.
- **Tiz'n:** (Berg-) Pass.
- **Umayyaden:** Die erste arabische islamische Dynastie (661-756), die mit Hauptsitz in Syrien im Geiste des altarabischen Herrentums herrschte. Die Umayyaden eroberten während ihrer Herrschaftszeit Gebiete bis zum Atlantik, Transoxanien und Sind.
- **Umma:** Die islamische Gemeinschaft.
- **Urf:** Gewohnheitsrecht.
- **Wali:** „Freund Gottes", oft Titulierung eines islamischen Heiligen.
- **Zawiya:** Religiöse Stiftung.

Literaturtipps

Zu Marokko allgemein

Wer sich ein wenig zu Marokko einlesen möchte, dem seien zum Land allgemein folgende Bücher empfohlen:

- *Casule, Francesca:* **Marokko: Landschaft, Kultur, Geschichte.** Stuttgart 1993. Schöner Bildband!
- *Betten, Arnold:* **Marokko. Antike, Berbertraditionen und Islam – Geschichte, Kunst und Kultur im Maghreb.** DuMont-Kunstreiseführer. Schön aufgemachter Reiseführer mit inhaltlichen Schwächen.
- *Buchholz, Hartmut:* **Marokko. Richtig Reisen.** DuMont Reiseführer mit guten und interessanten Hintergrundinformationen, aber wenig tauglich zum praktischen Reisen.
- *Därr, Erika:* **Marokko: vom Rif zum Anti-Atlas.** Reise Know-How, Bielefeld. Ständig aktualisierter Reiseführer mit vielen Informationen, sehr gut zum individuellen Reisen. Von derselben Autorin gibt es auch ein Südmarokkobuch („Agadir, Marrakesch und Südmarokko").
- *Herzog, Werner:* **Der Maghreb: Marokko, Algerien, Tunesien.** Beck. München. Allgemeine Länderkunde.
- *Kusserow, Mourad:* **Marokko: Land zwischen Orient und Okzident.** Herder, Freiburg. Schöner Bildband und allg. Länderkunde.

• *Müller-Hohenstein, Klaus:* **Marokko: ein islamisches Entwicklungsland mit kolonialer Vergangenheit.** Klett, Stuttgart. Allgemeine Länderkunde, gut aufgearbeitet.
• *Popp, Herbert* (Hrsg.): **Die Sicht des Anderen – Das Marokkobild der Deutschen, das Deutschlandbild der Marokkaner**. Passau 1994. Hierin finden sich verschiedendste Aufsätze zum Thema.

Zu Geschichte und Bevölkerung

• *Assaraf, Robert:* **Mohammed V et les Juifs du Maroc,** Casablanca 1997.
• *Bencherifa, A./Popp, H. (Hrsg.):* **Le Maroc: Espace et société.** Passau 1990.
• *Cahen, Claude:* **Der Islam 1.** Fischer Weltgeschichte, Frankfurt, mehrere Auflagen. Historisch aufgearbeitete Geschichte des Islam bis zum Osmanischen Reich.
• *Courtney-Clarke, Margaret:* **Die Berberfrauen.** Kunst und Kultur in Nordafrika. 199. Toller Bildband.
• *Faath, S.:* **Marokko – Die innen- und außenpolitische Situation seit der Unabhängigkeit.** Hamburg 1987. Ein zweibändiges wissenschaftliches Werk zum Thema mit einer sensationellen Dokumentation.
• *Grunebaum, G.:* **Der Islam 2.** Fischer Weltgeschichte, Frankfurt, mehrere Auflagen. Die Fortsetzung von Band 1 (Cahen), Ausgangspunkt ist das Osmanische Reich, doch nun wird die islamische Geschichte getrennt nach Regionen behandelt.
• *Haarmann, Ulrich (Hrsg.):* **Geschichte der arabischen Welt.** Beck-Verlag München, mehrere Auflagen. Eine sehr gute Einführung in die Geschichte des Islams.
• *Hegasy, S.:* **Staat, Öffentlichkeit und Zivilgesellschaft in Marokko.** Hamburg 1997. Sehr gute Dissertation!
• *Ibn Khaldun:* **Buch der Beispiele. Die Muqaddima.** Leipzig 1992. Das große Buch *Ibn Khalduns,* des nordafrikanischen Historikers und Philosophen. Seine Theorien zur nordafrikanischen Bevölkerung, um Beziehungen zwischen Nomaden und Sesshaften. Das Buch aus dem 14. Jh. gilt bis heute als eines der beeindruckendsten Werke der Soziologie.
• *Kunz, Rudibert:* **Giftgas gegen Abd el Krim. Deutschland, Spanien und der Gaskrieg in Spanisch-Marokko. 1922-1927.** Freiburg 1990. Packend geschriebene, gnadenlose Aufarbeitung der deutschen Beteiligung am Rifkrieg.

•*Laroui, Abdallah:* **L'Histoire du Maghreb. Un essai de synthèse.** Casablanca 1995. Endlich mal eine marokkanisch aufbereitete Geschichtsbetrachtung. Marokko von innen betrachet. Viel gelobt und das zu Recht.
•*Neumann, Wolfgang:* **Die Berber – Vielfalt und Einheit einer traditionellen nordafrikanischen Kultur.** Köln 1983. Ein Buch aus dem Du Mont-Verlag, sehr übersichtlich und angenehm geschrieben.
•*Perrault, Gilles:* **Unser Freund der König.** Abgründe einer modernen Despotie. Weimar 1992. Es geht hier um *Hassan II.*
•*Schweizer, Gerhard:* **Die Berber: Volk zwischen Rebellion und Anpassung.** 1981.

Zur Religion

•*Becha, Gerd:* **Das Pentagramm. Symbolik in Marokko.** Hamburg 1989.
•*al-Bukhari, Sahih:* **Nachrichten von Taten und Aussprüchen des Propheten Muhammad.** Übersetzung von *D. Ferchl.* Reclam, Stuttgart 1991. Hierin sind die wichtigsten Aussprüche und Kommentare des Propheten gesammelt, die er zeit seines Lebens von sich gab. Übersichtlich nach Themen geordnet.
•*Ende, Werner & Steinbach, Udo (Hrsg.):* **Der Islam in der Gegenwart.** München 1998. Ein umfangreicher Sammelband, der so ziemlich alle Themen umfasst, die für den Islam in der Gegenwart von Bedeutung sind: allgemeine Grundlagen, Geschichte, Randgruppen, Feminismus, Fundamentalismus und vieles mehr. Von renommierten Wissenschaftlern geschrieben, über 1000 Seiten – das Buch ist dementsprechend teuer (um die 120 DM), aber unübertroffen in seinem Informationswert.
•*Geertz, Clifford:* **Religiöse Entwicklungen im Islam: Beobachtet in Marokko und Indonesien.** Frankfurt 1991. Islam einmal anders betrachtet. Ein sehr interessantes Buch!
•*Halm, H.:* ***Die Schia.*** Darmstadt 1982. Sehr übersichtliches Buch zum Thema Schiiten.
•*Ibn Ishaq:* **Das Leben des Propheten.** Übers. von *G. Rotter,* Tübingen 1976. Die wohl bekannteste Biographie des Propheten.
•*Karabila, Abdelkhalek:* **Die Welt der Djinn und Heiler.** 1997.
•*Kreiser, K.; Diem, W.; Majer, H.-G. (Hrsg.):* **Lexikon der islamischen Welt.** Stuttgart 1974
•*Paret, Rudi:* **Der Koran.** Übersetzung. Stuttgart, mehrere Auflagen.
•*Schimmel, Annemarie:* **Der Islam.** Eine Einführung. Reclam, Stuttgart 1990. Gute Einführung, die alle wichtigen Bereiche anspricht. Supergünstig und auch deshalb empfehlenswert.

- *dieselbe:* **Mystische Dimensionen des Islam.** Köln 1986.
- *dieselbe:* **Und Muhammad ist sein Prophet.** Düsseldorf 1981.
- *Gernot Rotter (Hrsg.):* **Die Welten des Islam – Neunundzwanzig Vorschläge das Unvertraute zu verstehen.** Fischer Frankfurt. Sehr schön ausgesuchte Aufsätze zum Thema. Interessanes zu allen Bereichen des Islam, wie z.B. Frauen, black Muslims etc. ...
- *Watt, W. (Hrsg.):* **Der Islam.** Die Religionen der Menschheit, 3 Bände. Stuttgart 1980-90.
- *Welte, Frank Maurice:* **Der Gnawa-Kult.** Frankfurt 1990. Das ist das einzige und das beste Buch zu dem spannenden Thema der mystischen Bruderschaft der Gnawa!

Zum Thema Frauen

Ausschließlich arabische und französische Literatur zum Thema Frau und Islam wird in der **Edition Le Fennec,** mit Stammsitz in Casablanca, herausgegeben. Die Bücher, die von „Edition Le Fennec" herausgebracht werden, sind durchweg zu empfehlen! Für Reisende mit Interesse an sozialkritischen und frauenspezifischen Themen sowie Französischkenntnissen ist der Verlag ganz sicher einen Besuch wert. Man findet ihn am Boulevard d'Anfa (Nr. 89B, App. 30), dort kann man auch Bücher erwerben. Ansonsten kann man die von Le Fennec herausgegebenen Bücher in jeder besseren marokkanischen Buchhandlung kaufen. Den Katalog kann man auch bestellen in Paris (25, Rue Ginoux, 75015 Paris, Tel. 0033-145.77.08.05, Fax 45.79.97.15) oder in Casablanca (bei Sochepress, BP 13683, Casablanca, Tel. 00212-2-40.02.23, Fax 24.95.57).

- **Löwengleich und Mondenschön.** Orientalische Frauenmärchen. Zürich 1994.
- **Die Erzählungen aus Tausendundein Nächten.** Die vollständige (und meines Wissens einzige nach dem arabischen Urtext übersetzte) deutsche Ausgabe wurde in sechs Bänden vom Insel-Verlag in Wiesbaden 1953 zum 1. Mal herausgebracht und seitdem immer wieder neu aufgelegt. Das Beste an arabischer erotischer Literatur!
- *Heller, Erdmute & Mosbahi, Hassouna:* **Hinter den Schleiern des Islam.** München 1993. Hierin geht es um Erotik und Sexualität in der arabischen Kultur. Auf ungewöhnlich leichte Weise nähern sich die beiden dem Thema Erotik und vertreten dabei die wissenschaftlich sehr umstrittene These, dass die arabische Frau erst mit Aufkommen des Islams unterdrückt wurde, Muhammad also der letzte emanzipierte Mann war.

•*Mernissi, Fatima:* **Der politische Harem. Muhammad und die Frauen.** Freiburg 1992. Dies Buch ist wohl das umstrittenste Werk der marokkanischen Autorin. Sie versucht hierin aufzuzeigen, dass der Islam eine „feministische" Religion ist und der Prophet selbst ein emanzipierter Mann war. Für mich eines der spannendsten Bücher.

•*dieselbe:* **Geschlecht, Ideologie, Islam.** München 1991. Etwas theoretischer geschrieben, aber für dieses Thema nicht zu übertreffen.

•*dieselbe:* **Der Harem in uns.** Die Autobiographie der Autorin, aus der Sicht eines Kindes erzählt. Wunderschöne Geschichte, gespickt mit Informationen!

•*Paques, V.:* **La religion des esclaves. Recherches sur la vonfrérie marociane des Gnawas.** Bergamo 1991.

•*Taufik, S. & Szostak, J. (Hrsg.):* **Der wahre Schleier ist das Schweigen.** Fischer Verlag 1995. In diesem Buch sind die Biographien und Kurzgeschichten bekannter Autorinnen zu finden. Es ist kurzweilig und spannend, was muslimische Frauen uns zu sagen haben.

•*Wadud Muhsin, Amina:* **Qur'an and Woman.** Kuala Lumpur 1992. *Amina Muhsin* stellt in diesem Buch sehr gewagte Koraninterpretationen zu den Rechten der Frau vor. Spannende Ergebnisse, wissenschaftlich z.T. etwas zweifelhaft.

•*Walther, Wiebke:* **Die Frau im Islam.** Stuttgart 1980. Hier wird alles Wesentliche zusammengefasst.

Zum Alltagsleben

Es gibt eine Fülle von Literatur über Marokko. Wer sich aber dem Leben in Marokko nähern möchte, sollte dies unbedingt über seine **Schriftsteller(innen)** tun, denn keiner kann die marokkanische Wirklichkeit so echt darstellen wie die Kinder des Landes. *Tahar Ben Jelloun* gehört zu den bekanntesten marokkanischen Schriftstellern. Ihm werden Lobeshymnen über Lobeshymnen gewidmet. Sehr poetisch in der Sprache, bringt er immer wieder die Probleme der einfachen Leute zum Ausdruck. Auch *Driss Ben Hamed Charhadi, Muhammad Choukri* oder *Driss Chraibi* gehören zu den ganz Großen. Diese Autoren verstehen es, die marokkanische Wirklichkeit so darzustellen, dass sich der Leser plötzlich in Marokko wähnt. Man taucht ein in das Leben, in die Liebe und die Leiden der Menschen hier. Ein Buch wie **„Ein Leben voller Fallgruben"** von *Driss Chraibi* oder **„Das nackte Brot"** von *Muhammad Choukri* sind ganz besondere Beispiele darunter. In der Zwischenzeit haben sich auch einige Verlage darauf spezialisiert, Autoren ferner Länder in ihr Programm aufzunehmen. Vor allem beim Unionsverlag, dem Lenosverlag, der Edition Orient und dem Verlag Das Arabische Buch finden sich jede Menge Übersetzungen arabischer und marokkanischer Romane.

Wen die mystische Seite Marokkos näher interessiert, sollte die Bücher von *Paul Bowles* lesen. In seinen **„Stories aus Marokko"**, wie die Untertitel seiner Bücher **„Allal"** und **„M'haschisch"** heißen, findet sich ein Stück Mystik, das jedem Reisenden begegnen kann – meist jedoch weniger tragisch, als bei *Bowles* beschrieben. Sein wohl bekanntestes Buch **„Der Himmel über der Wüste"** ist etwas für Wüsten- und Beziehungsgeschichten-Liebhaber. Ein Buch der absoluten Spitzenklasse ist **„Die Stimmen von Marrakesch"** von *Elias Canetti*. Keinem Menschen ist es je so gelungen, die Stadt in Worten einzufangen ...

Außerdem:

- *Belarbi, Aicha:* **Femmes rurales.** Bei der Edition le Fennec in Casablanca erschienen. Sensible Beschreibungen der Frauen auf dem Lande.
- *Bencherifa, Abdellatif:* **Die Oasenwirtschaft der Maghrebländer: Tradition und Wandel.** In: Geographische Rundschau, 42/2, 1990.
- *Benkirane, F.:* **Der Zauber der marokkanischen Küche.** Paris.
- *Carrier, R.:* **Die Kultur der marokkanischen Küche.** Köln 1988.
- *ech-Channa, Aicha:* **Miseria.** Ein erschütternder Bericht über die marokkanische Wirklichkeit, auch aus dem Verlag Le Fennec. Die Autorin ist Präsidentin der Organisation „Solidarité féminine", die das Ziel hat, allen ledigen Müttern, die ihr Kind behalten wollen, Papiere auszustellen und Arbeit zu beschaffen. Ihr Buch schildert die raue Wirklichkeit dieser Frauen, es enthält u.a. die Geschichte von *Munia* (habe ich im Kapitel „Casablanca: Slums und Villenviertel" verwendet).
- *Escher, Anton:* **Studien zum traditionellen Handwerk der orientalischen Stadt anhand von Fallstudien in Marokko.**
- *Gelpke, R.:* **Drogen und Seelenerweiterung. Vom Rausch im Orient und Okzident.** Stuttgart 1966
- *Graul, Franz:* ***Tarhzout*: Grundlagen und Strukturen des Wirtschaftslebens einer Talschaft im Zentralen Rif.** Hamburg 1982.
- *Kraus, Wolfgang:* **Die Ait Hdiddu: Wirtschaft und Gesellschaft im zentralen Hohen Atlas.** Wien 1991. Eine ethnologische Dissertation zur segmentären Gesellschaft in Marokko.
- *Mernissi:* **Der Harem ist nicht die Welt.** Elf Frauen berichten von ihrem Leben in Marokko.
- *Morse, Kitty:* **Rezepte aus der Kasbah.** Das marokkanische Kochbuch. Sicherlich das Beste unter diesen!
- *Venzlaff, H:* **Der marokkanische Drogenhändler,** Wiesbaden 1977.
- *Vögler, G. & Welck, K.v.:* **Rausch und Realität.** Drogen im Kulturvergleich. Hamburg 1981.

Programm-übersicht

Reise Know-How Bücher werden von Autoren geschrieben, die Freude am Reisen haben und viel persönliche Erfahrung einbringen. Sie helfen dem Leser, die eigene Reise bewusst zu gestalten und zu genießen. Wichtig ist uns, daß der Inhalt nicht nur im reisepraktischen Teil „Hand und Fuß“ hat, sondern dass er in angemessener Weise auf Land und Leute eingeht. Die Reihe Reise Know-How soll dazu beitragen, Menschen anderer Kulturkreise näherzukommen, ihre Eigenarten und ihre Probleme besser zu verstehen. Wir achten darauf, dass jeder einzelne Band gemeinsam gesetzten Qualitätsmerkmalen entspricht. Um in einer Welt rascher Veränderungen laufend aktualisieren zu können, drucken wir bewußt kleine Auflagen.

Welt

Abent. Weltumradlung (Rad & Bike)
ISBN 3-929920-19-0
Äqua-Tour (Rad & Bike)
ISBN 3-929920-12-3
Erste Hilfe unterwegs
ISBN 3-89416-689-4
Der Kreuzfahrtführer
ISBN 3-89416-663-0
Outdoor-Praxis
ISBN 3-89416-629-0
Die Welt im Sucher
ISBN 3-9800975-2-8
Wo es keinen Arzt gibt
ISBN 3-89416-035-7

Europa

Amsterdam
ISBN 3-89416-677-0
Andalusien
ISBN 3-89416-679-7
Bretagne
ISBN 3-89416-175-2
Budapest
ISBN 3-89416-660-6
Bulgarien
ISBN 3-89416-220-1
Costa Brava
ISBN 3-89416-737-8
Costa del Sol
ISBN 3-89416-723-8
Dänemarks Nordseeküste
ISBN 3-89416-634-7
England, der Süden
ISBN 3-89416-676-2
Europa Bike-Buch (Rad & Bike)
ISBN 3-89662-300-1
Gardasee
ISBN 3-89416-729-7
Gran Canaria
ISBN 3-89416-665-7
Großbritannien
ISBN 3-89416-617-7
Hollands Nordseeinseln
ISBN 3-89416-619-3
Irland-Handbuch
ISBN 3-89416-636-3
Island
ISBN 3-89662-035-5
Kärnten
ISBN 3-89662-105-x
Krakau/Warschau
ISBN 3-89416-209-0
Kreta
ISBN 3-89416-739-4
Litauen & Kaliningrad
ISBN 3-89416-169-8
Das Tal der Loire
ISBN 3-89416-681-9
London
ISBN 3-89416-673-8
Madeira
ISBN 3-89416-722-x
Madrid
ISBN 3-89416-731-9
Mallorca
ISBN 3-89662-166-1
Mallorca für Eltern und Kinder
ISBN 3-89662-158-0
Mallorca, Reif für
ISBN 3-89662-168-8
Mallorca, Wandern auf
ISBN 3-89662-162-9
Malta
ISBN 3-89416-659-2

Europa

Nördliche Sporaden
ISBN 3-86-725-4
Nordspanien und der Jakobsweg
ISBN 3-89416-678-9
Nordtirol
ISBN 3-89662-107-6
Oxford
ISBN 3-89416-211-2
Paris
ISBN 3-89416-667-3
Polens Norden Ostseeküste/Masuren
ISBN 3-89416-613-4
Prag
ISBN 3-89416-690-8
Provence
ISBN 3-89416-609-6
Pyrenäen
ISBN 3-89416-692-4
Rhodos
ISBN 3-89416-724-6
Rom
ISBN 3-89416-670-3
Salzburger Land - Salzkammergut
ISBN 3-89662-109-2
Sardinien
ISBN 3-89416-727-0
Schottland-Handbuch
ISBN 3-89416-621-5
Sizilien - Liparische Inseln
ISBN 3-89416-627-4
Skandinavien - der Norden
ISBN 3-89416-653-3
Südnorwegen/Lofoten
ISBN 3-89416-726-2
Toscana
ISBN 3-89416-664-9
Tschechien
ISBN 3-89416-600-2
Umbrien
ISBN 3-89416-728-9
Wien
ISBN 3-89416-697-5

Edition RKH

Geschichten aus dem anderen Mallorca
ISBN 3-89662-171-8
Die goldene Insel
ISBN 3-89662-173-4
Mallorquinische Reise
ISBN 3-89662-172-6
Please wait to be seated
ISBN 3-89662-164-5

Deutschland

Hauptstadt Berlin mit Potsdam
ISBN 3-89416-688-6
Insel Amrum
ISBN 3-89416-720-3
Insel Borkum
ISBN 3-89416-632-0
Insel Fehmarn
ISBN 3-89416-683-5
Insel Föhr
ISBN 3-89416-721-1
Harz/Ost
ISBN 3-89416-228-7
Harz/West
ISBN 3-89416-227-9
Insel Langeoog
ISBN 3-89416-684-3
Mecklenburg/Brandenburg Wasserwandern
ISBN 3-89416-221-x
Mecklenburg/Vorpommern Binnenland
ISBN 3-89416-615-0
München
ISBN 3-89416-672-x
Norderney
ISBN 3-89416-652-5
Nordfriesische Inseln
ISBN 3-89416-601-0
Nordseeinseln
ISBN 3-89416-197-3
Nordseeküste Niedersachsens
ISBN 3-89416-603-7
Ostdeutschland individuell
ISBN 3-89662-480-6
Ostfriesische Inseln
ISBN 3-89416-602-9
Ostseeküste/Mecklenburg-Vorpommern
ISBN 3-89416-184-1
Ostseeküste Schleswig-Holstein
ISBN 3-89416-631-2
Rügen und Hiddensee
ISBN 3-89416-654-1
Sächsische Schweiz
ISBN 3-89416-630-4
Schwarzwald
ISBN 3-89416-611-8
Schwarzwald/Nord
ISBN 3-89416-649-5
Schwarzwald/Süd
ISBN 3-89416-650-9
Insel Sylt
ISBN 3-89416-682-7
Thüringer Wald
ISBN 3-89416-651-7
Usedom
ISBN 3-89416-691-6

Amerika

gentinien/Urug./Parag.
BN 3-89662-051-7
anta & New Orleans
BN 3-89416-230-9
rbados, St. Lucia ...
BN 3-89416-736-x
nada Ost/USA Nord-Osten
BN 3-89662-151-3
nadas Westen mit Alaska
BN 3-89662-157-2
le & Osterinseln
BN 3-89662-054-1
sta Rica
BN 3-89416-641-x
minikanische Republik
BN 3-89416-643-6
uador/Galapagos
BN 3-89662-055-x
atemala
BN 3-89416-695-9
waii
BN 3-89416-696-7
nduras
BN 3-89416-666-5
einamerika BikeBuch
BN 3-89662-302-8
xiko
BN 3-89662-310-9
w Orleans
N 3-89416-686-x
w York City
BN 3-89416-687-8
nama
N 3-89416-671-1
u/Bolivien
N 3-89662-331-1
abenteuer Panamericana
& Bike)
N 3-929920-13-1
Francisco
N 3-89416-735-1
Lucia, St. Vincent, Grenada
N 3-89416-642-8
nidad und Tobago
N 3-89416-638-x
A/Canada
N 3-89662-170-x
A/Canada Bikebuch
& Bike)
N 3-929920-17-4
A mit Flugzeug und Mietwagen
N 3-89662-150-5
A, Gastschüler in den
N 3-89662-163-7

Amerika

USA für Sportfans
ISBN 3-89416-633-9
USA - Südwest; Natur- und Wanderführer
ISBN 3-89662-169-6
USA-Westen
ISBN 3-89662-165-3
Venezuela
ISBN 3-89662-040-1

Afrika

Agadir, Marrakesch und der Süden Marokkos
ISBN 3-89662-069-x
Ägypten individuell
ISBN 3-89662-471-7
Äthiopien
ISBN 3-89662-043-6
Botswana
ISBN 3-89416-730-0
Bikeabenteuer Afrika (Rad & Bike)
ISBN 3-929920-15-8
Durch Afrika
ISBN 3-89662-011-8
Kairo, Luxor, Assuan
ISBN 3-89662-460-1
Kamerun
ISBN 3-89662-032-0
Kenia
ISBN 3-89416-732-7
Libyen
ISBN 3-89662-005-3
Madagaskar, Seychellen, Mauritius, Réunion, Komoren
ISBN 3-89662-062-2
Marokko
ISBN 3-89662-081-9
Namibia
ISBN 3-89662-321-4
Simbabwe
ISBN 3-89662-026-6
Südafrika
ISBN 3-89662-340-0
Tansania Handbuch
ISBN 3-89662-048-7
Tunesien
ISBN 3-89662-074-6
Tunesiens Küste
ISBN 3-89662-076-2
Westafrika - Küstenländer
ISBN 3-89662-002-9
Westafrika - Sahel
ISBN 3-89662-001-0

Asien

Auf nach Asien (Rad & Bike)
ISBN 3-89662-301-x
Bali & Lombok mit Java
ISBN 3-89416-645-2
Bali: Ein Paradies wird erfunden
ISBN 3-89416-618-5
Bangkok
ISBN 3-89416-655-x
China Manual
ISBN 3-89416-626-6
China, der Norden
ISBN 3-89416-229-5
Chinas Osten mit Beijing und Shanghai
ISBN 3-89416-680-0
Emirat Dubai
ISBN 3-89662-094-0
Hongkong, Macau und Kanton
ISBN 3-89416-235-x
Indien, der Norden
ISBN 3-89416-738-6
Israel, palästinensische Gebiete, Ostsinai
ISBN 3-89662-451-2
Jemen
ISBN 3-89662-009-6
Jordanien
ISBN 3-89662-452-0
Kambodscha
ISBN 3-89416-233-3
Komodo/Flores/Sumbawa
ISBN 3-89416-060-8
Ladakh und Zanskar
ISBN 3-89416-698-3
Laos
ISBN 3-89416-637-1
Libanon
ISBN 3-89662-087-8
Malaysia mit Singapur und Brunei
ISBN 3-89416-640-1
Mongolei
ISBN 3-89416-217-1
Myanmar (Burma)
ISBN 3-89662-600-0
Nepal-Handbuch
ISBN 3-89416-668-1
Oman
ISBN 3-89662-100-9
Phuket (Thailand)
ISBN 3-89416-182-5
Rajasthan
ISBN 3-89416-616-9

Asien

Singapur
ISBN 3-89416-740-8
Sri Lanka
ISBN 3-89416-170-1
Sulawesi (Celebes)
ISBN 3-89416-635-5
Taiwan
ISBN 3-89416-693-2
Thailand Handbuch
ISBN 3-89416-741-6
Thailand: Tauch- und Strandführer
ISBN 3-89416-622-3
Thailands Süden mit Bangkok
ISBN 3-89416-662-2
Tokyo
ISBN 3-89416-206-6
Vereinigte Arabische Emirate
ISBN 3-89662-022-3
Vietnam-Handbuch
ISBN 3-89416-661-4

Praxis

Dschungelwandern
ISBN 3-89416-759-9
Fliegen ohne Angst
ISBN 3-89416-754-8
Kanu-Handbuch
ISBN 3-89416-725-1
Orientierung mit Kompass und GPS
ISBN 3-89416-755-6
Richtig Kartenlesen
ISBN 3-89416-753-x
Schutz vor Gewalt und Kriminalität
ISBN 3-89416-756-4
Sicherheit im/auf dem Meer
ISBN 3-89416-758-0
Survival-Handbuch Naturkatastrophen
ISBN 3-89416-757-2
Tauchen in warmen Gewässern
ISBN 3-89416-760-2
Wildnis-Ausrüstung
ISBN 3-89416-750-5
Wildnis-Küche
ISBN 3-89416-751-3

Praxis – die neuen handlichen Ratgeber

Wer seine Freizeit aktiv verbringt, in die Ferne schweift, moderne Abenteuer sucht, braucht spezielle Informationen und Wissen, das in keiner Schule gelehrt wird. **Seit Frühjahr 1999** beantwortet Reise Know-How die vielen Fragen rund um Freizeit, Urlaub und Reisen in einer neuen, praktischen Ratgeberreihe: „Praxis".

Die Themenpalette reicht von Basiswissen wie beispielsweise „Wildnis-Ausrüstung" über Outdoor-Aktivitäten und Fun-Freizeitsportarten bis hin zum Schutz vor Naturkatastrophen.

So vielfältig die Themen auch sind, gemeinsam sind allen Büchern die anschaulichen und allgemeinverständlichen Texte. Praxiserfahrene Autoren schöpfen ihr Wissen aus eigenem Erleben und würzen ihre Bücher mit unterhaltsamen und teilweise kuriosen Anekdoten.

Rainer Höh: **Kanu-Handbuch**
ISBN 3-89416-752-1

Rainer Höh: **Wildnis-Ausrüstung**
ISBN 3-89416-750-5

Rainer Höh: **Wildnis-Küche**
ISBN 3-89416-751-3

Frank Littek: **Fliegen ohne Angst**
ISBN 3-89416-754-8

Rainer Höh: **Orientierung mit Kompaß und GPS**
ISBN 3-89416-755-6

Wolfram Schwieder: **Richtig Kartenlesen**
ISBN 3-89416-753-X

Reto Kuster: **Dschungelwandern**
ISBN 3-89416-759-9

Klaus Becker: **Tauchen in warmen Gewässern**
ISBN 3-89416-760-2

M. Faermann: **Sicherheit im und auf dem Meer**
ISBN 3-89416-758-0

M. Faermann: **Survival Naturkatastrophen**
ISBN 3-89416-753-X

M. Faermann: **Gewalt und Kriminalität unterwegs**
ISBN 3-89416-756-4

Jeder Titel:
144-160 Seiten,
handliches
Taschenformat
10,5 x 17 cm,
robuste Faden-
heftung,
Glossar,
Register und
Griffmarken
zur schnellen
Orientierung

Reise Know-How Verlag Peter Rump GmbH, Bielefeld

Register

Danksagung

Mit nichts zu vergleichen ist die Liebe und Gastfreundschaft, die mir die Familie *Ait el-Caid* in Asslim/Agdz entgegengebracht hat. In den Jahren 1999 und 2000 habe ich viele Monate bei ihnen verbracht, habe hier mein Büro in Form eines Laptops aufbauen können, um in aller Ruhe das Buch zu erarbeiten. Die Familie hat mich als eine der ihren aufgenommen und mich an allem teilhaben lassen, was das traditionelle Leben in einer Kasbah ausmacht. So habe ich Marokko „von innen" erleben dürfen, habe diese unglaubliche Großherzigkeit gespürt, die uns in Europa so häufig fehlt, und habe gelernt, wieviel man bei einem Glas Tee erfahren kann, auch wenn dabei keine Worte gewechselt werden.

Meine Dankbarkeit kann nicht mit Worten wiedergegeben, sondern allein mit der Liebe und dem Respekt, die auch ich diesen Menschen entgegenbringe, ausgedrückt werden.

051km Foto: mb

Die Autorin

Muriel Brunswig, Jahrgang 1970, hat Islamwissenschaft, Geschichte und Ethnologie studiert. Nach vielen Reisen durch den Vorderen Orient und den Fernen Osten sowie nach einem Semester Studium an der Universität Damaskus/Syrien hat sie während eines ausgedehnten Urlaubs ihre große Liebe für Marokko entdeckt. Sie beschloss, ein Semester an der Universität in Rabat zu studieren. Aus den geplanten fünf Monaten in Rabat wurden zwei, dann entschloss sich die Autorin, das marokkanische Leben außerhalb der Universität kennenzulernen. Sie folgte der Einladung einer Familie ins Drâa-Tal und zog in eine Kasbah, um dort die restliche Zeit zu bleiben. Von hier aus unternahm sie ausgedehnte Recherchereisen, u.a. für den Reiseführer Marokko von *Erika Därr.*

Nach einem mehrmonatigen Syrien-Aufenthalt, in dem ein neuer Syrienreiseführer für REISE KNOW-HOW entstand, zog es die Autorin wieder nach Marokko in das Leben der Kasbah zurück. Hier entstanden dann die meisten Kapitel für dieses Buch.

Wenn *Muriel Brunswig* keine Reisebücher schreibt oder für *Erika Därr* recherchiert, organisiert sie Reisen, leitet Reisegruppen, hält Vorträge oder wirkt an wissenschaftlichen Forschungsprojekten mit.

064km Foto: mb